贵州省地理标志产业发展报告 2022

李发耀 张 燕 王 俊 ◎主编

图书在版编目（CIP）数据

贵州省地理标志产业发展报告. 2022/李发耀，张燕，王俊主编. —北京：知识产权出版社，2023.5

ISBN 978-7-5130-8735-3

Ⅰ. ①贵… Ⅱ. ①李… ②张… ③王… Ⅲ. ①地理—标志—产业发展—研究报告—贵州—2022　Ⅳ. ①F760.5②F127.73

中国国家版本馆 CIP 数据核字（2023）第 069648 号

责任编辑：高　超　　　　　　　责任校对：潘凤越
封面设计：叶　娇　　　　　　　责任印制：孙婷婷

贵州省地理标志产业发展报告　2022

李发耀　张　燕　王　俊　◎主编

出版发行：	知识产权出版社有限责任公司	网　　址：	http://www.ipph.cn
社　　址：	北京市海淀区气象路50号院	邮　　编：	100081
责编电话：	010-82000860 转 8383	责编邮箱：	morninghere@126.com
发行电话：	010-82000860 转 8101/8102	发行传真：	010-82000893/82005070/82000270
印　　刷：	北京九州迅驰传媒文化有限公司	经　　销：	新华书店、各大网上书店及相关专业书店
开　　本：	787mm×1092mm　1/16	印　　张：	21.25
版　　次：	2023年5月第1版	印　　次：	2023年5月第1次印刷
字　　数：	336千字	定　　价：	98.00元
ISBN 978-7-5130-8735-3			

出版权专有　侵权必究

如有印装质量问题，本社负责调换。

本皮书是贵州省社会科学院2023年度创新工程，贵州民族大学中华民族共同体与多民族文化繁荣发展高端智库成果之一，同时得到贵州省社会科学界联合会的支持，在此表示衷心感谢！

《贵州省地理标志产业发展报告 2022》编委会

编委会主任　张学立　张云泓

委 员 单 位　贵州省社会科学院
　　　　　　贵州民族大学
　　　　　　贵州省社会科学界联合会
　　　　　　贵州大学
　　　　　　贵州省农业农村厅
　　　　　　贵州省知识产权局

执 行 单 位　贵州省地理标志研究会
　　　　　　贵州省地理标志研究中心

主　　　编　李发耀　张　燕　王　俊

副 主 编　丁　胜　姚　鹏　黄晓芳　张　玲

统　　　稿　李发耀　黄其松

审　　　稿　黄旭东

编委会成员　李发耀　王　俊　张　燕　龚德全

　　　　　　　卫　松　黄晓芳　罗　华　赵晓军

　　　　　　　刘清庭　李春艳　谭贵艳　姚　鹏

　　　　　　　彭渊迪　涂娟芝　高　念　刘梦妮

　　　　　　　叶　娇　吴茜妮　张　玲　王　娜

　　　　　　　董　强　王红梅　李天翼　邹沁园

　　　　　　　唐　健　龙锐芳　刘太昭

文献整理　张　燕

主编简介

李发耀，男，1971 年生，汉族，贵州贞丰人。贵州省社会科学院研究员，贵州大学教授、硕士研究生导师，贵州省社会科学院地理标志研究中心主任，贵州省地理标志研究会会长，中国民族地区环境资源保护研究所兼职研究员，西南政法大学地理标志研究中心兼职研究员，贵州省委宣传部 2010 年"四个一批"理论人才，2017 年中国农业品牌建设学府奖"个人贡献奖"获得者，2018 年入选金芒果地理标志扶贫英雄榜，2018 年主编《贵州地理标志产业发展报告（2017）》，该书获全国优秀皮书奖，2019 年受聘为"贵州品牌指数平台"首批智库专家，2022 年受聘为中国生态学学会民族生态专业委员会委员。

主要研究专长：地理标志国际互认、产品品质分析、产品标准制定、公共品牌建设、社会经济与社区可持续发展等。出版的重要著作：《贵州地理标志产业发展报告（2017）》（社会科学文献出版社，2017 年，36.5 万字），《多维视野下的传统知识保护机制实证研究》（知识产权出版社，2008 年，25 万字），《贵州：传统学术思想世界重访》（贵州人民出版社，2010 年，40 万字），《生态档案：跨越时空的生态历史记忆》（知识产权出版社，2015 年，35 万字），《反贫困的历史征程：来自普定生态文明的报告》（知识产权出版社，2015 年，20 万字），《中国薏仁米产业发展报告 No.1—No.3》（社会科学文献出版社，2017 年，25 万字；2018 年，29 万字；2019 年，24 万字），《中国刺梨产业发展报告（2020）》（社会科学文献出版社，2020 年，28 万字），《黄平县公共区域品牌发展报告 No.1，2020》（知识产权出版社，2020 年，30 万字），《贵州苹果产业发展报告 No.1，2020》（知识产权出版社，2020 年，28 万字）。发表学术论文 80 余篇，重点论文：《地理标志制度框架下遗传资源惠益分享研究》（《贵州社会科学》，2014 年第 10 期），《地理标志制度对生物资源的保护及可持续利用分析》（《中央民族大学学报（自然科学版）》，2015 年第 11 期）。主持和参与制定标准：参与制定全国行业标准（刺梨）、主持省内外地方标准（省市）、省内外团体标准、省内外企业标准等多项。重点主持项目：联合国开发计划署全球环境基金"赤水河流域生态补偿与全球重要生物多样性保护示范项目"——促进企业参与赤水河流域保护的地理标志生态标签机制设计活动。国家社科基金课题"地理标志制度视野下西南山区特色产业发展模式研究"。国家知识产权局项目"2019 我国原产地地理标志统一认定技术路线与指标体系研究""2019 西南地区地理标志精准扶贫工作情况调查"。省长基金课题"贵州地理标志特色产业发展研究"等。接受国内外 20 多家媒体的专题采访。

张燕，女，贵州省社会科学院图书信息中心副主任，副研究馆员。贵州省图书馆学会常务理事、副秘书长。长期从事知识服务、文献计量学、知识平台与数据库建设、文献整理等专题研究。擅长数据资源检索、管理与分析利用。在相关专业领域发表文章 20 余篇，主持相关专业课题 4 项。为联合国基金，国家社科基金，省部级、地厅级等各类课题提供文献支撑与数据解决方案。参与《生态档案：跨越时空的生态历史记忆》《渊鉴挹菁：贵州省社会科学院典藏》等著作及多部蓝皮书的编写工作。

王俊，彝族，云南镇雄人。法学（民族学）博士，副研究员，人类学方向硕士生导师，中华民族共同体与多民族文化繁荣发展高端智库特聘研究员。研究方向主要为流动人类学，西南少数民族农业文化遗产。已出版专著、合著、编著共 5 部，在《社会科学文摘》《云南师范大学学报》《人民论坛》等刊物发表论文 30 余篇；主持完成国家社科基金一般项目 1 项（15BMZ039），省、厅级项目多项；相关研究成果获第八届四川省巴蜀文艺奖民间文艺类作品铜奖，贵州省第十三次哲学社会科学优秀成果二等奖。

前　言

《贵州省地理标志产业发展报告 2022》由总报告、各市（州）地理标志产业发展报告、地理标志专题聚焦及附录四个部分组成。

总报告系统而全面地梳理了贵州省地理标志产业发展概况并预测趋势。总报告包括：全省地理标志产品三个渠道保护情况、各地州市地理标志基本情况、全省地理标志保护资助情况（2017—2022 年）；全省地理标志农产品保护工程、全省地理标志产业化促进工程实施情况及全省地理标志产业发展政策（2017—2022 年）。地理标志区域公共品牌发展趋势、对地理标志重登记、重保护和重使用、围绕"农业产业三化"的地理标志工作形成特殊趋势、地理标志与"一县一业"不断紧密结合、地理标志产业链不断标准化发展、地理标志全产业链加快追溯体系建设六个方面预测 2023—2027 年贵州地理标志产业的发展趋势。

各市（州）地理标志产业发展报告包括：贵阳市地理标志产业发展报告、遵义市地理标志产业发展报告、安顺市地理标志产业发展报告、毕节市地理标志产业发展报告、铜仁市地理标志产业发展报告、六盘水市地理标志产业发展报告、黔西南布依族苗族自治州地理标志产业发展报告、黔南布依族苗族自治州地理标志产业发展报告、黔东南苗族侗族自治州地理标志产业发展报告。

地理标志专题聚焦包括：贵州省地理标志与乡村振兴研究、贵州省地理标志与山地经济高质量发展路径研究、贵州省中欧地理标志互认产品保护研究、贵州省地理标志公共品牌建设分析、贵州省地理标志和"黔货出山"问题研究、我国地理标志研究进程与热点分析。

附录以地理标志为切入点，梳理贵州省地理标志产业发展大事记（2017—2022年）、贵州省地理标志保护产品统计（质检渠道）、贵州省农产品地理标志统计（农业渠道）、贵州省地理标志证明商标统计（商标渠道），系统而全面地反映出贵州省地理标志产业发展的重要信息。

目 录

Ⅰ 总报告 ······ 1

B.1 贵州省地理标志产业发展概况与趋势预测
　　　　李发耀　王　俊　黄晓芳 / 1

Ⅱ 各市（州）地理标志产业发展报告 ······ 14

B.2 贵阳市地理标志产业发展报告
　　　　姚　鹏 / 14

B.3 遵义市地理标志产业发展报告
　　　　刘清庭 / 31

B.4 安顺市地理标志产业发展报告
　　　　黄晓芳 / 57

B.5 毕节市地理标志产业发展报告
　　　　李春艳 / 75

B.6 铜仁市地理标志产业发展报告
　　　　谭贵艳 / 92

B.7 六盘水市地理标志产业发展报告
　　　　罗　华 / 113

B.8 黔西南布依族苗族自治州地理标志产业发展报告
　　　　涂娟芝 / 138

B.9 黔南布依族苗族自治州地理标志产业发展报告
　　　　彭渊迪 / 161

B.10 黔东南苗族侗族自治州地理标志产业发展报告
　　　　高　念　唐　健　龙锐芳　刘太昭 / 188

Ⅲ 地理标志专题聚焦 ……………………………………………… 210

B.11 贵州省地理标志与乡村振兴研究
黄晓芳 / 210

B.12 贵州省地理标志与山地经济高质量发展路径研究
李春艳 / 220

B.13 贵州省中欧地理标志互认产品保护研究
李发耀 / 232

B.14 贵州省地理标志公共品牌建设分析
谭贵艳 / 246

B.15 贵州省地理标志和"黔货出山"问题研究
刘梦妮 / 257

B.16 我国地理标志研究进程与热点分析
张 燕 / 270

Ⅳ 附 录 ……………………………………………………………… 280

附录1 贵州省地理标志产业发展大事记（2017—2022年）
李发耀 叶 娇 / 280

附录2 贵州省地理标志保护产品统计（质检渠道）
李发耀 吴茜妮 / 291

附录3 贵州省农产品地理标志统计（农业渠道）
姚 鹏 张 玲 / 301

附录4 贵州省地理标志证明商标统计（商标渠道）
王 娜 黄晓芳 / 315

Ⅰ 总报告

B.1
贵州省地理标志产业发展概况与趋势预测

李发耀[*] 王俊[**] 黄晓芳[***]

摘 要: 截至2022年12月31日,贵州省地理标志产品保护基本情况:地理标志产品总数达到415件(不重复统计356件),农产品地理标志有154件,地理标志保护产品有142件,地理标志证明商标有119件。地理标志产业发展方面:省农业农村厅推动农产品地理标志提升工程实施4个批次40个产品,投入1.6亿元人民币,贵州省知识产权局实施地理标志产业化促进工程5个批次71个产品,投入3500万元资金。上述工作有力地推动了贵州省地理标志产业发展。

贵州省地理标志产业发展趋势预测方面:地理标志区域公共品牌发展趋势,对地理标志重登记、重保护和重使用,围绕"农业产业三化"的地理标志工作形成特殊趋势,地理标志与"一县一业"不断紧密结合,地理标志产业链不断标准化发展,地理标志全产业链加快追溯体系建设。

关键词: 贵州省;地理标志;产业发展;趋势预测

---

[*] 李发耀,贵州省地理标志研究会会长,贵州省社会科学院研究员,研究方向:地理标志产业发展。
[**] 王俊,贵州大学副研究员,研究方向:流动人类学、西南少数民族农业文化遗产。
[***] 黄晓芳,贵州省地理标志研究中心助研究员,研究方向:地理标志、公共政策。

一、贵州省地理标志产品保护概况（2017—2022 年）

（一）全省地理标志产品三个渠道保护情况

2018 年，国家质量监督检验检疫总局和国家工商行政管理总局职能调整，将地理标志职能调整进入国家知识产权局。农产品地理标志依据我国《农业法》《农产品质量安全法》对农产品地理标志进行注册、登记和管理，国家知识产权局商标局依据我国《商标法》《产品质量法》《标准化法》对证明商标和地理标志产品进行注册、登记和管理。

截至 2022 年，贵州省地理标志产品总数达到 415 件：农产品地理标志有 154 件，地理标志保护产品有 142 件，地理标志证明商标有 119 件。

（二）各地州市地理标志基本情况

在贵州省九个地州市中，贵阳市地理标志产品有 14 件、遵义市地理标志产品有 77 件、安顺市地理标志产品有 36 件、毕节市地理标志产品有 61 件、铜仁市地理标志产品有 34 件、六盘水市地理标志产品有 35 件、黔西南布依族苗族自治州（以下简称黔西南州）地理标志产品有 61 件、黔南布依族苗族自治州（以下简称黔南州）地理标志产品有 43 件、黔东南苗族侗族自治州（以下简称黔东南州）地理标志产品有 53 件。其中，遵义市为目前贵州省地理标志产品数量最多的地区，毕节市和黔西南州次之，贵阳市地理标志产品数量最少，见表 1-1。

表 1-1 贵州省各地州、市地理标志产品保护情况

序号	地区	原国家质检总局+国家知识产权局渠道/件	原国家工商总局渠道/件	农业农村部渠道/件	小计/件（多重保护产品以 1 件计）
1	遵义市	30	16	31	77（17 件获多重保护）

B.1 贵州省地理标志产业发展概况与趋势预测

续表

序号	地区	原国家质检总局+国家知识产权局渠道/件	原国家工商总局渠道/件	农业农村部渠道/件	小计/件（多重保护产品以1件计）
2	毕节市	19	30	12	61（9件获多重保护）
3	六盘水市	23	2	10	35（3件获多重保护）
4	黔东南苗族侗族自治州	18	15	20	53（5件获多重保护）
5	安顺市	11	7	18	36（5件获多重保护）
6	黔南布依族苗族自治州	13	14	16	43（8件获多重保护）
7	铜仁市	7	14	13	34（6件获多重保护）
8	黔西南布依族苗族自治州	15	17	29	61（10件获多重保护）
9	贵阳市	6	3	5	14（3件获多重保护）
10	合计	142	118	154	414件
总计		加上"贵州绿茶"，全省地理标志415件（不重复统计356件）			

（三）全省地理标志保护资助情况（2017—2022年）

2009年8月20日，贵州省人民政府办公厅《关于印发〈贵州省农特产品地理标志管理工作指导意见〉的通知》（黔知发〔2009〕42号）。2017年至2022年，全省共奖励地理标志产品176个共352万元。

2017年（21个共42万元），奖励农产品地理标志10个：贵州绿茶、梵净山茶、威宁黄梨、威宁苹果、镇宁蜂糖李、镇宁樱桃、惠水金钱橘、播州乌江鱼、罗甸脐橙、六枝月亮河鸭蛋；地理标志产品11个：赫章黑马羊、遵义红茶（遵义红）、湄潭翠芽、桐梓蜂蜜、花秋土鸡、习水红茶、习水麻羊、核桃箐核桃、普定高脚鸡、三都水族马尾绣、妥乐白果。

2018年（24个共48万元），奖励农产品地理标志2个：丹寨黑猪、赫章樱桃；地理标志产品20个：六枝魔芋、九层山茶、岱瓮杨梅、郎岱猕猴桃、水城黑山羊、钟山葡萄、雷山乌杆天麻、雷山银球茶、锦屏腌鱼、锦屏茶油、荔波蜜柚、回龙薹头、阿藏李子、晴隆绿茶、七舍茶、威宁荞麦、威宁芸豆、威宁白萝卜、清池茶、大方豆干（大方手撕豆腐）；证明商标2个：兴仁无籽刺梨、威宁荞酥。

2019年（39个共78万元），奖励农产品地理标志12个：息烽西山贡米、绥阳子弹头辣椒、板贵花椒、毕节可乐猪、织金白鹅、郭家湾贡米、凯里香葱、凯里平良贡米、凯里水晶葡萄、黔东南小香鸡、茅坪香橘、兴义黄草坝石斛；地理标志产品11个：水城猕猴桃、白旗韭黄、威宁苹果、毕节白萝卜、大方冬荪、金沙回沙酒、禹谟醋、塔石香羊、榕江葛根、思州柚、望谟板栗；证明商标16个：金沙贡茶、毕节椪柑、毕节刺梨、毕节白蒜、威宁甜荞、威宁苦荞、威宁火腿、纳雍高山茶、纳雍玛瑙樱桃、思南晏茶、从江香猪、黎平雀舌、黎平山茶油、施秉白洗猪、册亨茶油、晴隆糯薏仁。

2020年（15个共30万元），奖励农产品地理标志15个：遵义朝天椒、印江绿壳鸡蛋、学孔黄花、习水岩蜂蜜、务川蜂蜜、桐梓团芸豆、桐梓黄牛、仁怀糯高粱、德江复兴猪、赤水楠竹笋、赤水龙眼、安龙莲藕、安龙黄牛、安龙红谷、安龙白及。

2021年（52个共104万元），奖励农产品地理标志34个：琊川贡米、桐梓魔芋、凤冈红心柚、凤冈蜂蜜、海龙贡米、习水仙人掌、黄杨小米辣、六枝毛坡大蒜、盘州小米、幺铺莲藕、平坝大米、黄果树黄果、板当苡仁米、紫云蓝莓、紫云冰脆李、镇宁小黄姜、织金皂角精、铜仁珍珠花生、白水贡米、从江香禾糯、天柱茶油、凯里生姜、黄平线椒、黄平白及、黄平黄牛、天柱骡鸭、福泉梨、独山大米、独山高寨茶、晴隆脐橙、兴义芭蕉芋、晴隆羊、册亨糯米蕉、坡柳娘娘茶；地理标志产品4个：赤水金钗石斛、水城红香蒜、黎平茯苓、安龙石斛；证明商标14个：绥阳土鸡、凤冈锌硒茶、余庆苦丁茶、纳雍乌骨鸡、纳雍土鸡、纳雍糯谷猪、江口萝卜猪、剑河小香鸡、惠水大米、贵定刺梨、瓮安黄金芽、瓮安白茶、兴义矮脚鸡、兴义黑山羊。

2022年（25个共50万元），奖励农产品地理标志18个：湄潭红肉蜜柚、仁怀功夫红茶、金沙黑山羊、石阡香柚、石阡土鸡、金竹贡米、剑河稻花鱼、剑河白香猪、从江田鱼、荔波瑶山鸡、平塘乌骨鸡、平塘百香果、平塘皱皮线椒、贞丰四月李、鲁容百香果、贞丰火龙果、兴仁牛干巴、八步茶；地理标志产品1个：赫章红花山茶油；证明商标6个：威宁大白菜、威宁黄牛、威宁乌金猪、玉屏黄桃、黄平太子参、黄平魔芋。

二、贵州省地理标志产业发展

（一）全省地理标志农产品保护工程

2019年，农业农村部启动地理标志农产品保护工程，计划用5年时间，用50亿元推进1000个地理标志农产品保护工程。贵州省农产品质量安全监督管理站积极向农业农村部争取工作资金，2019—2022年，已经实施地理标志农产品保护工程有4个批次，投入资金共1.6亿元。2019年实施8个地理标志农产品保护工程：贵州绿茶、水城猕猴桃、安顺山药、从江香禾糯、大方皱椒、梵净山茶、关岭牛、安龙白及，每个地理标志农产品获保护资金500万元。2020年实施10个地理标志农产品保护工程：贵州绿茶（安顺市农业农村局200万元，水城区农业农村局110万元，贵州绿茶品牌发展促进会90万元）、威宁苹果、毕节可乐猪、黔东南小香鸡、从江香猪、晴隆脐橙、紫云红芯红薯、沿河白山羊、赫章黑马羊、毕节椪柑，每个地理标志农产品获保护资金400万元。2021年实施10个地理标志农产品保护工程：修文猕猴桃、湄潭翠芽、贵州绿茶、凤冈锌硒茶、镇宁蜂糖李、铜仁白水贡米、都匀毛尖、兴仁薏仁米、剑河白香猪、龙里豌豆尖，每个地理标志农产品获保护资金400万元。2022年实施12个地理标志农产品保护工程：贵州绿茶（雷山）、修文猕猴桃、石阡苔茶、贵定云雾贡茶、黔北麻羊、茅坝米、金沙贡茶、凯里平良贡米、杠村米、平塘百香果、平坝大米、镇宁小黄姜，每个地理标志农产品获保护资金330万~350万元。

自2019年开始，地理标志农产品保护工程的实施从探索到规范，逐渐形成一整套经验。主要体现在：一是核心生产基地建设。建设地理标志农产品繁育基地；配套温控、水肥等设施，用于品种选育、提纯复壮、种苗繁殖等。二是绿色防控推广。在地理标志农产品基地实施生物农药，推广绿色防控技术，提升产地质量安全水平，保护地理标志农产品产地环境质量品质。三是建立地理标志农产品的产品品质评价。利用速测设备及配套设施，加强特色品质保持技术集成和试验转化，建立环境品质、安全品质、感官品质、理化品质、食用品质的综合品质评价。四是地理标志农产品综合标准体系制定与实施。建立产地环境条件规范、种质资源规范、种植养殖技术规范、投入品控制技术、采收标准、产地加工规范和质量标准、包装标识规范的标准体系，培训农户标准化全流程管理。五是开展农产品地理标志品牌Ⅵ设计与广告宣传。从农产品地理标志基础标识规范到广告设计，再到地理标志包装设计。六是邀请各级新闻媒体进行宣传。

2022年地理标志农产品保护工程支持产品全面推进"六个一"建设标准。一是培优一个区域特色品种。坚持种质保护与品种培优相结合，建设区域特色品种保存和繁育基地，提升地理标志农产品特色品种供种能力。二是建设一个核心生产基地。实施特色农产品生产基地建设行动，建设和提升一批地理标志农产品核心生产基地。三是建立一套品质指标。开展品质提升行动，进行地理标志农产品特征品质监测鉴定，构建产品特征品质指标体系，进行品质评价，推动分等、分级和包装标识工作，推动产品特色化。四是集成一套全产业链标准。以传统生产方式为基础，结合现代农业新技术、新装备的应用，构建以产品为主线、全程质量控制为核心的全产业链标准体系和标准综合体，加快关键环节标准制定和修订。五是叫响一个区域特色品牌。挖掘传统农耕文化，培育以地理标志农产品为核心的区域品牌。六是建立一套质量管控机制。建立生产经营主体名录和信用档案，健全质量管理体系，完善生产日志，强化全过程质量控制。

（二）全省地理标志产业化促进工程实施情况

地理标志产业化促进工程的牵头实施部门是国家知识产权局。2010年贵州省首次实施"贵州省地理标志产品产业化促进工程项目"以来，共启动实施8个批次40个地理标志产品产业化促进工程项目，其中湄潭翠芽、虾子辣椒、安顺山药、岩脚面、盘县火腿等项目实施取得显著的经济效益和社会效益，为实施品牌战略、推动"黔货出山"奠定了坚实基础。

从2017年开始，地理标志产品产业化促进工程以助力精准扶贫，助推"黔货出山"，培育农特产品品牌，扩大优质农特产品规模为目标，在建立和

B.1 贵州省地理标志产业发展概况与趋势预测

完善地理标志产品专用标志准入制度、地理标志产品标准和技术规范、支持符合条件的生产者使用地理标志专用标志、开展地理标志相关知识的宣传和培训等实施内容的基础上，增加"有机、绿色、无公害"产品认证、产品技术创新、质量追溯体系建立、检验检测体系完善等实施内容。2017年实施了8个地理标志产品产业化促进工程项目：都匀毛尖茶、黔东南小香鸡、罗甸火龙果、正安白茶、丹寨硒锌米、铜仁珍珠花生、麻江蓝莓、雷山银球茶。2017年贵州省地理标志产品产业化促进工程项目投入经费440万元，带动各方投入配套资金1370万元。

2018年，贵州省实施15个地理标志产品产业化促进工程项目：贵州绿茶、仁怀酱香酒、三穗鸭、惠水黑糯米、紫云红芯红薯、水城猕猴桃、龙里刺梨干、雷山乌杆天麻、正安野木瓜、镇宁蜂糖李、锦屏茶油、印江茗粉、白旗韭黄（普定）、桐梓方竹笋、荔波蜜柚。其中，贵州绿茶、仁怀酱香酒2个地理标志产品被列入贵州省地理标志产品产业化促进工程重点项目，三穗鸭、惠水黑糯米等13个地理标志产品被列入贵州省地理标志产品产业化促进工程一般项目。

2019年，贵州省实施12个地理标志产品产业化促进工程项目：修文猕猴桃/修文县人民政府，思南晏茶/思南县人民政府、大方冬荪/大方县人民政府、大方皱椒/大方县人民政府、黎平山茶油/黎平县人民政府、毕节白萝卜/毕节市七星关区人民政府、关岭牛/关岭布依族苗族自治县（以下简称关岭县）人民政府、安龙白及/安龙县人民政府、紫云花猪/紫云县人民政府、玉屏箫笛/玉屏侗族自治县（以下简称玉屏县）人民政府、锦屏腌鱼/锦屏县人民政府、赤水金钗石斛/赤水市人民政府。

2020年，贵州省实施10个地理标志产品产业化促进工程项目：凤冈锌硒茶/凤冈县茶叶协会，黎平雀舌/黎平县农业产业协会，威宁苦荞/威宁彝族回族苗族自治县（以下简称威宁县）农业区划中心，岩脚面/六枝特区人民政府，梵净山茶/铜仁市茶叶行业协会，施秉太子参/施秉县农业科学研究所，盘州红米/盘州市人民政府，晴隆糯薏仁/晴隆县糯薏仁协会，兴仁薏仁米/兴仁市薏仁专业协会，安龙石斛/安龙县人民政府。

2021年，贵州省实施12个地理标志产品产业化促进工程项目：威宁洋芋/威宁彝族回族苗族自治县农业区划中心，绥阳子弹头辣椒/绥阳县经济作物站，盘县火腿/盘州市人民政府，瓮安黄金芽/瓮安县黄金芽茶业协会，册亨糯米蕉/册亨县经济作物管理站，顶坛花椒/贞丰县人民政府，玉屏茶油/玉屏侗族自治县人民政府，朵贝茶/普定县人民政府，习酒/习水县人民政府，清镇黄粑/清镇市人民政府，黎平香禾糯/黎平县人民政府，赤水晒醋/赤水市人民政府。

2022年，贵州省实施14个地理标志产品产业化促进项目：白果贡米/播州区团溪镇人民政府，威宁苹果/威宁县特色经果林产业发展中心，赤水乌骨鸡/赤水市天台镇竹乡乌骨鸡养殖专业合作社，长顺绿壳鸡蛋/长顺县人民政府，册亨茶油/册亨县人民政府，仁怀糯高粱/仁怀市有机农业发展中心，紫云蓝莓/紫云县农业技术推广站，余庆苦丁茶/余庆县人民政府，开阳富硒茶/开阳县人民政府，大方天麻/大方县人民政府，遵义朝天椒/遵义市农业农村局，石阡苔茶/石阡县茶业协会，兴义黄草坝石斛/兴义市农产品质量安全监测站，织金竹荪/织金县果蔬协会。

另外，2019年，《国家知识产权局办公室关于印发〈地理标志运用促进工程实施方案〉并组织推荐2019年项目申报的通知》（国知办发运字〔2019〕26号），聚焦地理标志助力精准扶贫，经地方知识产权局自愿申报、省级知识产权局审核推荐，国家知识产权局审查批准，2019年，贵州省黎平香禾糯和麻江蓝莓进入项目名单。2021年，兴仁薏仁米、赤水金钗石斛、都匀毛尖、威宁苹果、修文猕猴桃、凤冈锌硒茶进入项目名单。

（三）全省地理标志产业发展政策（2017—2022年）

贵州省地理标志产业发展政策（2017—2022年）见表1-2。

表1-2 贵州省地理标志产业发展政策（2017—2022年）

序号	发文单位	发文时间	政策名称
1	黔西南州人民政府办公室	2017-02	黔西南州人民政府办公室关于印发"兴仁薏仁米"申报创建贵州省地理标志产品示范区工作方案的通知（州府办发〔2017〕3号）

B.1 贵州省地理标志产业发展概况与趋势预测

续表

序号	发文单位	发文时间	政策名称
2	贵州省农业委员会	2017-03	关于印发《贵州省无公害绿色有机地理标志农产品工作实施方案》的通知（黔农发〔2017〕26号）
3	贵州省委办公厅、省政府办公厅	2017-06	贵州省绿色农产品"泉涌"工程工作方案（2017—2020年）
4	贵州省科技厅（省知识产权局）	2017-07	关于申报2017年度贵州省地理标志产品产业化项目的通知（黔知发〔2017〕15号）
5	贵州省农业农村厅	2017-08	关于开展2017年农产品地理标志品牌价值评价工作的通知（黔农办发〔2017〕169号）
6	黔东南州人民政府办公室	2017-08	黔东南州人民政府办公室关于印发《麻江蓝莓地理标志产品保护管理办法》的通知（黔东南府办发〔2017〕36号）
7	贵州省农业农村厅	2017-10	关于开展贵州省农产品地理标志示范创建工作的通知（黔农办发〔2017〕242号）
8	贵州省农业农村厅	2017-10	关于开展全省农产品地理标志资源普查工作的通知（黔农办发〔2017〕242号）
9	贵州省人民政府	2017-11	贵州省人民政府关于新形势下加快知识产权强省建设的实施意见（黔府发〔2017〕31号）
10	贵州省质量技术监督局	2018-06	关于加强我省获地理标志认证农特产品使用和管理的建议（提案）
11	贵州省市场监督管理局	2020-06	贵州省市场监管局关于印发贵州省市场监督管理局地理标志保护产品专用标志使用核准改革试点工作办法的通知（黔市监发〔2020〕15号）
12	贵州省市场监督管理局	2020-07	贵州省知识产权创造运用促进资助办法
13	贵州省市场监督管理局	2020-10	贵州省市场监督管理局地理标志保护产品专用标志使用核准改革试点工作办法
14	贵阳市市场监督管理局	2021-02	贵阳市强化地理标志运用助推地方经济高质量发展三年行动计划（2021—2023年）
15	贵州省人民政府	2021-04	中共贵州省委 贵州省人民政府关于全面推进乡村振兴加快农业农村现代化的实施意见

续表

序号	发文单位	发文时间	政策名称
16	中共贵阳市委办公厅 贵阳市人民政府办公厅	2021-04	中共贵阳市委办公厅贵阳市人民政府办公厅印发《关于强化知识产权保护的实施意见》的通知
17	贵阳市人民政府办公厅 贵安新区办公室	2021-05	贵阳市贵安新区强化地理标志运用助推地方经济高质量发展实施方案
18	中共六盘水市委办公室 六盘水市人民政府办公室	2021-05	关于强化知识产权保护的实施方案
19	黔西南州人民政府办公室	2021-08	黔西南州品牌奖励管理办法（修订版）
20	黔西南州知识产权局	2021-10	黔西南州知识产权高质量发展资助办法
21	贵州省市场监督管理局	2022-01	2022年度贵州省地理标志产品产业化促进项目资助申报指南
22	贵州省市场监督管理局	2022-03	贵州省知识产权高质量发展资助办法
23	黔东南州市场监督管理局	2022-04	关于印发《2022年黔东南州知识产权工作要点》的通知
24	贵州省知识产权局	2022-06	关于做好知识产权政策实施提速增效促进经济平稳健康发展工作的通知
25	贵州省市场监督管理局 贵州省农业农村厅	2022-07	贵州省市场监管局 省农业农村厅关于联合开展2023年度贵州省地理标志产品产业化促进项目预申报工作的通知

三、贵州省地理标志产业趋势预测（2023—2027年）

（一）地理标志区域公共品牌发展趋势

地理标志是以地域名称冠名的特有产品标志，其对产品的品质、质量以及相关特征等都有特殊的要求，从某种层面上来看，地理标志产品是天然的品牌，自带品牌属性。随着地理标志产品的出现和发展，其与单品类区域公共品牌的联系愈发密切,许多我们耳熟能详的产品既是农产品地理标志产品同时也是该地区的公共品牌,如"湄潭翠芽""修文猕猴桃""都匀毛尖""凤冈锌硒茶""遵义朝天椒""龙里刺梨""金沙黑山羊""从江香猪"等在国内的市场认可度都较高,深受广大消费者的喜爱,然而像"永乐艳红桃""黄果树黄果""平坝大米""板当苡仁米""紫云红芯红薯""学孔黄花""赤水楠竹笋"等这一类地理标志产品的知名度还需要进一步提升。借助已登记保护的地理标志和公共品牌可以为产业和企业赋能,提高产品的知名度和认可度,使地理标志农产品能够实现优质优价,提升效益,为"黔货出山"提供强大的背书与产品支持。

(二) 对地理标志重登记、重保护和重使用

近年来,各地对地理标志工作的重视程度有所提升,"重登记,重保护"的局面不断形成,同时,地理标志使用率不断提升。虽然部分地理标志产品授权用标企业少,相关管理也不够规范,但不影响地理标志重使用的趋势。以农产品地理标志为例,大部分地理标志授权使用情况朝良好方向发展,如"修文猕猴桃""水城猕猴桃""兴义黄草坝石斛""兴义芭蕉芋""兴仁猕猴桃""安龙白及""晴隆脐橙""晴隆羊""册亨糯米蕉""遵义朝天椒""湄潭翠芽"等农产品地理标志授权使用率达到了100%。截至2022年全省农产品地理标志开展标识使用产品有100余个,占注册总数的2/3以上,其中仅茶叶使用标识的企业总数就有473家,精品水果有119家,标识使用空间不断提高和扩大。

(三) 围绕"农业产业三化"的地理标志工作形成特殊趋势

产品品牌化,不断挖掘全省农产品地理标志历史人文因素,突出地理标志产品文化,讲好理标志产品故事,加大地理标志产品宣传力度。品牌化是农业现代化的核心竞争力,加强农业品牌建设是适应消费升级的迫切需要。近年来,贵州省成功打造了一大批农产品地理标志的公共品牌、区域品牌、企业品牌和产品品牌。如"贵州绿茶""虾子辣椒""镇宁蜂糖李""水城猕猴桃"等,下一步将全媒体、全方位、多层次、宽领域开展农产品地理标志

品牌建设工作，以提升品牌价值和竞争力。

产品标准化，标准化是产业发展的关键环节，是推动产业升级的一项十分重要的基础性、长远性工作。拥有一流的标准，才有一流的产业。纵深推进贵州农村产业革命，以地理标志质量控制技术规范为核心，建立农产品地理标志优势产业的生产标准、加工标准、流通标准和质量安全标准，建立农产品地理标志质量安全追溯平台，加大农产品地理标志认证推广力度，用标准保证产品质量。

产品规模化，持之以恒地提高规模化水平。市场经济的基本规律是有规模才有份额，有规模才有效益。规模化是农业的根本出路。山地农业的规模化之路走好了，是一道亮丽的风景线，坚持从贵州实际出发，全省农产品地理标志工作坚持将500亩[①]以上坝区作为重点，把坝子、山地、坡地等串联起来，建设相对集中连片的大型农产品地理标志基地，加快裂变式发展。

（四）地理标志与"一县一业"不断紧密结合

大力促进地理标志产品公共品牌与"一县一业"结合发展。注重农业品牌建设，编制地理标志公共区域品牌实施方案；研究制定各区（县、市）地理标志公共激励政策、公共指导技术、公共宣传规范、公共服务指南，发布各区（县、市）地理标志产业发展蓝皮书，筛选一批地理标志示范企业、地理标志示范基地，形成地理标志品牌示范观摩格局，建设地理标志产品交易市场、检测中心、品牌基地、示范小镇，形成地理标志公共区域品牌农文旅商一体化发展格局。通过"公共标识（公共母品牌）+地理标志公共品牌（区域品牌）+企业品牌（子品牌）+公共品牌运行管理"的品牌建设模式，推动"公共品牌管理（政府推动+行业管理）+企业使用管理（公共标准+企业内部管理）+产品市场管理（政府职能部门管理）"相结合的品牌运行，做好地理标志"公共品牌+绿色食品认证+有机认证+公共技术与标准生产+可追溯管理（产地准出管理+市场准入管理）"的品牌保障工作。

---

① 1亩约为666.67m^2。

（五）地理标志产业链不断标准化发展

制定地理标志产品全产业链综合标准体系及应用。标准类型包括：地理标志产品地方标准、区域内行业引导产业发展的团体标准、品质与安全全面保障的企业标准。具体标准内容包括：地理标志产品产地环境条件，地理标志产品种植/养殖技术规程（包括基础种源确定），地理标志产品病虫害/疾病防治规程，地理标志产品投入品控制规范，地理标志产品采收等级标准，地理标志产品加工（产地初加工、深加工）技术规程，地理标志产品贮运技术规程，地理标志产品包装标识规范，地理标志产品标识使用规范，地理标志产品管理办法与激励机制，地理标志产品品牌实施细则。

（六）地理标志全产业链加快追溯体系建设

地理标志产品"标识+二维码+数码"品质安全追溯体系正在快速发展。标识包括当前社会普遍认知并接受的地理标识、绿色食品标识、有机食品标识、合格农产品标识、中国环境保护产品标识等。总体来说，可追溯技术从最初的针对农产品真实性识别及溯源技术（包括电子标签溯源系统），发展到现在追溯平台的多功能插件，如产地编码、产地环境信息、产品质量、可证实证据、异地通查通识、农产品商品流通、农业保险、农产品生产档案查询等，各项技术方案已成熟可用、可推广。通过建设地理标志产品大数据中心并进行相应管理，贵州省取得了全省地理标志大数据的整合集成、编辑管理、共享服务与统计分析等成果。地理标志数据资源基于地理信息系统的集成与空间可视化不断融合发展。贵州省在农业化信息建设方面，已经有了完整的行动方案，总体架构是一个框架（农业云），两大支撑（大数据中心、一张图平台），三个统一（统一标准、统一数据、统一管理），四大体系（农情监测预警体系、农业生产管理体系、农产品经营网络体系、农业监管服务体系），N个应用。在农业云框架下，基于农业大数据中心、一张图平台，利用物联网、移动互联网等，构建各类农业应用系统，支撑农业提质增效，转变农业发展方式，促进农村发展、农民增收。

Ⅱ 各市（州）地理标志产业发展报告

B.2
贵阳市地理标志产业发展报告

姚 鹏*

摘　要： 贵阳市共有14件（次）地理标志产品，其中经原国家质检总局＋国家知识产权局渠道批准的地理标志产品有6件，经农业农村部渠道登记的农产品地理标志有5件，经原国家工商总局渠道批准的地理标志证明商标有3件。其中3件地理标志产品为多渠道认证，"修文猕猴桃"为地理标志保护产品、农产品地理标志、地理标志证明商标3个渠道认证，"清镇酥李"为地理标志保护产品、农产品地理标志2个渠道认证，"开阳枇杷"为地理标志保护产品、地理标志证明商标2个渠道认证，贵阳市实际地理标志产品数量为11件。

关键词： 贵阳；地理标志；产业发展

　　贵阳，因位于贵山之南而得名。其地处我国云贵高原的东部，贵州省的中部，为贵州省省会，是贵州省的政治、经济、文化、教育、科学技术、交通中心，也是中国西南地区重要的交通通信枢纽、工业基地及商贸旅游服务中心。2022年，贵阳市辖云岩、南明、花溪、乌当、白云、观山湖6个区，修文、息烽、开阳3个县，代管清镇1个县级市。土地总面积8043平方千米，占全省总面积的4.56%。据第七次全国人口普查统计，全市常住人口

---

* 姚鹏，硕士，贵州省社会科学院助理研究员，研究方向：地理标志。

598.7万人，有汉族、苗族、布依族、土家族等共50个民族，其中世居少数民族11个，以苗族、布依族为主体。

一、地理标志基础概况

（一）地理标志产品（原国家质检总局+国家知识产权局渠道）

截至2022年12月31日，贵阳市行政区域内的地理标志产品共计有6件，分别为清镇市境内的"清镇黄粑""清镇酥李"，开阳县境内的"开阳富硒茶""开阳枇杷（开阳富硒枇杷）"，息烽县境内的"红岩葡萄"，以及修文县境内的"修文猕猴桃"。具体统计情况见表2-1。

表2-1 原国家质检总局+国家知识产权局渠道批准贵阳市地理标志产品状况

序号	产品名称	受理公告	批准公告	保护范围
1	清镇黄粑	2009年第29号	2009年第128号	清镇市青龙街道办事处、红枫湖镇、站街镇、卫城镇、新店镇、流长乡、犁倭乡、王庄乡、暗流乡、麦格乡、百花湖乡等11个乡镇（街道）现辖行政区域
2	清镇酥李	2010年第13号	2010年第93号	清镇市青龙街道办事处、红枫湖镇、站街镇、卫城镇、新店镇、流长乡、犁倭乡、王庄乡、暗流乡、麦格乡、百花湖乡等11个乡镇（街道）现辖行政区域
3	开阳富硒茶	2013年第27号	2013年第167号	开阳县现辖行政区域
4	红岩葡萄	2013年第108号	2014年第39号	息烽县小寨坝镇、西山乡、鹿窝乡共3个乡镇现辖行政区域
5	开阳（富硒）枇杷	2014年第66号	2014年第96号	开阳县现辖行政区域
6	修文猕猴桃	2014年第85号	2014年第139号	修文县龙场镇、扎佐镇、久长镇、六屯镇、谷堡乡、小箐乡、洒坪镇、六广镇、大石乡、六桶镇共10个乡镇现辖行政区域

资料来源：根据国家知识产权局网站（https://www.cnipa.gov.cn/）中数据，由作者统计整理得到。

（二）农产品地理标志（农业农村部渠道）

截至2022年12月31日，贵阳市行政区域内经农业农村部批准的农产品地理标志共计有5件，分别为花溪区境内的"花溪辣椒"，南明区境内的"永乐艳红桃"，息烽县境内的"息烽西山贡米"，清镇市境内的"清镇酥李"，以及修文县境内的"修文猕猴桃"。具体统计情况见表2-2。

表2-2 农业农村部批准贵阳市农产品地理标志状况

序号	产品名称	证书持有人	批准公告	保护范围
1	花溪辣椒	贵阳市花溪区生产力促进中心	2012年农业部公告第1813号	花溪区贵筑办事处、清溪办事处、溪北办事处、青岩镇、石板镇、久安乡、麦坪乡、燕楼乡、党武乡、高坡乡、湖潮乡、孟关乡、黔陶乡、马铃乡等
2	永乐艳红桃	贵阳生产力促进中心南明分中心	2012年农业部公告第1813号	永乐乡水塘村、石塘村、羊角村、柏杨村、罗吏村、永乐村、干井村等
3	息烽西山贡米	息烽县农业技术开发服务中心	2015年农业部公告第2277号	西山镇、小寨坝镇、鹿窝乡、九庄镇4个乡镇的鹿窝、西山、新寨沟、联合、红岩、西安、大石头、马屯、华溪、三友、胡广、纸房、团山共13个建制村
4	清镇酥李	清镇市农业局蔬菜工作办公室	2017年农业部公告第2578号	红枫湖镇、站街镇、卫城镇、暗流镇、王庄乡、新店镇、犁倭镇、流长乡、麦格乡共9个乡镇的64个建制村
5	修文猕猴桃	修文县猕猴桃产业发展局	2018年农业部公告第2651号	谷堡乡、龙场镇、六广镇、六桶镇、小箐乡、洒坪镇、六屯镇、大石乡、扎佐镇、久长镇共10个乡镇

资料来源：根据农业农村部网站（http://www.moa.gov.cn/）中数据，由作者统计整理得到。

(三) 地理标志证明商标 (原国家工商总局渠道)

截至2022年12月31日，贵阳市行政区域内经原国家工商总局商标局及国家知识产权局商标局批准的地理标志证明商标共计有3件，分别为"贵阳折耳根""修文猕猴桃"和"开阳枇杷"。具体统计情况见表2-3。

表2-3 原国家工商总局批准贵阳市地理标志证明商标状况

序号	产品名称	注册人	注册公告期号	注册号	商品/服务	专用期限
1	贵阳折耳根	贵阳市蔬菜技术推广站	1240	7786031	折耳根（新鲜蔬菜）	2020-11-21—2030-11-20
2	修文猕猴桃	修文县猕猴桃协会	1256	8749776	猕猴桃	2021-03-21—2031-03-20
3	开阳枇杷	开阳县富硒产品协会	1806	60600370	新鲜枇杷	2022-12-07—2032-12-06

资料来源：根据中国商标网（http://sbj.cnipa.gov.cn/sbj/index.html）中数据，由作者统计整理得到。

(四) 2017—2022年新增地理标志产品

根据以上对贵阳市地理标志注册情况的统计，2022年贵阳市共有14件（次）地理标志产品，其中地理标志产品（原国家质检总局+国家知识产权局渠道）有6件，农产品地理标志（农业农村部渠道）有5件，地理标志证明商标（原国家工商总局渠道）有3件。在这14件（次）地理标志产品中有3件地理标志产品为多渠道认证，"修文猕猴桃"为地理标志产品、农产品地理标志、地理标志证明商标3个渠道认证，"清镇酥李"为地理标志产品、农产品地理标志2个渠道认证，"开阳枇杷"为地理标志产品、地理标志证明商标2个渠道认证，贵阳市实际地理标志产品数量为11件。以2017年为时间分割线，在2017年前，贵阳市共成功注册了11件（次），在2017年后，贵阳市共成功注册了3件地理标志产品，为农产品地理标志和地理标志证明商标，其中"清镇酥李"和"修文猕猴桃"为农产品地理标志，"开阳枇杷"为地理标志证明商标，这3件地理标志产品也是换渠道的再次认证

(表2-4)。在2017年前,"开阳(富硒)枇杷"和"清镇酥李"已成功认证为国家地理标志产品保护,"修文猕猴桃"已成功认证为国家地理标志产品和地理标志证明商标双重保护。

表2-4 贵阳市2017—2022年新增地理标志产品汇总

序号	产品名称	证书持有人	批准公告	保护范围
1	清镇酥李	清镇市农业局蔬菜工作办公室	2017年农业部公告第2578号	红枫湖镇、站街镇、卫城镇、暗流镇、王庄乡、新店镇、犁倭镇、流长乡、麦格乡共计9个乡镇的64个村
2	修文猕猴桃	修文县猕猴桃产业发展局	2018年农业部公告第2651号	谷堡乡、龙场镇、六广镇、六桶镇、小箐乡、洒坪镇、六屯镇、大石乡、扎佐镇、久长镇共计10个乡镇
3	开阳枇杷	开阳县富硒产品协会	2022年国家商标局第1818期商标公告	—

资料来源:根据农业农村部网站(http://www.moa.gov.cn/)中数据,由作者统计整理得到。

二、地理标志产业发展

截至2022年,贵阳市的地理标志产品数量排名在全省范围内还处于较低的位置,但在对已成功申报为地理标志产品的专用标志的使用及管理上,全市各职能部门稳步推进地理标志产品专用标志使用核准改革试点工作,不断强化完善地理标志产品保护监管方式,以科学核准、严格监管、优化服务为引领,强有力地保障了地理标志产品专用标志的合法、规范使用,从而进一步提升地理标志产品的内在品质、市场竞争力、附加值以及农民的收入。全市已完成了清镇黄粑、清镇酥李、修文猕猴桃3件地理标志产品的32家企业专用标志的换标工作。

B.2 贵阳市地理标志产业发展报告

（一）推动地理标志产业发展的主要做法

近年来，贵阳市为贯彻落实中共贵州省委提出的"农村产业革命"以及"强省会"五年行动的要求，结合市内地理标志产品与农业产业的深度契合的特点，大力发展地理标志产业，全市的农村产业结构调整取得了重大的进展，为促进农业产业提质增效、农民增收致富，实现乡村振兴奠定了坚实基础。在推动地理标志产业发展的工作中，主要采用以下做法。

1. 深挖地理标志资源

充分挖掘全市潜在的可申报为地理标志产品的资源，对符合地理标志产品申报的名、优、特农产品积极申报，持续增加全市地理标志产品的数量。全市各区（县、市）认真按照《贵阳市贵安新区强化地理标志运用助推地方经济高质量发展实施方案的通知》和《贵阳贵安农业品牌提升行动方案》要求，结合实际，制订本辖区地理标志产品培育规划，建立工作责任制，推动工作落细、落地、落实，市场监管部门、农业部门、地方志编委会办公室等有关单位加强沟通与对接，建立申报地理标志产品登记保护项目名录，有重点、有步骤地做好特色农产品的挖掘、利用、保护、培育和培训等相关工作。2022年，全市拥有一定知名度、具有地理标志挖掘潜力的产品约有30余件，涉及的区（县、市）将这些名、特、优农产品作为项目储备，协调引导农业技术推广站、行业协会等专业经济组织作为申报主体，抓紧组织申报。对具有一定产业规模优势但还不具备申报地理标志产品的农产品，积极引导相关经济组织及产业化龙头企业等符合条件的市场主体，申请注册农产品商标或集体商标。

2. 持续优化地理标志保护运用

引导地理标志龙头企业、种植养殖大户等，培育一批知识产权优势企业和示范企业；探索地理标志"产品—品牌—产业"发展路径，发挥地理标志对"农民增收""农业增效"的促进作用；推广质量管理、品牌宣传、包装标识、生产流程、市场营销"五统一"管理，形成"研产供销"一体化公共服务体系。将专用标志使用管理纳入"双随机、一公开"监管，规范专用标志使用行为；以专利信息资源利用和专利分析为基础，把专利运用嵌入地理标志相关产业创新、技术创新、组织创新和商业模式创新中，引导和支撑地理标志产业科学发展。同时，对现有地理标志农产品进行有效保护与合理利用，形成政府推动协会、协会带动企业、企业带动个人的模式，提升地理标志农产品标准化程度，扩大地理标识使用规模，促进农业增产、农民增收，服务地方经济高质量发展。

3. 增强地理标志的品牌影响力

积极探索"地理标志＋绿色农业""地理标志＋观光旅游"等发展模式，开展地理标志文化主题节日活动，推动地理标志产业与生态旅游、文化创意等相关产业融合；探索建立"地标小镇""地标示范村"等可视性地理标志，推动地理标志与生态旅游、文化创意、休闲农业等产业融合。建立健全地理保护网络，不断创新监管模式，提高预测、预警和分析研判水平；针对商标印制、产品生产、流通等环节，严厉查处滥用、冒用、伪造地理标志专用标志和侵权地理标志商标行为等。

（二）重点地理标志产业发展

1. 修文猕猴桃

2021年，修文县猕猴桃种植面积达16.7万亩，居全国第三、贵州省第一。修文猕猴桃产销两旺的背后，是修文县推进产业兴旺、农民增收，加快农业现代化步伐的扎实作为和创新思路。

科技赋能，产业向质量效益型转变。近年来，修文县不断为猕猴桃产业注入科技力量，先后与省内外多家科研院所达成合作，同时推广新西兰种植技术，引进示范营养枝牵引、环剥、生草覆盖、配方施肥、生物菌肥、水肥一体化、按芽定产等先进技术，助推猕猴桃产业提质增效。新技术的运用，让园区的猕猴桃实现了从数量效益型向质量效益型转变。修文县万亩猕猴桃提质增效项目已完成17714.57亩，其中低产园改造2469.47亩。修文县将猕猴桃作为乡村振兴的首位产业来抓，不断提高科技推广应用程度、扩大技术规模，促进农户增收，推动农业现代化发展。2021年6月4日，贵州修文猕猴桃研究院和中国—新西兰猕猴桃"一带一路"联合实验室贵州中心落地修文县，为修文猕猴桃产业发展提供了强大的科技支撑，进一步推动猕猴桃产

B.2 贵阳市地理标志产业发展报告

业提质增效,强化品牌培育推广,提高产业链现代化水平。

营销提质,线上线下全方位拓销路。近年来,修文县政府部门当好"联络员",根据市场消费形式的改变积极拓展销售渠道,不断壮大电商主体,强化政策支撑、引导猕猴桃网上销售、创新产销对接方式,让修文县猕猴桃销售渠道逐渐从传统的线下批发模式向线上延伸。同时,主动对接京东、首杨水果及贵州果业集团等大型销售平台,在县内选取优质果园作为定制果园,实现订单化销售,在一定程度上实现"优质优价",逐步提升"修文猕猴桃"品牌美誉度,提升品牌溢价率,让更多果农主动积极申请使用"修文猕猴桃"区域公用品牌,形成产业发展良性循环。

产业增效,种植户增收数十倍。多年来,修文县历届县委、县政府都把猕猴桃产业作为特色产业打造,出台了系列政策予以支持,邀请农业专家进村开展培训,还成立县国投集团(县农投公司),带动猕猴桃产业发展。在经历起步期、发展期后,2016年,修文猕猴桃发展迎来跨越期,"规模化、标准化、品牌化"的发展理念、统一标准规范的种植方式,逐渐得到广大种植户认可。产业发展兴旺,农民干劲十足,农民腰包逐渐鼓了起来。2021年,修文猕猴桃种植覆盖全县各乡(镇、街道),全县猕猴桃种植户6901户,带动就业2.8万人。

2. 开阳富硒茶

近年来,开阳县抢抓产业高质量发展机遇,立足富硒资源优势,坚持按照"政府引导、市场主导、企业主体、联盟支撑"原则,以产业化、规模化、标准化茶园建设为重点,持续推进富硒茶产业健康发展,产业效益不断凸显。开阳县茶叶主要品种为福鼎大白、白叶1号、黔茶1号等,2021年年产值超过20亿元,带动农户3万余户,年户均增收1.2万元,建成南龙乡、龙岗镇、高寨乡等5个万亩茶叶乡镇,15个千亩茶叶村,已累计建成茶叶基地17.03万亩,年产干毛茶1.05万吨,面积和产量在全市茶园占比均超过60%,产业实施主体持续壮大。

开阳县有茶叶经营主体70家,其中:省级龙头企业4家,市级龙头企业3家,通过SC认证企业23家。有机茶园认证2800亩,绿色茶园认证1800亩。各类产品抽验检测合格率达100%。2021年茶青抽检通过欧盟512项检测指标。发布茶系列标准5个。"开阳富硒茶"获得地理标志保护产品称号后,开阳县着力将其培育成县域公共品牌,推出产品45个,注册商标35个,子母品牌互动格局已初步形成,在省内外各类茶事活动和产品评选活动中获奖60余次,建成"中国硒街"茶城,品牌知名度和影响力不断扩大。茶旅融合已现雏形,建成云山茶海、蓝芝茶庄等一批茶旅一体化建设项目,形成茶园观光、茶叶采摘、茶叶加工、茶艺表演、研学培训等"以茶带旅、以旅促茶"的良好格局。

3. 花溪辣椒

花溪区种植的辣椒色泽红亮、香味突出、润而不燥,受农产品地理标志保护。在辣椒市场上,花溪辣椒是不容易见到的"稀奇货",加工很多本地特色美食,如肠旺面、豆花面或者炼制红油时都必须要用花溪辣椒。

素有"高原明珠"美誉的花溪区地灵人杰,雨量充沛,湿度较大。在特殊的土质、气候条件下,产出的辣椒与众不同。花溪辣椒肉质肥厚、色泽深红,总氨基酸的含量高,含油程度高,辣椒香味十足,号称辣椒里的"味精"。地道的花溪辣椒与众不同之处在于,其尾部有个弯钩,形似牛角,又名"牛角椒"。党武乡葵林村和马铃乡凯坝村种植的辣椒尤为有名,每斤[①]干椒售价要在20元以上。

花溪辣椒种植主要集中在花溪区的党武乡、马铃乡、燕楼乡和麦坪乡等乡镇,种植区域面积达10000余亩,参与辣椒基地建设的农户有5000多户。花溪辣椒2021年便已达到亩产鲜椒3500斤以上,晒制干椒300斤,亩收入7000多元。2020年,花溪区委、区政府提出,发展传统优势产业,并制定了详细的辣椒产业线路图。花溪优质辣椒特色产业集群呼之欲出。花溪区在青岩乡、麦坪乡、马铃乡等乡镇规划建设标准辣椒种植基地3500亩,投入农业生产现代化机具20余台套。为提升管理水平,特地添置1台农业无人机。同时,提升和新建机耕道生产便道5千米,方便规模化种植。区农业农村局还借助外部技术公司的优势,对辣椒品种进行提纯、改良,在保持优良性状的前提下增加产量,扩大生产规模。

---

① 1斤是0.5千克。

B.2　贵阳市地理标志产业发展报告

　　3500亩的产业基地分为加工型、高产示范基地、菜椒和种质资源保护4种，对辣椒生产有针对性地做了区分，可以更好地适应市场和品种培育的需要。仅生产和销售原材料，自然不能满足产业集群的需要。只有延长产业链、增加辣椒附加值，才能真正对得起这个富有盛誉的地方品牌，助力农民增收致富。2020年，花溪区实施辣椒加工产业生产线建设项目，总投资1340万元。贵阳市金钰铮风味食品厂建设3.5万吨辣椒产业链，建设油辣椒制品生产线、灌装生产线和泡椒生产线；贵州力合农业科技有限公司完成年产600吨优质花溪辣椒加工厂建设。花溪辣椒在新时期花溪人的手上，将产生更大的效益。

附录：贵阳市重点地理标志资源名录

序号	类别	产品名称	区域	产品简介	建议
1	酒	贵阳大曲	贵阳市	具有窖香浓郁，绵甜爽净，香味协调，加水、加冰不混浊之特点。自1981年起行销我国香港地区，东南亚及日本。1983年起进入西欧市场，获得一致好评。1991年荣获法国波尔多国际酒类博览会唯一的特别奖	申报地标
2		朱昌窖酒	观山湖区	历史源远流长，贵阳史志载："朱昌者，商贾酒仙之地也"。朱昌窖酒无色透明，具有舒适的药香，兼有窖香和脂香，酒体醇和，绵甜爽口，入口回甜，余香悠长	申报地标
3		花溪糯米酒	花溪区	花溪高坡是苗族乡，位于贵阳市郊。苗家的各种活动都离不开酒。家家户户每年至少要酿造百斤米酒自用。此酒包装均是天然材料，将酒放一段时间后酒里除了原有的酒香还能融入一股竹子的清香	产业较小，培育后申报地标
4		花溪刺梨酒	花溪区	明清时广泛流传于芒部、水西一带的《竹枝词》中吟唱："尖头鞋子细花装，偏向邻家约女郎。半里如云伞如盖，担笼携酒送新娘。"酒色橙红如琥珀，晶莹透明，清香甘美，酸甜可口，有刺梨芳香	产业较小，培育后申报地标
5		卫城刺梨酒	清镇市	卫城刺梨酒是用本地窖酒加刺梨、猪板油、蜂蜜、冰糖、当归、枸杞、三七等至少泡两年以上，深受当地民众喜爱	市场前景良好，培育后申报地标
6		清镇米酒	清镇市	清镇米酒口味香甜醇美，乙醇含量极少，因此深受人们喜爱。酒质味醇而香甜，当地农民逢年过节或招待宾客时，必用此酒	产业较小，培育后申报地标

B.2 贵阳市地理标志产业发展报告

续表

序号	类别	产品名称	区域	产品简介	建议
7		西望山虫茶	息烽县	清代光绪年间《城步乡土志·卷五》记载："茶有八峒茶……亦有茶虽粗恶，置之旧笼一二年或数年，茶悉化为虫，故名之虫茶，茶收贮经久，大能消痰顺气。"从清朝起，销往东南亚一些国家和地区，久负盛名	申报地标
8		开阳南贡茶	开阳县	据万历《贵州通志》记载，开阳已有400多年进贡茶历史，茶色淡绿而明亮，叶芽竖立，犹如雪后春笋，清香而味醇，爽口清润	申报地标
9		清镇苦丁茶	清镇市	清镇苦丁茶采用贵州高原野生珍稀植物苦丁茶树的嫩芽和鲜叶作为原料制作而成。产品富含多种氨基酸、维生素及硒、锌等	人文历史需挖掘，培育后申报地标
10	茶	羊艾红茶	清镇市	在1979年长沙全国茶叶会议上曾获红冠军称号。它集红茶的三特色浓、强、鲜于一身，条索粗壮，色泽乌黑，茶色红艳明亮，收敛性强，茶味香浓鲜爽	申报地标
11		赵司贡茶	花溪区	1701年，时任翰林侍读学士的周渔璜曾将赵司茶献给康熙帝。赵司贡茶色泽墨绿，沸水冲泡后渐次展开，叶片完整，绿意盎然，汤色澄碧清亮，滋味绵长、清香优雅，饮后神清气爽，满齿含香	申报地标
12		百花湖白茶	观山湖区	百花湖白茶精品，外形：扁平，光滑，挺直，尖削，或条直显芽；汤色嫩绿明亮；香气嫩香持久	人文历史需挖掘，培育后申报地标
13		久安古茶	花溪区	久安乡拥有54000多株古茶树，树龄在1000～1500年的古茶树有1450株。2011年，全国古茶树保护专家认证这些古茶为目前国内发现的最古老、最大的栽培型灌木中小叶种茶树，也是目前最大的灌木型古茶树居群	申报地标

续表

序号	类别	产品名称	区域	产品简介	建议
14	粮油	开阳菜油	开阳县	采用传统压榨法结合现代工艺精炼而成，产品富含天然有机硒等人体必需的微量元素，且味道香浓	人文历史需挖掘，申报地标
15		开阳富硒米	开阳县	产品具有米粒大、外观油亮光泽、香软可口等特点，且富含人体必需的硒元素，其硒含量为50~280微克/千克	人文历史需挖掘，申报地标
16	果蔬	高寨富硒大蒜	开阳县	高寨富硒大蒜除具有个大瓣少、品质好、口感佳等特点，经检测每千克大蒜含硒0.06克，该产品主产于高寨乡，早在十几年前种植面积就已达到2500亩，亩产达350千克	人文历史需挖掘，申报地标
17		红枫葡萄	清镇市	自2004年开始，红枫葡萄文化节每年举办，到2022年已经连续举办17届	申报地标
18		清镇救心菜	清镇市	清镇是西南地区最早引进种植开发救心菜的地区。根据资料记载，救心菜含有多种药用成分，是民间常用广谱青草药	人文历史需挖掘，培育后申报地标
19		修文金秋梨	修文县	修文金秋梨性状稳定，果大、整齐、光亮美观，单果重250~1000克，果皮黄色，果柄短、肉质洁白，松脆、汁多，无石细胞、味香甜、品质上乘	申报地标
20		修文马铃薯	修文县	2010年修文县马铃薯种植面积就已达10万亩，其中商品薯基地5万亩，马铃薯年产量达15万吨，产品以鲜销和加工为主，总产值达24000万元	人文历史需挖掘，培育后申报地标
21		花溪草莓	花溪区	花溪草莓种植面积达1100余亩，分布在小孟、清溪、青岩等交通便利、游客数量较多的街道附近，年产草莓1800吨，占贵阳市产量的八成以上	申报地标
22		下坝樱桃	乌当区	下坝樱桃种植面积逾3万亩，年产樱桃数十万斤。樱桃更以晶莹剔透、色泽透人、酸甜爽口、营养丰富的品质而备受人们喜爱	培育后申报地标

B.2 贵阳市地理标志产业发展报告

续表

序号	类别	产品名称	区域	产品简介	建议
23		阿栗杨梅	乌当区	乌当区阿栗村是贵阳目前最大的杨梅种植基地，阿栗杨梅肉质好，甜味重、酸味轻。杨梅不只在当地销售，还销往重庆、成都、昆明等地	培育后申报地标
24		水田冰酥李	乌当区	乌当区水田镇多处于丘陵山区，昼夜温差大等得天独厚的自然环境适宜李子生长，加上当地人用特殊的栽种方法，使得水田冰酥李远近闻名	培育后申报地标
25		百宜辣椒	乌当区	百宜辣椒种植历史源远流长，百宜辣椒口感微辣，辣味香而适中。2003年获得了首届贵州名特优农产品展销会"名牌农产品"荣誉	申报地标
26	果蔬	小河火炭杨梅	花溪区	花溪区内共有杨梅7000余亩，品种有火炭等，成熟期在每年的6月下旬至7月中旬。据检测，火炭杨梅含糖量为13.5%~15.3%，被评为省优杨梅品牌	培育后申报地标
27		党武辣椒	花溪区	党武辣椒有无名指大小，又红又亮，口感辣而不烈，且有特别的香气，在贵阳等黔中腹地很有名气	培育后申报地标
28		贵阳香葱	贵阳市	以黑石头村为轴心，延伸到朱昌、金阳等地约2万亩的贵阳香葱生产带，正在成为贵阳香葱产业的一个主要部分	培育后申报地标
29		百宜糟辣椒	乌当区	百宜糟辣椒是鲜辣椒经过发酵制成。具有色泽鲜红，香浓辣轻等特点	培育后申报地标
30		开阳富硒土豆	开阳县	富硒土豆来自中国富硒之乡——贵州开阳，土豆富含淀粉、果胶、蛋白质、钾、柠檬酸、维生素B、维生素C	人文历史需挖掘，培育后申报地标
31	畜禽	花溪白鹅	花溪区	花溪白鹅，雍容华丽，形美味佳。"鹅肉飘香花溪区，米酒醇清琼林宴。"著名书法家徐康建题词赞曰："花溪清明洹溢香，呆鹅美味客复来"	人文历史需挖掘，培育后申报地标

续表

序号	类别	产品名称	区域	产品简介	建议
32	畜禽	开阳富硒鸡蛋	开阳县	鸡蛋含硒量为200~500微克/千克,达到贵州省富硒鸡蛋行业标准(≥150微克/千克),高于全国富硒鸡蛋行业标准(≥100微克/千克)	申报地标
33		高坡猪	花溪区	高坡猪也称"六白猪",是有数百年历史的地方良种,已收入国家畜牧志	品种急需保护,申报地标
34	特色食品	贵阳肠旺面	贵阳市	肠旺面始创于晚清。具有血嫩、面脆的口感和辣香、汤鲜的风味,以及红而不辣、油而不腻、脆而不生的特点	提升储运质量安全技术,申报地标
35		贵阳丝娃娃	贵阳市	丝娃娃,别名素春卷,是贵阳市的一种常见的地方传统小吃。此菜素菜脆嫩,酸辣爽口,开胃健脾。各种原料丝切得极细,红、白、黄、黑等各种色彩相间	提升质量安全技术,申报地标
36		贵阳酸粉	贵阳市	酸粉是贵阳人吃素粉的首选原料,配合各种油辣椒、鸡辣角,味道极好	产品质量不规范,培育后申报
37		贵阳素粉	贵阳市	贵阳素粉是一道地方小吃。粉凉爽滑,香辣爽口。配料有姜、蒜、盐、麻油、酱油、味精、黑大头菜、泡酸萝卜,淋上红油,撒葱花即可拌食	产品特点突出,人文历史需挖掘,培育后申报
38		青岩豆腐	花溪区	青岩豆腐是贵阳市的一种地方传统名小吃,将豆腐放在火上烤,再浇上调料。豆腐在青岩是一种独特的小吃,百余年来经久不衰	人文历史不足,需进一步挖掘,培育后申报
39		青岩猪脚	花溪区	青岩猪脚被当地人称为"卤猪脚",又被称为"状元蹄"。青岩猪脚蘸上特制的辣椒水入口肥而不腻、香糯滋润、味美香辣	申报地标
40		花溪牛肉粉	花溪区	花溪牛肉粉发源于贵阳花溪地区,选用上等黄牛,多髓牛骨,熬成鲜浓原汤,加上爽滑的蒸汽米粉,配以醇香的牛肉,添上开胃的泡酸菜,点缀新鲜的芫荽	申报地标

B.2 贵阳市地理标志产业发展报告

续表

序号	类别	产品名称	区域	产品简介	建议
41	特色食品	青岩玫瑰糖	花溪区	青岩玫瑰糖是贵阳市的地方传统名点。鲜香酥脆,味道回味无穷。问世至今已有一百多年的历史	申报地标
42		青岩鸡辣角	花溪区	青岩鸡辣角是青岩最出名的地方特色美食,成菜色泽红润,肉火巴骨酥,嫩辣鲜香,味美爽口	申报地标
43		青岩水盐菜	花溪区	贵阳市花溪区青岩水盐菜是以雪里蕻作原料,经腌渍而成的天然绿色食品。青岩镇有雪里蕻原材料基地总面积300多亩,熟菜年产量1260吨,产值201.6万元	产业较小,培育后申报
44		贵阳鸡肉饼	贵阳市	贵阳鸡肉饼是贵阳地区著名的风味小吃。饼选用上等面粉制成。馅选用公鸡嫩肉、香菇、虾米等多种原料配制。皮薄馅嫩,香气扑鼻,令人百吃不厌	人文历史不足,需进一步挖掘
45		贵阳小米鲊	贵阳市	贵阳小米鲊距今已经有近百年的历史。主料用贵州出产的糯小米,再加入少量带皮五花肉、红糖熬成黏稠的粥,类似四川甜烧白下面铺的糖饭,吃起来非常甜糯弹牙	产业较小,培育后申报
46		金华苞谷粑	观山湖区	苞谷粑看似色单味淡,入口却带有玉米的自然香味,软糯香甜、回味悠长,并且饱腹感强、营养丰富	未形成产业,培育后申报
47		阳郎辣子鸡	息烽县	息烽阳郎辣子鸡是一道传统佳肴,出产于息烽阳郎坝,是一道火锅菜式。菜品中鸡肉嫩而糯,那种香喷喷的、辣辣的滋味悠长而绵软,菜品味香色美	人文历史需挖掘,培育后申报地标
48		开阳马场面条	开阳县	开阳马场面条采用富硒泉水、富硒面粉经过手工精制而成。特点是耐煮且不稠汤,口感香脆、温润、清新、余香绵绵	人文历史需挖掘培育
49		开阳富硒蜂蜜	开阳县	开阳富硒蜂蜜源自开阳富硒山区,农户养殖而得,该蜂蜜是由工蜂采集高寒深山的各种花蜜、花粉及蜂胶制成,每年只可收割一次,产量极其有限,乃蜜中珍品	人文历史需挖掘培育

续表

序号	类别	产品名称	区域	产品简介	建议
50	特色食品	清镇豆豉火锅	清镇市	清镇豆豉火锅始创于20世纪70年代,现为清镇的特色餐饮。用优质辣椒和优质豆豉作底料,加以其他佐料,以祖传的配方熬制而成。豆豉香味醇厚浓郁	质量独特,未形成产业,培育后申报地标
51		清镇腊肉	清镇市	新鲜猪肉,调料为食用盐、水等,通过浸泡腌制5~7天、风干、熏烤的做法而成,嚼在口里,满口生津,齿颊留香	人文历史需挖掘
52		清镇热汤丝娃娃	清镇市	清镇热汤丝娃娃是清镇市的名小吃。用山楂、茴香、荜香、花椒、胡椒、党参等十多种香料精制而成,需要8小时炖煮,经过滤、沉淀后才能食用	质量独特,历史悠久,培育后申报地标
53		扎佐蹄髈	修文县	采用猪蹄髈,在沸水里略煮,取出趁热抹上糖色,下热油锅中炸至皮金黄色,装入盆内,连盆上笼文火蒸6~8小时起锅,肉皮软糯酥而不烂、肉嫩化渣不腻;酸菜切成块辅用	质量独特,有一定历史,培育后申报地标
54		扎佐萝卜干	修文县	扎佐萝卜干制作一般是在冬至前后进行,要经过"晒、腌、藏"三道工序。扎佐萝卜干含有一定数量的糖分、蛋白质、胡萝卜素、抗坏血酸等营养成分	质量独特,培育后申报地标
55		贵阳碗耳糕	贵阳市	碗耳糕又名"娃儿糕",已有一百多年的历史。其制作方法是先将大米浸泡、淘洗、磨成浆、过滤,然后发酵,掺些熟炱,红糖液化过滤,掺在打好的米浆里,加碱拌匀蒸成熟糕即成	质量独特,培育后申报地标
56		开阳土豆丝	开阳县	开阳土豆丝具有"麻、辣、香、酥、脆"的特色。以传统的手工艺制作而成,色泽金黄、麻辣酥脆,素有"一里香、千口脆"的美誉,口口留香	质量独特,但未形成产业,培育后申报地标
57	工艺品	花溪苗绣	花溪区	贵阳市花溪苗族挑花技艺在贵州苗族刺绣技艺中具有一定的代表性。花溪苗族挑花是本地苗族历史和传说的载体,独特的挑花贯首服也成为这支苗族的识别标记和象征	申报地标

B.3
遵义市地理标志产业发展报告

刘清庭[*]

摘　要：2017—2022年，遵义市新增地理标志38件。截至2022年12月，遵义市共有77件地理标志产品，不重复统计共60件，其中经原国家质检总局＋国家知识产权局批准的地理标志产品有30件，经原国家工商总局批准的地理标志证明商标有16件，经农业农村部登记的农产品地理标志有31件，进入中欧地理标志互认保护清单的有2件。

关键词：遵义市；地理标志；产业

一、遵义市地理标志基础概况

（一）遵义市地理标志产品保护概况

经农业农村部渠道登记的农产品地理标志有31件。分别是：凤冈锌硒茶、赤水金钗石斛、赤水乌骨鸡、湄潭翠芽、遵义朝天椒、黔北麻羊、黔北黑猪、务川白山羊、遵义烤烟、播州乌江鱼、绥阳子弹头辣椒、琊川贡米、学孔黄花、仁怀糯高粱、桐梓团芸豆、务川蜂蜜、习水岩蜂蜜、桐梓黄牛、赤水楠竹笋、赤水龙眼、桐梓魔芋、黄杨小米辣、习水仙人掌、湄潭红肉蜜柚、凤冈红心柚、海龙贡米、凤冈蜂蜜、茅坝米、杠村米、仁怀功夫红茶、

---

[*] 刘清庭，贵州省地理标志研究中心助理研究员，研究方向：地理标志与公共宣传。

芶江脆红李。具体情况见表3-1。

表3-1 农业农村部渠道农产品地理标志

序号	产品名称	登记申请人	证书编号	地域范围	批准公告
1	凤冈锌硒茶	凤冈县茶叶协会	AGI01570	凤冈县12个乡镇	2014年11月28日农业部公告第2179号
2	赤水金钗石斛	赤水市现代高效农业园区管理委员会	AGI02104	赤水市14个乡镇	2017年4月20日农业部公告第2520号
3	赤水乌骨鸡	赤水市天台镇竹乡乌骨鸡养殖专业合作社	AGI00204	赤水乌骨鸡分布于赤水市所辖行政区内的17个乡镇（街道）	2010年3月8日农业部公告第1351号
4	湄潭翠芽	贵州省湄潭县茶业协会	AGI01571	湄潭县15个乡镇	2014年11月28日农业部公告第2179号
5	遵义朝天椒	遵义市果蔬工作站	AGI02233	遵义市所辖14个县（区）	2018年1月2日农业部公告第2620号
6	黔北麻羊	遵义市畜禽品种改良站	AGI01346	贵州省仁怀市、习水县所辖区域	2013年12月30日农业部公告第2046号
7	黔北黑猪	遵义市黔北黑猪养殖专业合作社	AGI01345	遵义市的桐梓县、遵义县[①]、凤冈县、绥阳县、道真仡佬族苗族自治县、务川仡佬族苗族自治县、余庆县、湄潭县、正安县、赤水县、习水县、仁怀县12个县	2013年12月30日农业部公告第2046号

---

① 2016年，国务院对贵州省人民政府提交的《关于调整遵义市部分行政区划的请示》（黔府〔2015〕31号）作出批复，同意撤销遵义县，设立遵义市播州区。本书以2016年6月6日为限，调整该名称。

B.3 遵义市地理标志产业发展报告

续表

序号	产品名称	登记申请人	证书编号	地域范围	批准公告
8	务川白山羊	务川仡佬族苗族自治县草地生态畜牧业发展中心	AGI02360	遵义市务川仡佬族苗族自治县15个乡镇	2018年2月12日农业部公告第2651号
9	遵义烤烟	遵义市烟草协会	AGI01771	遵义市所辖红花岗区、江川区、遵义县共13个县（区）	2015年11月05日农业部公告第2314号
10	播州乌江鱼	遵义市播州区乌江镇农业服务中心	AGI02236	遵义市播州区24个乡镇（办事处）	2018年1月2日农业部公告第2620号
11	绥阳子弹头辣椒	绥阳县经济作物站	AGI02232	绥阳县辖区15个乡镇	2018年1月2日农业部公告第2620号
12	琊川贡米	凤冈县农牧局农业技术推广站	AGI02235	凤冈县5个乡镇，735个村民小组	2018年1月2日农业部公告第2620号
13	学孔黄花	仁怀市农业技术综合服务站	AGI02579	贵州省仁怀市学孔镇	2019年1月17日农业农村部公告第126号
14	仁怀糯高粱	仁怀市有机农业发展中心	AGI02583	仁怀市所辖行政区内的20个乡镇（街道）	2019年1月17日农业农村部公告第126号
15	桐梓团芸豆	桐梓县农产品质量安全监督检验检测中心	AGI02746	桐梓县9个乡镇	2019年9月4日农业农村部公告第213号
16	务川蜂蜜	务川仡佬族苗族自治县畜禽品种改良站	AGI02758	务川仡佬族苗族自治县16个乡镇（街道）	2019年9月4日农业农村部公告第213号
17	习水岩蜂蜜	习水县农产品质量安全检测中心	AGI02759	遵义市习水县26个乡镇（街道）	2019年9月4日农业农村部公告第213号
18	桐梓黄牛	桐梓县畜禽品种改良站	AGI02765	桐梓县25个乡镇（街道）	2019年9月4日农业农村部公告第213号
19	赤水楠竹笋	赤水市营林站	AGI02748	赤水市16个乡镇（街道）	2019年9月4日农业农村部公告第213号

续表

序号	产品名称	登记申请人	证书编号	地域范围	批准公告
20	赤水龙眼	赤水市果蔬站	AGI02744	赤水市17个乡镇（街道）	2019年9月4日农业农村部公告第213号
21	桐梓魔芋	桐梓县农产品质量安全监督检验检测中心	AGI03033	桐梓县19个乡镇（街道）	2020年4月30日农业农村部公告第290号
22	黄杨小米辣	绥阳县经济作物站	AGI03035	绥阳县辖区4个乡镇	2020年4月30日农业农村部公告第290号
23	习水仙人掌	习水县农产品质量安全检测中心	AGI03038	习水县7个乡镇	2020年4月30日农业农村部公告第290号
24	湄潭红肉蜜柚	湄潭县果蔬工作站	AGI03041	湄潭县石莲镇	2020年4月30日农业农村部公告第290号
25	凤冈红心柚	凤冈县特色产业服务中心	AGI03042	凤冈县	2020年4月30日农业农村部公告第290号
26	海龙贡米	遵义市红花岗区农业技术推广站	AGI03052	遵义市红花岗区2个乡镇	2020年4月30日农业农村部公告第290号
27	凤冈蜂蜜	凤冈县畜禽品种改良站	AGI03059	凤冈县14个乡镇	2020年4月30日农业农村部公告第290号
28	茅坝米	湄潭县农业技术推广站	AGI03252	湄潭县所辖永兴镇、天城镇、马山镇、复兴镇，共计4个乡镇	2020年12月25日农业农村部公告第378号
29	杠村米	道真仡佬族苗族自治县农业技术推广站	AGI03253	道真县5个乡镇	2020年12月25日农业农村部公告第378号
30	仁怀功夫红茶	仁怀市农业技术综合服务站	AGI03417	仁怀市20个乡镇（街道）	2021年6月4日农业农村部公告第431号
31	苟江脆红李	遵义市播州区种植业发展服务中心	AGI03424	播州区计24个乡镇（街道）	2021年6月4日农业农村部公告第431号

B.3 遵义市地理标志产业发展报告

经原国家质检总局+国家知识产权局渠道批准的地理标志产品有 30 件。分别为：贵州茅台酒、余庆苦丁茶、凤冈锌硒茶（凤冈富锌富硒茶）、赤水金钗石斛、湄潭翠芽、虾子辣椒、正安白茶、湄潭茅贡米、绥阳金银花、正安野木瓜、正安娃娃鱼、正安白及、习酒、洛党参、道真玄参、鸭溪窖酒、遵义红、桐梓方竹笋、务川白山羊、道真绿茶（硒锶茶）、道真灰豆腐果、赤水晒醋、白果贡米、习水红稗、遵义杜仲、桐梓蜂蜜、花秋土鸡、习水红茶、习水麻羊、核桃箐核桃。具体情况见表 3-2。

表 3-2 原国家质检总局+国家知识产权局渠道地理标志保护产品

序号	产品名称	品质特点	保护范围	批准公告
1	贵州茅台酒	53 度：无色（或微黄）透明、无悬浮物、无沉淀；酱香突出、幽雅细腻、空杯留香持久；醇厚丰满、回味悠长。43 度：清澈透明、无悬浮物、无沉淀，具有贵州茅台酒独特风格	贵州省仁怀市茅台镇内，南起茅台镇地辖的盐津河出水口的小河电站，北止于茅台酒厂一车间的杨柳湾，东以茅遵公路至红砖厂到盐津河南端地段为界，西至赤水河以赤水河为界，总面积共约 1503 万平方米	2001 年 3 月 29 日 2001 年第 4 号；2013 年 3 月 28 日 2013 年第 44 号
2	余庆苦丁茶	色泽翠绿，香气嫩香持久，滋味微苦甘醇，条索紧结	贵州省余庆县现辖行政区域	2005 年 8 月 25 日 2005 年第 120 号
3	凤冈锌硒茶（凤冈富锌富硒茶）	芽叶完整、条索匀整、色泽嫩绿、香高味浓、浓而不苦、青而不涩、鲜而不淡、醇厚回甜、耐冲泡	凤冈县现辖行政区域	2006 年 1 月 24 日 2006 年第 10 号
4	赤水金钗石斛	鲜品：根茎圆头状，略膨大；茎下部圆柱状，中部起呈压扁状，顶端钝尖；有时全体细长，近圆柱状或不明显的压扁状。干品：多回小弯曲条状或弯曲条状，无根头，无叶鞘；具纵棱条及皱缩；色泽黄色	贵州省赤水市 12 个乡镇现辖行政区域	2006 年 3 月 23 日 2006 年第 39 号

续表

序号	产品名称	品质特点	保护范围	批准公告
5	湄潭翠芽	外形扁平、匀整，色泽黄绿；汤色黄绿明亮；香气栗香持久；滋味鲜醇；叶底黄绿明亮	贵州省遵义市湄潭县、凤冈县、余庆县、正安县、道真仡佬族苗族自治县、务川仡佬族苗族自治县现辖行政区域	2017年5月31日 2017年第39号
6	虾子辣椒	遵椒一号：果为圆锥形，果长3~4厘米，果宽2厘米。辣椒干平均单果重1.2克。遵椒二号：果为指形，果长5~7厘米，果宽1.7厘米。辣椒干平均单果重1.1g。遵椒三号：果为樱桃形，果长2.3~3厘米，果宽1.5厘米	贵州省遵义县31个乡镇现辖行政区域	2009年12月28日 2009年第131号
7	正安白茶	条索肥壮，挺直；色泽嫩白，雪亮；高香、浓郁；滋味甘醇、清爽；汤色绿润、鲜绿；叶底柔软、明亮	贵州省正安县19个乡镇现辖行政区域	2011年5月12日 2011年第69号
8	湄潭茅贡米	米粒大而椭圆，米粒油润晶莹洁白，呈半透明状；米饭油光泛亮，不散不渣，香味浓郁，口感绵软有弹性，冷后不回生	贵州省湄潭县8个乡镇现辖行政区域	2010年12月3日 2010年第135号
9	绥阳金银花	气清香，表面绿棕色至黄白色，质稍硬，手捏之稍有弹性，味淡、微苦	贵州省绥阳县15个乡镇现辖行政区域	2013年12月10日 2013年第167号
10	正安野木瓜	具有皮薄、肉厚、香气浓的特点，单果重≥200克	正安县19个乡镇现辖行政区域	2011年5月12日 2011年第69号
11	正安娃娃鱼	肉质细嫩。蛋白质含量≥15%，脂肪含量≤5%	贵州省正安县现辖行政区域	2013年12月10日 2013年第167号

B.3 遵义市地理标志产业发展报告

续表

序号	产品名称	品质特点	保护范围	批准公告
12	正安白及	质坚硬，不易折断。水分含量≤12.0%，总灰分含量≤4.0%，酸不溶性灰分含量≤0.8%，多糖含量≥28.0%	正安县19个乡镇现辖行政区域	2013年12月10日 2013年第167号
13	习酒	总酸≥1.4克/升（以乙酸计），总酯≥2.2克/升（乙酸乙酯计），己酸乙酯≤0.3（克/升），固形物≤0.7（克/升）	贵州省习水县习酒镇黄金坪村、翁坪村共2个行政村现辖行政区域	2014年4月8日 2014年第39号
14	洛党参	长圆柱形，稍弯曲，长≥25.0厘米，直径≥1.0厘米。水分≤13.0%，总灰分≤3.5%，浸出物≥60.0%，总多糖≥20.0%	贵州省道真仡佬族苗族自治县现辖行政区域	2014年4月8日 2014年第39号
15	道真玄参	根茎长≥6厘米，直径≥1.5厘米。水分≤12.0%，总灰分≤5.0%，酸不溶性灰分≤1.8%，浸出物≥60.0%，哈巴苷和哈巴俄苷总量≥0.50%	贵州省道真仡佬族苗族自治县现辖行政区域	2014年4月8日 2014年第39号
16	鸭溪窖酒	窖香幽雅、陈香馥郁、空杯留香；绵柔醇厚、甘爽细腻、尾净悠长、有酱味感	贵州省遵义县鸭溪镇现辖行政区域	2012年7月18日 2012年第102号
17	遵义红	汤色红亮透明；香气馥郁，甜香高，持久；滋味鲜爽醇厚	贵州省遵义市湄潭县、凤冈县、余庆县、道真仡佬族苗族自治县、正安县、务川仡佬族苗族自治县和习水县现辖行政区域	2017年5月31日 2017年第39号
18	桐梓方竹笋	鲜笋：鲜嫩爽口，入口烂。保鲜笋：质地脆嫩，鲜味浓郁。烘干笋、盐干笋：有嚼劲，鲜味浓郁	贵州省桐梓县现辖行政区域	2014年9月2日 2014年第96号

续表

序号	产品名称	品质特点	保护范围	批准公告
19	务川白山羊	肌肉粗蛋白含量≥18%，粗脂肪含量≤6.0%，胆固醇含量≤70.0毫克/100克	贵州省务川仡佬族苗族自治县现辖行政区域	2015年4月7日 2015年第44号
20	道真绿茶（硒锶茶）	香气清香，浓郁，滋味醇厚，耐泡	贵州省道真仡佬族苗族自治县现辖行政区域	2015年4月7日 2015年第44号
21	道真灰豆腐果	有浓郁的豆香味和草木灰的清香味，韧性好，有嚼劲	贵州省道真仡佬族苗族自治县现辖行政区域	2015年4月7日 2015年第44号
22	赤水晒醋	琥珀色或红棕色；醋香浓郁；酸味柔和，酸甜适度有回甘	贵州省赤水市现辖行政区域	2015年8月10日 2015年第96号
23	白果贡米	米饭绵软有弹性，天然清香，米香四溢，香滑油亮，黏性适中、适口度好	贵州省遵义县团溪镇、三岔镇共2个乡镇现辖行政区域	2016年2月1日 2016年第9号
24	习水红稗	习水红稗原料颗粒细小、饱满，大小均匀，颜色呈棕红色至深红色	贵州省习水县现辖行政区域	2016年2月1日 2016年第9号
25	遵义杜仲	断面银白色、胶丝致密，松脂醇二葡萄糖苷≥0.16%，浸出物≥13.0%	遵义市14个县区	2016年11月4日 2016年第112号
26	桐梓蜂蜜	呈琥珀色至深琥珀色，质地黏稠，气清香，味甜润，无鲔感	贵州省遵义市桐梓县现辖行政区域	2017年5月31日 2017年第39号
27	花秋土鸡	活体鸡：体型小，头昂尾翘体貌特征突出。白条鸡：肌肉丰满、有弹性，肉质细腻鲜香	桐梓县3个乡镇	2017年5月31日 2017年第39号

B.3 遵义市地理标志产业发展报告

续表

序号	产品名称	品质特点	保护范围	批准公告
28	习水红茶	香气浓郁，带花果香或花蜜香；滋味醇厚回甘耐泡；叶底红匀、明亮	习水县现辖行政区域	2017年5月31日 2017年第39号
29	习水麻羊	活体羊：四肢粗壮，肌肉丰满。羊肉：肌肉紧密、有弹性，肉质鲜嫩、膻味轻	习水县现辖行政区域	2017年5月31日 2017年第39号
30	核桃箐核桃	果仁饱满，浅白色或浅黄色，口感香醇，易取整仁	贵州省遵义市播州区现辖行政区域	2017年5月31日 2017年第39号

经原国家工商总局渠道批准的地理标志证明商标有16件，分别为：余庆苦丁茶（余庆小叶苦丁茶）、凤冈锌硒茶、赤水金钗石斛、湄潭翠芽、遵义朝天椒（腌制、干制蔬菜）、遵义朝天椒（蔬菜）、正安白茶、绥阳金银花、绥阳土鸡、正安娃娃鱼、遵义红、仁怀酱香酒、赤水晒醋、道真洛党、山盆脆李、洛龙大蒜。遵义市地理标志产品数量统计见表3-3。

表3-3 原国家工商总局渠道地理标志证明商标

序号	商标名称	商品/服务	注册人	注册日期	注册号	专用期限
1	余庆苦丁茶	茶	余庆县茶叶行业商会	2013-07-28	11816123	2023-07-28—2033-07-27
2	凤冈锌硒茶	茶	凤冈县茶叶协会	2011-12-07	8585068	2021-12-07—2031-12-06
3	赤水金钗石斛	石斛	赤水市特色产业发展中心	2017-12-28	20532736	2017-12-28—2027-12-27
4	湄潭翠芽	茶	贵州省湄潭县茶业协会	2007-12-28	4928703	2017-12-28—2027-12-27
5	遵义朝天椒（腌制）	朝天椒（腌制、干制蔬菜）	遵义县辣椒产业办公室	2009-06-14	6147200	2019-06-14—2029-06-13

续表

序号	商标名称	商品/服务	注册人	注册日期	注册号	专用期限
6	遵义朝天椒（蔬菜）	朝天椒（蔬菜）	遵义县辣椒产业办公室	2009-06-14	6147201	2019-06-14—2029-06-13
7	正安白茶	茶	贵州省正安县茶叶协会	2010-07-21	7620458	2020-07-21—2030-07-20
8	绥阳金银花	金银花（药草）	绥阳县特色农业发展协会	2011-03-21	8758276	2011-03-21—2021-03-20
9	绥阳土鸡	活鸡	绥阳县特色农业发展协会	2011-06-14	8758277	2021-06-14—2031-06-13
10	正安娃娃鱼	娃娃鱼（活的）	正安县畜牧渔业发展中心	2017-11-21	18020346	2017-11-21—2027-11-20
11	遵义红（茶）	茶	贵州省湄潭县茶业协会	2011-07-28	7989698	2021-07-28—2031-07-27
12	仁怀酱香酒	白酒	仁怀市（茅台）酒文化研究会	2013-10-28	11810895	2023-10-28—2033-10-27
13	赤水晒醋	醋	赤水市特色产业发展中心	2017-11-21	20532737	2017-11-21—2027-11-20
14	道真洛党	党参（中药材）	道真仡佬族苗族自治县特色产业发展中心	2017-02-21	17200321	2017-02-21—2027-02-20
15	山盆脆李	新鲜李子	遵义市汇川区山盆镇农业服务中心	2022-04-14	53884250	2022-04-14—2032-04-13
16	洛龙大蒜	新鲜大蒜	道真仡佬族苗族自治县农村专业技术协会联合会	2022-04-28	53175425	2022-04-28—2032-04-27

经三个渠道批准的 77 件地理标志产品中，余庆苦丁茶（余庆小叶苦丁茶）、遵义朝天椒、正安白茶、绥阳金银花、正安娃娃鱼、遵义红、务川白山羊、赤水晒醋、洛党参（道真洛党）、茅坝米（茅贡米）获两个部门双重

B.3 遵义市地理标志产业发展报告

保护，凤冈锌硒茶、赤水金钗石斛、湄潭翠芽获三个部门同时保护。进入中欧地理标志互认保护清单的有2件，为贵州茅台酒、凤冈锌硒茶（凤冈富锌富硒茶），遵义市地理标志产品数量统计见表3-4。

表3-4 遵义市地理标志产品数量统计

登记、批准部门	原国家质检总局+国家知识产权局渠道	原国家工商总局渠道	农业农村部渠道
获批产品	贵州茅台酒、余庆苦丁茶、凤冈锌硒茶（凤冈富锌富硒茶）、赤水金钗石斛、湄潭翠芽、虾子辣椒、正安白茶、湄潭茅贡米、绥阳金银花、正安野木瓜、正安娃娃鱼、正安白及、习酒、洛党参、道真玄参、鸭溪窖酒、遵义红、桐梓方竹笋、务川白山羊、道真绿茶（硒锶茶）、道真灰豆腐果、赤水晒醋、白果贡米、习水红稗、遵义杜仲、桐梓蜂蜜、花秋土鸡、习水红茶、习水麻羊、核桃箐核桃	余庆苦丁茶（余庆小叶苦丁茶）、凤冈锌硒茶、赤水金钗石斛、湄潭翠芽、遵义朝天椒（腌制、干制蔬菜）、遵义朝天椒（蔬菜）、正安白茶、绥阳金银花、绥阳土鸡、正安娃娃鱼、遵义红、仁怀酱香酒、赤水晒醋、道真洛党、山盆脆李、洛龙大蒜	凤冈锌硒茶、赤水金钗石斛、赤水乌骨鸡、湄潭翠芽、遵义朝天椒、黔北麻羊、黔北黑猪、务川白山羊、遵义烤烟、播州乌江鱼、绥阳子弹头辣椒、瑚川贡米、学孔黄花、仁怀糯高粱、桐梓团芸豆、务川蜂蜜、习水岩蜂蜜、桐梓黄牛、赤水楠竹笋、赤水龙眼、桐梓魔芋、黄杨小米辣、习水仙人掌、湄潭红肉蜜柚、凤冈红心柚、海龙贡米、凤冈蜂蜜、茅坝米、杠村米、仁怀功夫红茶、芍江脆红李
小计	30件	16件	31件
总计		77件	

在遵义市77件地理标志产品中，通过原国家质检总局+国家知识产权局渠道获地理标志产品保护的数量占总数的39%，地理标志证明商标的数量占总数的21%，农产品地理标志的数量占总数的40%。

（二）遵义市2017—2022年新增地理标志产品

2017年至2022年，遵义市新增地理标志产品38件。其中农业农村部渠道批准登记的农产品地理标志25件，原国家质检总局+国家知识产权局渠道批准保护的产品 7 件，原国家工商总局渠道批准注册的地理标志证明商标 6 件，见表 3-5。

表 3-5　2017—2022 年遵义市新增地理标志产品

登记、批准部门	原国家质检总局＋国家知识产权局渠道	原国家工商总局渠道	农业农村部渠道
获批产品	2017 年：湄潭翠芽（2007 年商标注册；2014 年农业部登记）、遵义红、桐梓蜂蜜、花秋土鸡、习水红茶、习水麻羊、核桃箐核桃	2017 年：道真洛党（2014 年质检批准）、赤水晒醋（2015 年质检批准）、正安娃娃鱼（2013 年质检批准）、赤水金钗石斛（2010 年质检批准） 2022 年：山盆脆李、洛龙大蒜	2017 年：赤水金钗石斛（2010 年质检批准） 2018 年：绥阳子弹头辣椒、遵义朝天椒（2009 年商标注册）、珧川贡米、播州乌江鱼、务川白山羊 2019 年：学孔黄花、仁怀糯高粱、赤水龙眼、桐梓团芸豆、赤水楠竹笋、务川蜂蜜、习水岩蜂蜜、桐梓黄牛 2020 年：桐梓魔芋、黄杨小米辣、习水仙人掌、湄潭红肉蜜柚、凤冈红心柚、海龙贡米、凤冈蜂蜜、茅坝米、杠村米 2021 年：仁怀功夫红茶、芶江脆红李
小计	7 件	6 件	25 件
总计	38		

2017—2022 年，遵义市新增地理标志总体呈减少趋势。2017 年新增 12 件，主要为原国家质检总局批准地理标志产品；2020 年新增 9 件，主要为农业农村部登记农产品地理标志；2021—2022 年每年新增 2 件，见图 3-1。

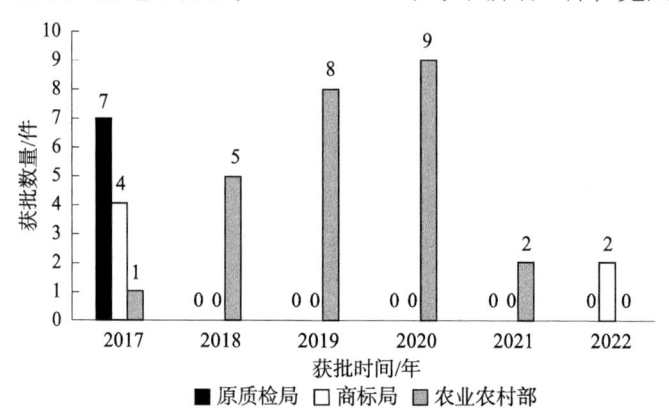

图 3-1　2017—2022 年批准遵义市地理标志产品

B.3 遵义市地理标志产业发展报告

二、地理标志产业发展

（一）主要地理标志产品产业发展概况

遵义市获得的77件地理标志产品（不重复统计共60件），覆盖烟、酒、茶、中药材、粮食、蔬菜、水果、畜禽、水产、特色食品。从地理标志数量上看，遵义市白酒类地理标志品有4件，茶叶类地理标志产品有8件，辣椒类地理标志产品有4件，在全省各地州属较多的地区，也集中凸显了遵义市白酒、茶叶、辣椒三大优势产业（表3-6）。

表3-6 遵义市地理标志分类统计

酒	茅台酒、习酒、鸭溪窖酒、仁怀酱香酒	4
茶叶	余庆苦丁茶、凤冈富锌富硒茶、正安白茶、道真绿茶（道真硒锶茶）、湄潭翠芽、遵义红（茶）、习水红茶、仁怀功夫红茶	8
中药材	赤水金钗石斛、绥阳金银花、道真玄参、正安白及、道真洛党参、遵义杜仲	6
粮食	茅贡米、白果贡米、琊川贡米、海龙贡米、杠村米、习水红稗、仁怀糯高粱	7
蔬菜	虾子辣椒、遵义朝天椒、黄杨小米辣、绥阳子弹头辣椒、桐梓方竹笋、赤水楠竹笋、桐梓魔芋、学孔黄花、桐梓团芸豆、习水仙人掌、洛龙大蒜	11
水果	正安野木瓜、核桃箐核桃、山盆脆李、苟江脆红李、凤冈红心柚、赤水龙眼、湄潭红肉蜜柚	7
畜禽	务川白山羊、习水麻羊、黔北黑猪、黔北麻羊、赤水乌骨鸡、花秋土鸡、绥阳土鸡、桐梓黄牛、务川蜂蜜、桐梓蜂蜜、习水岩蜂蜜、凤冈蜂蜜	12
水产	正安娃娃鱼、播州乌江鱼	2
特色食品	道真灰豆腐果、赤水晒醋	2
烟	遵义烤烟	1
合计		60

1. 白酒产业

白酒产业是遵义市的第一支柱产业。遵义市西部赤水河流域的仁怀、习水、赤水，有享誉闻名的酒乡称号，遵义孕育了世界酱香白酒核心产区，形成了茅台酒、习酒、鸭溪窖酒、仁怀酱香酒4件地理标志产品，以及相关产业链条产品仁怀糯高粱。

（1）茅台酒

茅台酒是贵州省遵义市仁怀市茅台镇特产、中国国家地理标志产品。1996年，茅台酒工艺被确定为国家机密加以保护。2006年，国务院又批准将"茅台酒传统酿造工艺"列入首批国家级非物质文化遗产名录，并申报世界非物质文化遗产。2003年2月14日，原国家质检总局批准对"茅台酒"实施原产地域产品保护。2013年3月28日，原国家质检总局批准调整"茅台酒"（贵州茅台酒）地理标志产品保护名称和保护范围。

茅台酒的生产企业"贵州茅台酒股份有限公司"成立于1999年11月20日，由中国贵州茅台酒厂（集团）有限责任公司作为主发起人，联合另外7家单位共同发起设立，其控股股东为茅台集团。2021年，贵州茅台以1093.3亿美元的品牌价值位列"BrandZ™最具价值全球品牌排行榜"第11位，成为全球最具价值的酒类品牌。2021年度，贵州茅台酒股份有限公司实现营业总收入1094.64亿元，净利润557.21亿元。截至2021年年末，公司总资产2551.68亿元，净资产1969.58亿元。2021年，茅台集团累计实现白酒产量17.1万吨，销售收入1326.20亿元，利润总额851.11亿元，上缴税金528亿元，企业总资产达3301.48亿元。

（2）习酒

习酒，被誉为贵州十大名酒，1952年，习酒先辈在黄金坪建国营郎庙酒厂生产酱香型白酒。1966年，浓香型白酒试制成功。20世纪八九十年代，习水大曲、习酒畅销大江南北。2003年，习酒恢复酱香型酒的生产，并且启动新的酱香酒技改工程，创新生产经营模式，注重质量与产量，研发出习酒窖藏系列产品。2010年，高端酱香品牌"习酒·窖藏1988"向全国市场推广，受到消费者青睐和专家广泛好评。同时，企业对产品结构进行细分，"窖藏系列""金质系列""五星系列"等全面覆盖不同层次的消费市场。习酒于

2010年实现10亿元的销售收入。

2011年，习酒销售收入突破15亿元大关。2013—2015年，习酒公司顺利通过国家安全生产标准化二级达标评审，习酒获得"国家地理标志产品"，"习酒·窖藏1988"酒瓶外观专利被国家知识产权局评为"中国外观设计"优秀奖。2015年习酒销售收入超过20亿元。2020年，习酒突破百亿销售大关，在"华樽杯"第12届中国酒类品牌价值评议中以656.12亿元位列中国前八大白酒品牌之中，中国第二大酱香型白酒品牌。

2021年，全年实现营业收入155.80亿元，在"华樽杯"第13届中国酒类品牌价值评议中，以1108.26亿元品牌价值位列中国前八大白酒品牌之中，为中国第二大酱香型白酒品牌。

2. 茶产业

茶产业是遵义市特色优势产业、主导产业。2022年，遵义累计发展茶园面积200万亩，拥有大小茶企1500余家，茶叶年产值160多亿元。① 至2022年，遵义市注册茶叶类地理标志产品共8个，分别为：湄潭翠芽、遵义红、凤冈锌硒茶、余庆苦丁茶、正安白茶、道真绿茶（道真硒锶茶）、习水红茶、仁怀功夫红茶。

（1）湄潭翠芽、遵义红

湄潭翠芽先后150多次获"中茶杯"特等奖、"中绿杯"金奖、"国际名优茶评比"金奖、"贵州三大名茶""千年金奖""茶王"等荣誉，其中国家级金奖88次，2009年，湄潭翠芽成为贵州十大名茶之首，2010年，在贵州五大名茶中湄潭翠芽位列第一。"湄潭翠芽"于2011年被评为中国驰名商标，品牌价值13.71亿元。

遵义红（茶）是全国十大红茶之一，产品曾受到了张天福、陈宗懋等茶界泰斗和消费者的青睐，在2008年第九届广州国际茶文化博览会荣获金奖；2009年第八届"中茶杯"全国名优茶评比一等奖；2009年"贵州十大名茶"评比中荣获"评审委员会特别奖"；在2011年的信阳茶博会上一举跻身全国

---

① 第14届贵州茶产业博览会暨招商引资大会开幕［EB/OL］.（2022-06-16）. https：//www.zunyi.gov.cn/zsyz/zsdt/202206/t20220616_7499706.html.

十大红茶。

"湄潭翠芽"和"遵义红"作为公共茶叶品牌被列为全省"三绿一红"重点品牌。湄潭翠芽获得国家级金奖88次,遵义红获得国家级金奖28次。在2015年意大利米兰世博会上,湄潭翠芽、遵义红均获得百年世博中国名茶金奖。

湄潭县是湄潭翠芽、遵义红的核心产区。2021年湄潭共建设标准化生态茶园60万亩,并获得了"2020年中国茶业百强县第一名""'十三五'茶业发展十强县"榜首的荣誉。

在全国20多个省(区、市)地级以上城市设立品牌专卖店、旗舰店及茶叶批发部1100余家。在天猫、京东、苏宁易购等国内主流电商平台开设网店400余家。2021年茶叶直营出口金额达4361万美元。全县共培育茶叶加工企业781家,其中国家级茶业龙头企业5家、规模以上茶企14家,2021年全县茶产业综合收入167.09亿元。

(2)凤冈锌硒茶

凤冈县在2004年9月,被授予"中国富锌富硒有机茶之乡"称号;2006年,原国家质检总局批准对凤冈富锌富硒茶实施地理标志产品保护;2013年12月,获"凤冈锌硒茶"驰名商标。凤冈县拥有茶园40.21万亩,其中有机茶园3.2万亩,茶叶加工企业187家,含国家级龙头企业一家,省、市级龙头企业各9家,茶叶年产量1.9万吨以上,年产值22.8亿元。

2014年在中国茶叶区域公用品牌价值评估中获评"全国最具发展力品牌",品牌价值6.83亿元。2015年中国茶叶区域公用品牌价值评估结果暨排行榜"凤冈锌硒茶"公用品牌价值升至9.63亿元,在全国94个价值评估公用品牌中排行第56位。

2019年全县茶叶出口1680吨、出口金额5933.1万美元,同比分别增长335.23%和391.97%,占全省茶叶出口的49.44%,茶叶出口一举占据全省"半壁江山";2020年,茶叶出口2074.76吨、出口金额9279.41万美元,同比分别增长23.5%和56.4%,占全省茶叶出口的40.17%,继续领跑全省;2021年,凤冈县茶叶直营出口2976.38吨、出口金额1.44亿美元,较上年分别增长615.89%和633.48%,茶叶出口检疫数据占全省约61%,仍居全省第一。

B.3 遵义市地理标志产业发展报告

2021年，凤冈县拥有茶叶加工生产企业300余家，外贸备案茶叶企业47家，茶叶出口供货企业26家。2021年茶叶产量6.2万吨，实现产值55.5亿元，同比分别增加3.3%、4.7%。

3. 辣椒产业

辣椒产业是遵义市优势产业。近年来，遵义市纵深推进农村产业革命，不断增加辣椒种植规模，实施"辣椒换种工程"，提升加工和带动能力，扶持和培育壮大辣椒品牌，辣椒产业成为推动脱贫攻坚和乡村振兴的新引擎，形成了中部区域以朝天椒为主的干制和加工辣椒原料产业带，东部区域以团籽椒、二荆条为主的泡椒原料产业带，北部和西部区域以朝天椒、线椒为主的鲜椒产业带。形成了遵义朝天椒、虾子辣椒、绥阳子弹头辣椒、黄杨小米辣4个辣椒地理标志。

(1) 遵义朝天椒、虾子辣椒

遵义朝天椒有全国"十大名椒"之首的称号，有锥形椒、指形椒、团籽椒三大类型，2009年注册成为地理标志证明商标，2017年经农业部登记成为农产品地理标志。

虾子辣椒，产于贵州省遵义市新蒲新区虾子镇及周边乡镇，故而得名。2009年原国家质检总局正式批准"虾子辣椒"为地理标志产品。

2016年，遵义市已形成以虾子辣椒批发市场为中心，以遵义、绥阳、湄潭、凤冈、余庆、正安等县的重要产地的乡镇集市为纽带的干（鲜）辣椒市场网络体系，有产地交易市场20余个，规模6.8万平方米，年干辣椒交易量20万吨、鲜椒交易量12万吨，年交易额35亿元，其中农业农村部定点的虾子辣椒专业批发市场，规模约4.2万平方米，干辣椒年交易量达7.5万吨，市场年交易额达12亿元。辣椒食品销往全国，远销至日本、缅甸、尼泊尔、印度、美国、墨西哥、韩国以及东南亚10多个国家和地区。

2017年，遵义市完成辣椒种植面积43.11万亩，产量8.8万吨，产值13.8亿元，受益农户117253户，受益人数445561人，实现种椒农民人均种椒收入3097元；辣制品加工10万吨，产值10亿元。

2020年，遵义朝天椒种植面积达到162万亩，占全球3%、全国的10%、贵州省的40%，居全国各大辣椒主产区第一位；产量203.77万吨，占全球的6%、全国的10%、贵州省的51%；种植产值70.50亿元。专门从事朝天椒烘干（加工）的企业有123个，比2019年增加72个；冷藏设施（冷库）48座，年加工规模33.9万吨，加工产值34.82亿元。

遵义辣椒种植面积常年稳定在200万亩以上，居国内辣椒主产区首位。2022年，全市年鲜椒产量270余万吨、种植产值96亿元。遵义市共有辣椒加工企业120余家，年加工产量40余万吨、加工产值45亿元，产品涉及干辣椒、油辣椒、泡辣椒、辣椒酱、火锅底料、辣椒碱、辣红素等系列产品。[1]

（2）绥阳子弹头辣椒、黄杨小米辣

绥阳子弹头，产于绥阳县部分乡镇，辣椒果形似子弹头，果长2~5厘米，横径1.5~3厘米，干果重1~1.8克。表皮油亮，果面光滑，成熟果鲜红色，干椒枣红色，皮薄肉厚，含水量少，种子较多，品味温醇，香辣协调，富含多种维生素、矿物质、有机酸、辣椒素，加工适应性好。2018年经农业农村部登记成为农产品地理标志。

黄杨小米辣，产于绥阳县部分乡镇，生育期200±5天，植株高70~80厘米，开展度50~60厘米，叶形卵圆，叶色深绿，花冠白色。株幅61厘米，无限生长、多级分枝，分枝次数17.1次，果实单生，向上直立，单株结果56个以上，平均单果干重1.05克，果面光滑，生理成熟果鲜红色，果实呈细指形，果长4.5~5.2厘米，果宽1.42厘米，单果种子数110粒，千粒种子重5.64克。2007年、2008年两年区域试验平均亩产234.07千克，田间抗性较好。干辣椒果面光滑、肉多、色艳、有光泽，辣味极辛辣，香味浓烈，营养丰富，品质优良，宜于制干调味用和深加工开发。2020年经农业农村部登记成为农产品地理标志。

绥阳县是遵义市辣椒核心种植区，1999年，绥阳被中国农学会特产经济专业委员会命名为"中国辣椒之乡"。2008年3月29日举办了"中国·绥阳第二届诗歌艺术节暨辣椒节"。该县已基本形成北部黄杨小米辣种植区、南部绥阳朝天椒种植区、中部干椒和鲜椒混合种植区三大辣椒种植区域。2021

---

[1] 查静，汪明义. 红遍山乡 富民兴农——遵义辣椒产业发展掠影［EB/OL］.［2022-02-16］. https://www.zunyi.gov.cn/xwdt/zyyw/202208/t20220828_76268261.html.

B.3 遵义市地理标志产业发展报告

年，全县辣椒种植面积达30万亩，产鲜辣椒45万吨、干辣椒4万多吨，总产值13亿多元。有精深加工企业14余家，系列加工制品近20种，已在全县形成了"农、工、贸""产、加、销"一体化的辣椒产业化发展大格局，小辣椒映红了村民的好日子，成为带动群众增收致富的"大产业"。[1]

4. 地理标志产品质量管理

地理标志产品质量管理是一个系统工程，需要农户、生产加工企业、行业协会和地方政府的共同协作，需要构建产销全方位的监管网络来实现。遵义市通过多举措加强对地理标志保护产品和农产品地理标志保护和运用的监督力度，从源头上把控好地理标志产品的监管，依靠多部门联合监管，充分实现监管机构的职能协同。

2021年，遵义市持续深入开展白酒"打假保知"行动，查获各类侵权假冒白酒包装装潢印刷品347145套、假冒侵权白酒48845瓶，涉案货值金额170余万元。开展"正安白茶""凤冈锌硒茶"等地理标志产品保护专项执法检查工作，从严从快查处知识产权侵权假冒行为。

三举措强化"湄潭翠芽""遵义红"茶叶公用品牌使用管理。2022年3月，遵义市为保障茶叶质量安全，发挥品牌效应，提升品牌价值，促进茶产业高质量发展，三举措强化"湄潭翠芽""遵义红"茶叶公用品牌使用管理。一是强化制度建设。针对近年来"湄潭翠芽""遵义红"公用品牌管理缺失，各类销售包装五花八门，公用品牌未经授权擅自使用等，"湄潭翠芽""遵义红"的商标持有人湄潭县茶业协会，充分发挥组织协调、监督管理的职责，通过实地走访调研、广泛征求意见，制定了《湄潭县茶叶区域公用品牌管理办法（试行）》（以下简称《管理办法》），从制度上加强"湄潭翠芽""遵义红"公用品牌的使用管理。二是强化授权使用。对茶叶生产、加工、销售企业和个体工商户按照"统一商标使用、统一生产技术、统一质量标准、统一产品包装、统一指导价格、统一品牌宣传"的要求，由茶叶协会授权使用"湄潭翠芽""遵义红"公用品牌，对生产、加工、销售过程中违反《管理办

---

[1] 谁知盘中餐，央视记者走进绥阳 [EB/OL]．（2021-08-16）．http://www.sohu.com/a/483803827_222137.

法》的，茶叶协会停止授权，并将违法线索移交相关部门。同时，进一步制定和完善"湄潭翠芽""遵义红"生产、加工、销售环节标准，着力提升茶叶公用品牌质量。三是强化监督检查。市场监管局会同综合行政执法局对茶叶生产经营企业、个体工商户主体资格，是否有权使用"湄潭翠芽""遵义红"公用品牌，是否规范使用注册商标和地理标志等标志标识，产品包装上是否标有产品名称、生产日期、净含量、执行标准以及生产者的名称、地址等，以及经营中是否存在以次充好、掺杂使假、短斤少两、价格欺诈、互联网虚假销售和广告宣传违法违规等行为进行严格监管，查处茶叶生产经营中的违法行为，规范茶叶市场经营秩序，确保茶叶质量安全。人民法院等8家部门重拳出击，严查茶叶生产过程中农药残留、重金属超标等不符合质量标准的违法行为，对农药残留、重金属超标的茶叶产品，责令经营者立即下架、停售，立即查封违法产品并对源头进行追溯，进一步加大行政处罚力度，涉嫌犯罪的，由司法机关依法予以严厉打击。

凤冈县大力实施"双有机"战略，坚持以质量取胜。从2021年6月开始，凤冈县持续通过线上与线下结合的形式开展"凤冈锌硒茶"地理标志绿剑行动，采用"一扶二诫三打"的方式指导企业规范使用地理标志专用标志，提醒、警示"凤冈锌硒茶"地理标志使用主体履行好自律责任，规范"凤冈锌硒茶"地理标志的授权许可、专用标志及标签标识的使用，以及产品标准的执行，广告包装的宣传用语等。对反复提醒的、屡教不改的及其他破坏凤冈锌硒茶质量管理及品牌形象的违法行为进行重拳出击，切实维护"凤冈锌硒茶"公共品牌形象，助推凤冈县茶产业高质量发展，为创建"凤冈锌硒茶"国家地理标志产品保护示范区保驾护航。

此外，凤冈县委、县政府倡导一年一度进行"春雷行动""净化行动""质量安全誓师大会"和公、检、法等六部门"联合护茶"，以及普遍施行的河长制、林长制，从严打击使用农药、除草剂、催芽素等农业投入品行为，从源头上确保茶叶质量安全，并持续开展有机、绿色、雨林联盟认证和"欧标"，开展从茶园到茶杯、从土地到餐桌的全过程质量监管，形成凤冈农产品"锌硒同具、有机品质"的独特优势。凤冈县县政府、质量监督部门运用了一套近乎苛刻的安全质量监督措施，强化茶农的质量意识，茶叶才有了国

B.3 遵义市地理标志产业发展报告

内外消费者信得过的有机品质。截至2020年，连续9年，凤冈茶都顺利通过欧盟农药残留、重金属含量等食品安全指标检测，其检测指标从2011年的414项上升到2020年的583项，年年以"零检测标准"顺利通关。

5. 地理标志产业强链

（1）白酒产业集群

白酒是遵义市一个三产融合的产业，其中酿酒用粮种植，成为农民增收致富的主要途径。

近年来，遵义市委、市政府提出要立足白酒资源优势和发展优势，积极打造产业集群，在持续抓好环境保护、布局优化、市场治理等工作基础上，重点在要素保障、品牌塑造和主体培育上下功夫，全力打造世界酱香白酒产业核心区。特别是全力推动茅台酒及习酒扩能技改等白酒产业重大项目建设，大力发展白酒配套包装产业，加快推进坛厂100万吨仓储中心、茅台集团22万吨现代化粮食仓储、习酒李子春包装物流园、申仁包装集群配套等在建、续建项目建设，助推温水、二郎、坛厂等重点包材园区加快发展，全力打造100亿级白酒包材配套园区。

大力发展原材料供应尤其是酒用有机糯高粱种植基地，规范提升标准化种植水平，常年种植高粱100万亩以上，涉及全市14个县（市、区）184个乡镇（街道）29万余户农民。通过高粱种植，不仅保证了白酒这一千亿级产业原料作物稳定供应，更在脱贫攻坚等方面起到了重要作用，为正在进行的乡村振兴等方面工作，继续贡献重要力量。

结合遵义市丰富的红色旅游资源、自然生态景观、酒文化，积极构建赤水、习水、仁怀、桐梓方向的酒旅融合集聚区[①]，开发建设遵义市赤水丹霞旅游区、遵义市茅台酒镇景区、遵义市中国酒文化城旅游景区、遵义市习水土城古镇景区、遵义·1935文化街区、遵义市播州区乌江寨景区、遵义市仁怀夜郎酒谷景区、遵义市仁怀国台酒庄景区等酒旅融合景区。

（2）茶叶三产融合

2016年以来，全市根据资源禀赋、气候条件、产业基础和市场需求，大

---

① 遵义市"十四五"第三产业发展规划。

力推广优良品种和先进技术，提高茶叶产量和质量，建设生态、高效、优质茶叶生产基地，形成了以湄潭、凤冈、余庆、正安、道真、务川6县为重点发展区域，绥阳、播州、仁怀、习水、桐梓等县（区、市）为补充的全市茶叶基地布局，形成了以绿茶、红茶为主，多茶类生产、多产品开发的产业发展新格局。茶叶加工主要以绿茶、红茶、白茶、黑茶为主，其精深加工产品有茶多酚及其饮品、茶面条、茶酒等。围绕茶旅一体化发展，完善"中国茶海"、贵州省茶文化生态博物馆、中国茶工业博物馆、茶海之心、二龙茶旅骑游小镇等茶旅景区基础设施建设，开发建设了湄潭翠芽270（4A级）、天下第一壶茶文化博览园（4A级）、七彩部落、关子山等一批茶旅新景区，茶元素与茶文化进一步丰富，2019年茶旅游接待游客在200万人次以上，实现了茶区就是景区的目标。①

(3) 辣椒全产业链

遵义市以绿色食品工业为支撑，围绕建设世界辣椒加工贸易基地的战略定位，大力发展以辣椒为主的绿色食品工业，加快推进辣椒产业全产业链、全供应链、全价值链转型升级，"一心两翼"辣椒加工产业集群正在形成。2021年，遵义市辣椒加工企业产品涉及干辣椒、油辣椒、泡辣椒、辣椒酱、火锅底料、辣椒碱、辣红素等系列产品。形成了以"贵三红""德庄""播州红""椒源"等为重点的知名企业。遵义市建成中国辣椒城、辣椒加工园、辣椒物流园、亩辣椒智慧产业园，实现常态编制发布中国干辣椒批发价格指数体系；建成虾子辣椒专业批发市场，已升格为全国唯一的省部共建的"国家级遵义辣椒市场"，将商务、加工、仓储、冷链、物流、交易、结算等融为一体，直接带动年交易量40余万吨、交易额80亿元。"贵三红""辣三娘""黔辣苑""辣山"等省级著名商标品牌进入大众视野。辣椒博览会、"买辣网"上线运营、直播带货、辣椒经纪人助推等多形式，构建起立体宣传网络。遵义干辣椒及辣椒制品畅销全国，贵三红、红满坡等企业已在京东、天猫等大型电商销售平台进行线上销售。

---

① 遵义晚报. 遵义市茶叶产业综合规模跃居全国产茶市（州）首位 [EB/OL]. (2021-01-10). http://news.gzw.net/zunyi/2021/0110/1516436.shtml.

计划在"十四五"期间围绕建设"世界辣椒加工贸易基地",打造国家级辣椒贸易城、全球生态辣椒原材料生产供应基地、区域性辣椒科研研发基地、世界辣椒食品加工及火锅原材料加工集聚基地。重点支持建设新蒲新区世界辣椒加工贸易基地、绥阳县辣椒制品加工产业园及围绕新蒲新区、绥阳县、播州区周边县(区)发展辣椒种植加工全产业链。

(二)地理标志综合社会效益

1. 扶贫效益

地理标志产业已深深融入地方社会经济发展,有力带动相关产业发展和农户增收,曾在脱贫攻坚中起到重要作用。自1984年起,茅台酒厂(集团)坚持以高于市场平均价格的优惠条件收购本地高粱,在2013年多支付1.6亿元收购款,让仁怀本地8万多户农民成为"粮食增收、农业增效、农民增收"的直接受益者。2022年,茅台酒酿酒用高粱最新收购价已经达到11.2元/千克。2022年,茅台酒厂在贵州境内共规划建设了98万亩茅台酒酿酒用高粱基地,年产能20多万吨,每年带动近15万农户实现增收。

2. 生态效益

遵义市地理标志产品在实现保护和发展的过程中,通过地理标志严格的质量技术要求与相关标准的强制执行,能对产地的产品原材料保护、产品品质特色、土壤利用、环境污染治理、重金属控制、农药残留控制、生物种群及群落保护起着极大的促进作用。在地理标志产品实现经济效益与社会效益的同时,也更好地实现与生态效益的有机结合。

地理标志产品通过质量标准控制和原产地环境保护来保护品种资源,实现生物多样性保护与生态系统可持续性保护。茅台酒、习酒等产品从原材料高粱种植到产地环境控制,一切按照标准化的生产来保证产地环境安全,包括产地生产用水及水环境保护、植被生态保护、工业污染治理等。湄潭翠芽、遵义红茶相继制定完善产品标准及相关标准,鼓励农民开展退耕还林政策,将林地改为茶园或林下套茶,无林地(含荒芜地、复耕地)按标准建设茶园。余庆苦丁茶进行标准化、生态化生产,制定了DB52/T 454—2004《余庆苦丁茶》地方标准。凤冈永安茶海之心已是国家级4A级旅游风景区。茅贡米、白果贡米通过控制产品质量来实现对农田生态系统的保护。遵义杜仲、赤水金叉石斛、正安白及通过质量及相关技术规程来把控产地环境要求，进行野生或仿野生种植，从而保护生态环境。黔北麻羊、黔北黑猪、赤水竹乡乌骨鸡等畜禽产品在养殖过程中控制放养量，大量种植青绿饲料，在保护过程中严格控制周边环境污染，极大程度地保护产地生态环境与遗传性资源品种。

B.3 遵义市地理标志产业发展报告

附录：遵义市重点地理标志资源名录

序号	产品名称	品质特点	产业发展	人文因素	环境因素	在先权
1	赤水虫茶	色泽黑红油亮、香气清香似老鹰茶、汤色暗红	年产量300斤左右，年产值870余万元	清朝列为贡品，贵州第五批省级非物质文化遗产名录	温暖湿润，生态环境优美	无
2	赤水竹荪	个体大、色泽白、柔嫩、香气浓郁	带动群众增收致富，推动乡村产业稳步发展	历史悠久，清代至民国期间，多由商贩收购外销	竹林资源丰富，气候湿润温暖	无
3	务川草石蚕	形似蚕虫，洁白，质地晶莹剔透，香味浓，嫩脆可口	"公司+农户"模式，形成了一个完整的产业链	当地少数民族生活常用蔬菜	立体气候明显，适合草石蚕性喜温暖湿润生长习性	无
4	桐梓腐乳	具有特殊芳香，滋味鲜美，咸淡适口	1985年产30万（块）方。销往贵阳、遵义等市	1979年起全面发展，独特的配方和工艺流程	温和湿润的气候利于发酵	无
5	余庆红金橘	色泽红润、皮薄汁多、酸甜适度	产品除在本地销售外，还大量销往省、内外	明清时期曾为贡品，20世纪广销各地	光照充足。雨热同季，糖分积累	无
6	太白酥李（太白李子）	酸甜适口，酥脆多汁，果香味浓	年产0.6万吨	因桐梓人对李白的崇尚，故称为太白酥李	气候温暖湿润，积温较高	有
7	二郎李子	果肉致密酥脆，气味清甜	2万余亩30余万余株，年产李子1000余万斤	《习水县志》中记载	适宜各种农作物和水果生长	无

续表

序号	产品名称	品质特点	产业发展	人文因素	环境因素	在先权
8	习水厚朴	厚朴酚含量高达8.55%，质量上乘，名列全国前茅	总面积已达22万亩，其中已投产面积约3万亩左右	20世纪70年代末开始规模种植，有"中国厚朴之乡"称号	气候温暖湿润，适宜厚朴种植	无
9	习水豆腐皮	味道鲜香，柔嫩，浓郁豆香味	形成以习水豆腐皮为主打产品的火锅店和农家美食馆	2010年，制作技艺列入《遵义市第二批非物质文化遗产名录》	水质优良，豆腐皮劲道、富有嚼劲	无
10	土城苕丝糖	味道香甜，口感独特，营养丰富	习水皆产，销往各地	制作历史已百余年	以本地产优质糯米和红心苕为原料	有
11	道真旧城黑猪	全身毛黑色，皮厚适中、抗病力强	出栏量已达到1.7万头	建立良种繁育网，销往遵义及重庆等地	地方良种猪	无
12	道真福星糖麻秆	酥脆香甜、营养丰富	常年产量30吨	《道真县志》有记载，制作历史悠久	本地原料，加谷芽和麦芽，加工制作	无
13	绥阳空心面	纤细如发，中间有孔，绵软有劲	现有加工及销售企业12家	200多年历史，清乾隆时期就有制作	优质小麦，当地百年制作技艺	无

B.4
安顺市地理标志产业发展报告

黄晓芳*

摘 要：安顺市地处黔中腹地，截至2022年6月，安顺市共有36件地理标志产品（有5件产品属于多渠道保护），其中经原国家质检总局＋国家知识产权局渠道批准的地理标志产品有11件，经原国家工商总局渠道批准的地理标志证明商标有7件，经农业农村部登记的农产品地理标志有18件。进入中欧地理标志互认保护清单的有2件。

关键词：安顺市；地理标志；产业发展

一、安顺市地理标志基础概况

（一）安顺市地理标志产品保护概况

经农业农村部渠道登记的农产品地理标志有18件。分别是：安顺山药、紫云花猪、安顺金刺梨、关岭火龙果、关岭牛、平坝灰鹅、镇宁蜂糖李、镇宁樱桃、板贵花椒、黄果树黄果、龙宫桃子、幺铺莲藕、平坝大米、板当苡仁米、紫云红芯红薯、镇宁小黄姜、紫云冰脆李、紫云蓝莓。经原国家质检总局＋国家知识产权局渠道批准的地理标志产品有11件。分别为：镇宁波波糖、黄果树毛峰、朵贝茶、白旗韭黄、黄果树窖酒、黄果树矿泉水、安顺蜡染、梭筛桃、关岭火龙果、关岭桔梗、普定高脚鸡。经原国家工商总局渠道

---

* 黄晓芳，贵州省地理标志研究中心助理研究员，研究方向：地理标志、公共政策。

批准的地理标志证明商标有 7 件，分别为：平坝灰鹅、朵贝茶、坡贡小黄姜、关岭黄牛、上关六月李、紫云红心薯、紫云花猪。其中有 5 件产品获得多个部门的重叠保护，朵贝茶、关岭火龙果获国家地理标志产品保护和地理标志证明商标的双重保护，平坝灰鹅、紫云红芯红薯（紫云红心薯）、紫云花猪获地理标志证明商标和农产品地理标志两个部门同时保护。进入中欧地理标志互认保护清单的有 2 件（安顺山药、朵贝茶），安顺市地理标志产品数量与具体情况如表 4-1、表 4-2、表 4-3、表 4-4 所示。

表 4-1 安顺市地理标志产品数量统计

登记、批准部门	原国家质检总局+国家知识产权局渠道	原国家工商总局渠道	农业农村部渠道
获批产品	镇宁波波糖、黄果树毛峰、朵贝茶、白旗韭黄、黄果树窖酒、黄果树矿泉水、安顺蜡染、梭筛桃、关岭火龙果、关岭桔梗、普定高脚鸡	平坝灰鹅、朵贝茶、坡贡小黄姜、关岭黄牛、上关六月李、紫云红心薯、紫云花猪	安顺山药、紫云花猪、安顺金刺梨、关岭火龙果、关岭牛、平坝灰鹅、镇宁蜂糖李、镇宁樱桃、板贵花椒、黄果树黄果、龙宫桃子、幺铺莲藕、平坝大米、板当苡仁米、紫云红芯红薯、镇宁小黄姜、紫云冰脆李、紫云蓝莓
小计	11 件	7 件	18 件
总计	36 件（5 件产品获双重保护）		

表 4-2 原国家质检总局+国家知识产权局渠道国家地理标志保护产品

序号	产品名称	品质特点	保护范围	批准公告
1	镇宁波波糖	具有麦芽糖、芝麻、花生混合清香，糖体牙碰即碎，入口即化，不黏牙，酥脆香甜	镇宁布依族苗族自治县 3 个乡镇	2010 年 9 月 30 日 2010 年第 110 号
2	黄果树毛峰	条索卷曲，紧细，显毫。滋味浓醇。叶底嫩匀成朵，黄绿，明亮	安顺市 8 个县	2012 年 3 月 13 日 2012 年第 37 号
3	朵贝茶	扁形茶：嫩香持久；汤色嫩绿明亮；滋味醇厚鲜爽。卷曲形茶：香气高长；汤色黄绿清澈；滋味醇厚鲜爽	普定县 11 个乡镇	2013 年 2 月 21 日 2013 年第 26 号

B.4 安顺市地理标志产业发展报告

续表

序号	产品名称	品质特点	保护范围	批准公告
4	白旗韭黄	白旗韭黄颜色呈金黄色,产品长≥40厘米,假茎长≥20厘米,假茎粗≥0.3厘米,鲜嫩化渣	普定县现辖行政区域	2014年9月2日 2014年第96号
5	黄果树窖酒	具有浓郁的乙酸乙酯为主体的复合香气,窖香优雅,略带清香,酒体醇和协调,绵甜爽净,回味悠长	镇宁布依族苗族自治县3个乡镇	2014年9月2日 2014年第96号
6	黄果树矿泉水	无色、无臭、无味、无沉淀,清冽甘甜,水质、口感上佳	镇宁布依族苗族自治县	2014年12月1日 2014年第129号
7	安顺蜡染	冰纹明显,颜色鲜艳,过渡自然,着色牢固	安顺市现辖行政区域	2015年4月7日 2015年第44号
8	梭筛桃	果肉白或青绿,肉质紧密,皮薄肉脆,爽口鲜甜	普定县现辖行政区域	2015年8月10日 2015年第96号
9	关岭火龙果	果实圆形,果皮呈鲜红色至淡红色;果肉紫红色,汁多味甜	关岭布依族苗族自治县8个乡镇	2016年7月7日 2016年第63号
10	关岭桔梗	质实体重,硬而不易折断。断面呈菊花心状,皮部类白色,木部淡黄白色。味微甜后苦	关岭布依族苗族自治县9个乡镇(街道)	2016年7月7日 2016年第63号
11	普定高脚鸡	活体鸡:喙、胫黑色,腿粗胫长,有胫羽。白条鸡:肌肉富弹性,熟肉有嚼劲	普定县现辖行政区域	2017年6月2日 2017年第39号

表4-3 原国家工商总局渠道地理标志证明商标

序号	商标名称	商品/服务列表	注册人	注册号	专用期限
1	平坝灰鹅	鹅	安顺市平坝区畜禽品种改良站	7047406	2019-06-20—2029-06-20
2	朵贝茶	茶	普定县茶叶生产管理站	12171588	2015-10-28—2025-10-27
3	坡贡小黄姜	姜	关岭布依族苗族自治县坡贡镇生姜种植协会	8841726	2021-03-28—2031-03-27
4	关岭黄牛	牛	关岭布依族苗族自治县草地畜牧业发展中心	17059491	2016-11-07—2026-11-06
5	上关六月李	李	关岭布依族苗族自治县上关镇六月李种植协会	8841725	2012-02-21—2022-02-20
6	紫云红心薯	红薯	紫云苗族布依族自治县农业技术推广站	9021634	2021-07-27—2031-03-27
7	紫云花猪	猪	紫云苗族布依族自治县畜禽品种改良站	9021635	2021-07-27—2031-07-27

表4-4 农业农村部渠道农产品地理标志

序号	产品名称	申请人	产品编号	产地保护范围	批准公告
1	安顺山药	安顺市西秀区蔬菜果树技术推广站	AGI00445	西秀区17个乡镇（街道）	2010年12月24日农业部公告第1517号
2	紫云花猪	紫云苗族布依族自治县畜禽品种改良站	AGI01490	紫云苗族布依族自治县12个乡镇	2014年7月28日农业部公告第2136号
3	安顺金刺梨	安顺市农业技术推广站	AGI01980	安顺市现辖行政区域	2016年11月2日农业部公告第2468号
4	关岭火龙果	关岭布依族苗族自治县果树蔬菜工作站	AGI01981	关岭布依族苗族自治县6个乡镇	2016年11月2日农业部公告第2468号
5	关岭牛	关岭布依族苗族自治县草地畜牧业发展中心	AGI01987	关岭布依族苗族自治县13个乡镇	2016年11月2日农业部公告第2468号

B.4 安顺市地理标志产业发展报告

续表

序号	产品名称	申请人	产品编号	产地保护范围	批准公告
6	平坝灰鹅	安顺市平坝区畜禽品种改良站	AGI01986	平坝区9个乡镇（街道）	2016年11月2日 农业部公告第2468号
7	镇宁蜂糖李	镇宁布依族苗族自治县植保植检站	AGI02147	镇宁布依族苗族自治县4个乡镇	2017年9月1日 农业部公告第2578号
8	镇宁樱桃	镇宁布依族苗族自治县植保植检站	AGI02148	镇宁布依族苗族自治县11个乡镇（街道）	2017年9月1日 农业部公告第2578号
9	板贵花椒	关岭布依族苗族自治县果树蔬菜工作站	AGI02580	关岭布依族苗族自治县4个乡镇	2019年1月17日 农业农村部公告第126号
10	黄果树黄果	镇宁布依族苗族自治县黄果树镇农业服务中心	AGI02585	黄果树管委会2个乡镇	2019年1月17日 农业农村部公告第126号
11	龙宫桃子	安顺市西秀区龙宫镇农业服务中心	AGI02586	黄果树管委会3个乡镇	2019年1月17日 农业农村部公告第126号
12	幺铺莲藕	安顺市经济技术开发区农林牧水局	AGI02747	安顺市经济技术开发区3个乡镇（街道）	2019年1月17日 农业农村部公告第126号
13	平坝大米	安顺市平坝区农业技术推广站	AGI02753	平坝区11个乡镇（街道）	2019年1月17日 农业农村部公告第126号
14	板当苡仁米	紫云苗族布依族自治县农业技术推广站	AGI03030	紫云苗族布依族自治县10乡镇（街道）	2020年4月30日 农业农村部公告第290号
15	紫云红芯红薯	紫云苗族布依族自治县农业技术推广站	AGI03031	紫云苗族布依族自治县11个乡镇（街道）	2020年4月30日 农业农村部公告第290号
16	镇宁小黄姜	镇宁布依族苗族自治县植保植检站	AGI03043	镇宁布依族苗族自治县9个乡镇（街道）	2020年4月30日 农业农村部公告第290号
17	紫云冰脆李	紫云苗族布依族自治县农业技术推广站	AGI03046	紫云苗族布依族自治县12个乡镇（街道）	2020年4月30日 农业农村部公告第290号

续表

序号	产品名称	申请人	产品编号	产地保护范围	批准公告
18	紫云蓝莓	紫云苗族布依族自治县农业技术推广站	AGI03047	紫云苗族布依族自治县12个乡镇（街道）	2020年4月30日农业农村部公告第290号

在安顺市36件地理标志产品中，通过原国家质检总局+国家知识产权局渠道获地理标志产品保护的数量占总数的30.6%，地理标志证明商标的数量占总数的19.4%，农产品地理标志的数量占总数的50%。

（二）安顺市2017—2022年新增地理标志产品

2017—2022年，安顺市新增地理标志产品13个，主要以农产品地理标志保护为主，无新增地理标志证明商标。其中通过原国家质检总局+国家知识产权局渠道批准地理标志保护产品1个，为普定高脚鸡。经农业农村部登记的农产品地理标志有12件，分别是：镇宁蜂糖李、镇宁樱桃、板贵花椒、黄果树黄果、龙宫桃子、幺铺莲藕、平坝大米、板当苡仁米、紫云红芯红薯、镇宁小黄姜、紫云冰脆李、紫云蓝莓，见表4-5。

表4-5 2017—2022年安顺市新增地理标志产品

序号	产品名称	申请时间	申报主体	批准号
1	普定高脚鸡	2017年6月2日	普定县人民政府	2017年第39号公告
2	镇宁蜂糖李	2017年9月1日	镇宁布依族苗族自治县植保植检站	2017年第2578号公告
3	镇宁樱桃	2017年9月1日	镇宁布依族苗族自治县植保植检站	2017年第2578号公告
4	板贵花椒	2019年1月17日	关岭布依族苗族自治县果树蔬菜工作站	2019年第126号公告
5	黄果树黄果	2019年1月17日	镇宁布依族苗族自治县黄果树镇农业服务中心	2019年第126号公告
6	龙宫桃子	2019年1月17日	安顺市西秀区龙宫镇农业服务中心	2019年第126号公告

B.4 安顺市地理标志产业发展报告

续表

序号	产品名称	申请时间	申报主体	批准号
7	幺铺莲藕	2019年1月17日	安顺市经济技术开发区农林牧水局	2019年第126号公告
8	平坝大米	2019年1月17日	安顺市平坝区农业技术推广站	2019年第126号公告
9	板当苡仁米	2020年4月30日	紫云苗族布依族自治县农业技术推广站	2020年第290号公告
10	紫云红芯红薯	2020年4月30日	紫云苗族布依族自治县农业技术推广站	2020年第290号公告
11	镇宁小黄姜	2020年4月30日	镇宁布依族苗族自治县植保植检站	2020年第290号公告
12	紫云冰脆李	2020年4月30日	紫云苗族布依族自治县农业技术推广站	2020年第290号公告
13	紫云蓝莓	2020年4月30日	紫云苗族布依族自治县农业技术推广站	2020年第290号公告

二、地理标志产业发展

（一）重点地理标志产业发展

"十三五"以来，安顺市以坝区为重点，因地制宜地在各县区进行产业带布局，初步形成了"全市一盘棋、一县一主业、一乡一样板、一村一平台"的产业发展格局；形成了西秀辣椒、平坝高标准蔬菜、普定韭黄、镇宁"精品水果+小黄姜"、关岭"关岭牛+板贵花椒"、紫云"红芯红薯+林下经济"、经开区食用菌等"一县一业"产业格局。

1. 重点地理标志产业发展概况

（1）安顺金刺梨

经过多年的发展，如今，金刺梨产业已成为带富一方的富民产业。

2020年，安顺市金刺梨种植面积达30万亩，实际挂果面积近10万亩，有12家金刺梨深加工企业。覆盖全市8个县（区）55个乡镇345个村，涉及种植合作社70个，大户520户，散户近2.3万户。2020年全市金刺梨产量1.4万吨，产值12亿元，人均增收1200元以上，带动增收人数9.52万人。近年来，安顺市高度重视金刺梨产业发展，通过制定工作方案，明确目标任务，拟打造面积超过5000亩的标准化示范基地20个以上。2021年，组建市县级26人的8个技术指导组负责全市金刺梨示范基地提质增效技术指导工作，已累计指导42次，培训253余人，已完成金刺梨改培提质增效4.5万亩。

(2) 安顺山药

近年来，西秀区积极发动群众种植山药，推动山药产业规模化、标准化发展。刘官乡是安顺市山药主产区，其独特的气候和土质，孕育出来的山药体大丰腴、味道鲜美、入口即化，深受消费者喜爱。得益于良好的口感和品质，安顺山药在省内外市场上具有较高的知名度，成为西秀区一张特色农产品名片。截至2021年，安顺山药种植遍布西秀区旧州、刘官、七眼桥、蔡官、宁谷等乡镇。种植面积达3.87万亩，产量达8.5万吨，价格每斤10元，亩产3000余斤，产品畅销贵阳、遵义、六盘水、重庆、成都等地，成为带动力强、致富辐射广的明星产业。

(3) 朵贝茶

朵贝茶产业作为普定县地方优势特色产业，对经济社会发展发挥着重要作用。2020年，全县茶园面积有8.61万亩，可采面积有6.54万亩，建成1000亩以上规模茶园6个，茶叶总产量达1200吨，总产值达3.6亿元，成为全县脱贫攻坚的主导产业。全县茶叶生产加工企业有34家，其中：省级龙头企业6家，市级龙头企业12家，12家企业通过SC认证。普定县"朵贝茶"系列产品在"中绿杯""中茶杯""黔茶杯"等活动评比中共获金奖、一等奖和银奖等各类奖项超过200余项，在全省名列前茅。

(4) 镇宁小黄姜

镇宁小黄姜有着悠久的种植历史，以辣味浓香、品质优异而闻名于邻近各县。为了让小黄姜有更好的市场销路，镇宁布依族苗族自治县采用"强龙头、创品牌、带农户"的思路，大力推广"公司+合作社+农户"的组织方式，促进产业发展。2021年全县小黄姜种植面积扩大到16.58万亩，产量达到31.6万吨，产值8.4亿元，覆盖带动农户4.2万余户，户均收入超过2万元。镇宁小黄姜鲜品和深加工产品已经销往四川、重庆、浙江、湖南等省市。

（5）白旗韭黄

韭黄是普定县"一县一业"的主打产品。2021年，普定县韭黄种植面积有10万亩，投产面积有5万亩，年产韭黄5.7万吨，年产值5.1亿元，成为全国韭黄种植最大的县，并建设韭黄研发中心、清洗车间，引进韭黄面加工车间等。普定韭黄除了行销国内，还出口到东南亚地区。

（6）板贵花椒

从20世纪90年代开始，关岭布依族苗族自治县花江镇政府采取了"生物治理+产业扶贫"的模式，引导群众种植花椒，通过多年的发展和不断的技术改良，一棵花椒树的产量从几斤稳定增长到20斤以上，花椒亩产也从200多斤提高到500~800斤，按照一斤新鲜花椒8元的市场价格，亩产值增至近万元。花椒种植已经成为群众致富的支柱产业。关岭全县花椒种植面积十万余亩，已挂果面积约2万亩，产业覆盖农户14000余户，约56000人，真正实现绿了荒山，富了民。

（7）镇宁蜂糖李

镇宁布依族苗族自治县将蜂糖李精品水果种植产业作为"一县一业"主导产业，截至2020年底，镇宁种植蜂糖李面积达16.16万亩，采收面积为7.5万亩，总产量达3.75万吨，产值达11亿元。"镇宁蜂糖李"先后荣获国家农产品地理标志认证、"全国优质李金奖"、中国农业品牌、中国农产品百强标志性品牌等荣誉称号。核心产区六马镇2020年5月入选全国第十批"一村一品"示范村镇，2021年11月该镇又被农业农村部评为贵州省唯一一家"全国乡村特色产业十亿元镇"。

（8）关岭牛

截至2021年，关岭布依族苗族自治县黄牛存栏14.21万头，出栏4.41万头；全县共发展500头规模养牛场16个，5头以上家庭牧场1383个，其中

50 头及以上家庭牧场 98 个，覆盖群众 10108 户 42563 人。近年来，关岭牛肉产品直销盒马鲜生、味千拉面、左庭右院等全国餐饮名店，与省内外 9 所高职院校签订销售协议。同时全县大力实施自主经营销售，成功在贵阳、安顺、黄果树景区等地开设关岭牛体验店，引导关岭人到全国开设牛肉餐馆 1900 多家，有力推广了关岭牛品牌、提高了关岭牛肉市场需求。关岭牛肉于 2018 年、2019 年连续两年被评为贵州"十大优质特色畜产品"。

（9）紫云红芯红薯

20 世纪 40 年代紫云苗族布依族自治县开始引种种植红芯红薯，距今已有 80 多年的历史。紫云红芯红薯为当地农业产业化主推品种，2022 年，全县红芯红薯种植面积有 3 万亩，年产量达 2.4 万吨，年产值达 14400 万元。全县从事紫云红芯红薯种植的企业有 5 家，合作社有 19 家，20 亩以上种植大户有 200 多家。从事紫云红芯红薯加工的中小企业有 2 家，产品主要有红薯条、红薯片、红薯干等，其中原生态的红薯干加工量最大，口感好，食品佳，产品供不应求。

（10）平坝大米

优质稻产业为平坝区"一县一业"主导产业，截至 2020 年，全区共完成水稻栽插面积 13.3 万亩，总产量 6.4 万吨。此外，依托"平坝大米"农产品地理标志，平坝区全力推进大米生产全产业化：推进昊禹米业获得欧盟有机转换认证、推进黔坝米业获得绿色食品认证、推进绿色优质稻订单种植，指导黔和米业、黔坝米业、昊禹米业等完成优质订单生产面积 3 万亩以上。

2. 重点地理标志产品质量管理

地理标志产品质量管理是一个系统工程，需要农户、生产加工企业、行业协会和地方政府的共同协作，需要构建全方位的产销监管网络来实现。

（1）政府监管

安顺市通过多举措加强对地理标志保护产品和农产品地理标志保护和运用的监督力度，从源头上把控好地理标志产品的监管，依靠多部门联合监管，充分实现监管机构的职能协同。一是组织开展获证产品风险监测，进一步规范农产品地理标志保护产品生产者、经营者行为，坚决打击市场假冒伪劣产品；二是对获证主体加大技术服务力度，帮助指导认证主体不断完善各项生

B.4 安顺市地理标志产业发展报告

产技术规程和质量管理措施，引导认证主体通过制定标准和参与地方标准制定，确保生产过程规范化、标准化。三是实地检查了地理标志产品生产基地及生产经营主体，重点对申报地理标志产品认证情况、现有地理标志产品保护和使用情况、授权使用地理标志产品认证生产主体生产经营情况进行了实地检查。2021年9月，安顺市市场监管局、市农业农村局按照《中共安顺市委办公室、安顺市人民政府办公室关于印发〈关于强化知识产权保护的实施方案〉的通知》要求，组织联合执法检查组对紫云蓝莓、板贵花椒、紫云红芯红薯、镇宁蜂糖李等地理标志产品开展联合执法检查。现场查阅了县（区）市场监管部门和农业农村部门开展地理标志产品保护相关工作台账。

（2）标准化体系

当前，安顺市地理标志产品均有相关标准或质量技术要求，但大部分地理标志产品仅有质量技术要求，仅有少部分地理标志产品具有完整的标准体系。如白旗韭黄，既有省级地方标准DB52/T 1064—2015《地理标志产品 白旗韭黄》，也在2019年制定颁布了相关的团体标准，T/GGI 038—2019《白旗韭黄产地环境条件》，T/GGI 040—2019《白旗韭黄生产技术规程》，T/GGI 041—2019《白旗韭黄病虫害防治规程》，T/GGI 043—2019《白旗韭黄等级标准》，T/GGI 039—2019《白旗韭黄育苗技术规程》，T/GGI 042—2019《白旗韭黄贮运标准》，涉及白旗韭黄产地环境、生产技术规程、病虫害防治、等级标准、贮运标准等。这些标准为白旗韭黄的生产、运输、产品管理等提供技术支持，有利于保证产品质量，有利于建立统一、规范和竞争有序的交易市场，同时也有利于提升白旗韭黄的品牌知名度。

3. 重点地理标志产业品牌培育与发展

"镇宁蜂糖李"产业品牌培育与发展方式。一是统一外包装盒。通过种植户申报使用"镇宁蜂糖李"农产品地理标志获得派发号段，定量购买外包装盒，确保真盒子装真李子。二是构筑以"蜂糖李"普通商标和"镇宁蜂糖李地理标志"产品为核心，以"贵六马蜂糖李""黔六马蜂糖李""贵六马""黔六马"商标为辅助的商标防御体系，筑牢织密"镇宁蜂糖李"知识产权防护网。三是通过"镇宁蜂糖李"官网及官方公众号加强"镇宁蜂糖李"品牌宣传和营销推广，在京东商城开设了镇宁蜂糖李官方旗舰店。四是大力实施"镇宁蜂糖李"实体产业与数字化融合示范点建设，建成200亩蜂糖李溯源试点基地，对蜂糖李从种植、采摘、分拣、包装等各个环节形成有效监管，实现即时溯源。

4. 重点地理标志产业强链

"安顺金刺梨"产业链建设。除了鲜售和深加工两条途径，安顺市的金刺梨种植基地纷纷结合自身优势和特色，充分利用金刺梨持续近50天的花期及一个多月的采摘期，围绕赏花品果做文章，发展农家乐，打造金刺梨小镇、金刺梨村寨、金刺梨人家，开展金刺梨赏花节、金刺梨品果节、金刺梨康养等生态旅游活动，发展赏花尝果、林下种植、田园观赏、休闲养生、农副产品销售等为一体的特色旅游，提高金刺梨旅游产值和经济贡献率，实现一产、二产、三产融合发展，助推脱贫攻坚，助力乡村振兴。近年来，大坝村以金刺梨产业为契机，探索出一条"产业独特，环境宜居，乡风文明，群众富裕"的乡村振兴之路，基本形成了观光、休闲、度假为一体的特色旅游产业链，是省级"四在农家·美丽乡村"示范村。

"关岭黄牛"产业链建设。关岭牛食药大健康产业园建设了一个6000平方米左右的深加工工厂，主要做牛排、肥牛方砖、肥牛卷、火锅牛肉、肉串、牛肉干等。深加工产品主要有八款，覆盖了从传统市场上的麻辣手撕牛肉、牛肉类的油辣椒，到现在市场上空缺的牛皮、带皮牛肉类熟食品。

（二）地理标志综合社会效益

1. 扶贫效益

地理标志产业已深深融入地方社会经济发展，有力带动相关产业发展和农户增收，在脱贫攻坚中起到重要作用。2020年，安顺金刺梨产值12亿元，人均增收1200元以上，带动增收人数9.52万人。发展金刺梨产业让大坝村从贫困村变成现在的"别墅村"。2020年，紫云红芯红薯产业项目总投资4200万元，项目覆盖全乡农户2968户，其中贫困户1325户，通过项目实施预计增加贫困户年人均纯收入5000元以上。2016年，普定县将韭黄作为"一县一业"主导产业发展，至2022年已有效带动1.3万户贫困户增收致富。近年来，关岭布依族苗族自治县将关岭牛产业作为脱贫攻坚及乡村振兴的主导产业和特色优势产业。结合民族地区资源禀赋，镇宁蜂糖李成为助力群众脱贫致富的"黄金果"。其核心产区六马镇凭借蜂糖李引发产业"裂变"，成功入选"2021年全国特色产业十亿元镇亿元村"名单。

2. 生态效益

关岭布依族苗族自治县位于贵州省中部，地貌复杂多样，是典型的喀斯特山区，也是贵州省石漠化治理的重要战场。近年来关岭布依族苗族自治县实施"生物治理+产业扶贫"，逐渐走出了一条既"装点"山坡又鼓起村民钱袋的路子。板贵花椒、关岭牛和关岭火龙果成为生态治理的重要抓手。关岭近年来积极实施以"关岭牛+牧草种植"为主的产业发展方式，通过关岭牛产业带动，在石漠化地区种植皇竹草、紫花苜蓿等牧草11.8万亩，实施天然草山草坡改良2.8万亩。不仅为关岭牛提供了充足的饲料，也有效地治理了石漠化。而关岭牛产生的大量牛粪，也成为花椒种植的重要有机肥，既节约了成本，也保证了花椒绿色生态的品质。关岭布依族苗族自治县10万亩花椒将形成大面积的花椒种植基地和景观绿地，形成大面积的绿色植被，植被覆盖率得到大范围的提高，产生巨大的生态效益，有效改善了区域土壤、气候等自然条件。关岭低热河谷地带的气候条件，跑水、跑土、跑肥的瘠薄土壤，与火龙果原产地海拔低、温度高、干旱少土的自然生态条件接近。从2005年起，为了治理石漠化，关岭引进红心火龙果种植，不仅改善了生态环境，提升了生态建设的成效，同时还增加群众收益，越来越多的农户积极发展火龙果种植行业。经过多年努力，关岭石漠化面积从42.5%下降至27.88%，森林覆盖率从曾经的42.42%提高到2021年的56.36%。

3. 旅游文化价值

地理标志产品是产自某一区域，极具当地地域特点的特色产品，这种产品不仅受到生产区域性带来的地理环境、自然因素、种质资源等方面的影响，还凝聚着该区域的历史文化和独特的生产工艺，这些因素都赋予了该产品特殊的人文价值，更承载了深厚的文化底蕴与独具特色的地域文化。地理标志产品作为一个地区的重要资源，其本身具备的文化属性与价值能够很好地与当地文旅产业融合发展。一方面，这有利于宣传安顺市地理标志产品，为安顺市地理标志产品营造良好的发展环境，另一方面，也能为安顺市的旅游发展增添活力，丰富安顺市文化旅游的内涵。

4. 乡村振兴

产业兴旺应以农业为基础，产业振兴，不仅要五谷丰登、六畜兴旺，更要产业融合、百业兴旺。地理标志农产品是产自特定地域、显示地区独特优良的自然生态环境、历史人文因素等特征，具有优秀品质、特殊价值、良好声誉等特点，这一独特优势使得其成为助力农业高质量发展和推动乡村振兴的重要力量。当前，安顺市着力无公害农产品、绿色食品、有机农产品和农产品地理标志"三品一标"生产基地建设，打响"高原牌""绿色牌""有机牌"，应用物联网、云计算、大数据、移动互联、自动控制等现代信息技术，推进"互联网＋"现代农业，实现数据"聚通用"一体化，推动农业全产业链改造升级。不断推广"塘约经验""秀水模式""大坝经验"，纵深推进"三权"促"三变"农村产权制度改革，盘活农村沉睡资源，促进资源变资产、资金变股金、农民变股民，有效激发农业农村发展活力。并通过多元培训工程，培育新型职业农民，提高农业经营集约化、规模化、组织化、社会化、产业化水平。

B.4 安顺市地理标志产业发展报告

附录：安顺市重点地理标志资源名录

序号	产品名称	品质特点	产业发展	人文因素	环境因素	在先权
1	关岭猪	肉嫩味美	规划年出栏生猪15万头，实现年产值7亿元	《贵州省志·农业志》内有记载	冬暖夏凉，湿润气候	无
2	关岭达尔粑	洁白柔韧，切细不断，柔和爽口	每年冬腊月，销往省内外的达尔粑达万公斤以上	20世纪90年代，人们把传统的生产工艺和现代技术结合起来	四季分明，热量充足，水热同季	无
3	花江狗肉	鲜味美，皮滑肉嫩，油光烂酥而不腻，久食不厌	分布在全国各地的经营户达5000户以上	源于三国，流传至今	地势西高东低，气候温暖湿润	有
4	断桥糊辣椒	糊而不焦，香辣可口	企业从2014年的200余家增加到2020年的973家	《贵州省志·地名》中记载：断桥糊辣椒省内有名	处于打邦河流域腹地，属亚热带季风湿润气候	无
5	花江剪粉	薄如纸，筋丝好，下锅耐煮，有嚼头	—	《关岭布依族苗族自治县志》记载	地势西高东低，气候温暖湿润	无
6	江龙茶	色泽鲜亮，汤清色绿，香气馥郁，滋味甘醇	江龙镇茶园面积3.28万余亩，10家公司、14家合作社	江龙镇是镇宁布依族苗族自治县茶叶的主产区，产茶历史悠久	气候温和湿润，十分适合茶叶的生长发育	有
7	火花冰脆李	核肉分离，皮薄肉脆，芳香、多汁、清爽甘甜	全镇冰脆李种植面积共3.8万亩，可采面积2万亩	《紫云苗族布依族自治县志》有相关种植记载	低热河谷地带，李子质量好，颜色鲜艳	有

续表

序号	产品名称	品质特点	产业发展	人文因素	环境因素	在先权
8	火花矮马	具有抗病能力强，耐粗饲，易育肥，易于驯服等特点	正在加快保种场建设	据记载，火花矮马在古夜郎国时期就有	低热河谷地带，湿润气候	无
9	安顺地戏面具	地戏面具为木制，主要体现为雕刻和彩绘	2006年列入国家级非物质文化遗产保护名录	《贵州省志·文物志》等志书有记载	冬无严寒，夏无酷暑，气候温和宜人	无
10	平坝牛干巴	鲜牛肉制成牛干巴后，可保存一年时间	2008年，被贵州省烹饪饭店行业协会认定为"贵州省名菜"	传统食物，牛肉加盐，搓揉、风干，以供陆续食用	气候温和，四季分明，降水充沛	无
11	川心大蒜	蒜头大且均匀，并含多种微量元素	种植面积4000亩左右，年产值1000余万元	—	地处亚热带季风气候区，冬无严寒，夏无酷暑	无
12	林卡辣椒	皮（肉）厚籽少，个头大小适中，色、香、味俱全	种植规模稳定在4000亩以上	400余年的种植历史，产于平坝马场镇林卡而得名	为特定区域内选育的地方优良品种	无
13	旧州香米	晶莹剔透、芳香味美、营养丰富	—	旧州种植香米的历史悠久，早在西汉时期就已有种植	土壤肥沃	无
14	旧州鸡辣子	以辣椒为主，突出辣椒味道	随着旅游业的发展，旧州的鸡辣子也走向了产业化	《贵州省志·地名》内有相关记载	气候温暖湿润	无

B.4 安顺市地理标志产业发展报告

续表

序号	产品名称	品质特点	产业发展	人文因素	环境因素	在先权
15	化处荞凉粉皮	味甘性凉，可开胃宽肠	销往省内外，产品供不应求	明朝"调北填南"时随军传入，至2022年有数百年历史	年平均气温15.1℃，无霜期年平均289天	无
16	安酒	香气协调、醇和味甜、尾净绵长	1986年安酒产量1.06万吨，销售收入达1.2亿元	安酒生产始于20世纪30年代的周记酒坊"醉群芳"	冬无严寒，夏无酷暑，气候温和宜人	无
17	平坝酒	香味浓郁，入口绵甜，回味悠长	自20世纪60年代以来，曾先后31次荣获国际金奖等荣誉称号	平坝酒厂创建于1952年，距今已有70年历史	地势平坦好出粮食，二者结合易出好酒	有
18	紫云山苍子	气味芳香，回味悠长	全县山苍子种植面积2万余亩	—	亚热带季风湿润型气候，山区小气候突出	无
19	猴场手搓辣椒面	外焦里鲜，辣而不辛，鲜香可口，回味悠长	年产量约5千公斤	—	地处黔中北部，属亚热带季风气候	无
20	格凸春芽	品质清香，回味浓厚	种植面积约500亩	—	四季分明，干湿明显，冬无严寒，夏无酷暑	有
21	紫阴林下鸡	肉质细腻，含多种营养成分	年产量约45万羽	—	温和宜人，四季分明，干湿明显	无
22	安顺"三刀"	刀身端正，刀刃锋利；镶钢均匀，刃口锋利	—	相传始于咸丰年间，《1985贵州年鉴》上有相关记载	冬无严寒，夏无酷暑，气候温和宜人	无
23	六马桐油	酸价低，透明度高，杂质少，附着力强	20世纪90年代，年产桐籽4900多吨，年加工桐油1300多吨，产品远销海内外市场	在明、清两代就已闻名遐迩，至今远销海内外市场	昼夜温差大，有利于桐籽贮存养分	无

续表

序号	产品名称	品质特点	产业发展	人文因素	环境因素	在先权
24	安顺百花串酱菜	咸中有甜，咸甜适度，酱香味浓郁，脆嫩可口	通过产业化经营，带动农民1.8万户	1980年，应日本邀请参加广交会	冬无严寒，夏无酷暑，气候温和宜人	无
25	马场水磨面	耐煮，口感脆生生的，细腻	建设了年产150万公斤水磨面条生产线	生产历史悠久，距今已有百年历史	气候温暖湿润，十分适宜小麦的生长	无
26	宗地大蒜	紫皮、瓣大、鳞茎辣、味浓	常年种植面积2000余亩，年产大蒜130余万公斤，蒜薹35余万公斤	《紫云苗族布依族自治县志（1986—2010）》有相关记载	当地传统作物，土壤疏松透气，周边无污染源	无
27	火花大米	油性大，煮软，韧而有劲，食味细腻	—	在省内有名气，被评为紫云苗族布依族自治县的优良品牌	处低热河谷地带，光照充足，积温高	有
28	布依地毯	典雅庄重、质朴大方、色调明快、立体感强、民族风韵浓郁	产品曾多次被评为原轻工业部、国家民委及贵州省旅游产品奖	《贵州省志·政府志》《1988贵州年鉴》《贵州省志 轻纺工业志》有记载	雨量充沛，冬无严寒，夏无酷暑，气候温和宜人	无
29	安顺麻饼	皮酥心软、外酥内软、营养丰富、口感舒适、回味绵长、甜而不腻	年产量50万斤左右，预计产值大概在1500万元	《贵州省志·乡镇企业志》《安顺市志》有相关记载	雨量充沛，冬无严寒，夏无酷暑，气候温和宜人	无
30	安顺烤烟	—	2022年的种植面积达1.2万亩，总产值3700万余元	《安顺市志》内有记载，民国时期安顺地区已有烤烟生产	四季分明，雨量较为充沛	无
31	达帮花山猕猴桃	肉质细嫩、甜酸适度、汁多味浓	年产量约1.2万斤，产品销往省内外	—	地处低热河谷	无

B.5 毕节市地理标志产业发展报告

李春艳*

摘 要： 毕节市地处贵州西北部，被称为贵州的金三角之一，毕节市共有61件地理标志产品（有9件地理标志产品属于多渠道重叠保护），约占据全省地理标志产品的15%，其中经原国家质检总局＋国家知识产权局渠道批准的地理标志产品有19件，经原国家工商总局渠道批准的地理标志证明商标有30件，经农业农村部渠道登记的农产品地理标志有12件。

关键词： 毕节市；地理标志；产业发展

一、毕节市地理标志产品总体情况分析

对于毕节市地理标志产品总体情况的分析主要围绕时间序列总体申报情况分析、横向部门间申报情况分析、毕节市地理标志产品所属类别分析这三个部分。

（一）时间序列总体申报情况分析

毕节市从2008年开始逐渐申报地理标志产品，该市每年的地理标志产品数量整体上呈现出先上升后下降的波动发展趋势。其中2019年申报获得的地理标志产品数量最多，有12个，分别为威宁火腿、毕节刺梨、毕节椪柑、威

---

* 李春艳，同济大学上海国际知识产权学院博士研究生，研究方向：地理标志。

宁苹果、威宁白萝卜、纳雍土鸡（活鸡31类）、纳雍土鸡（鸡肉29类）、纳雍乌骨鸡（鸡肉29类）、纳雍乌骨鸡（活鸡31类）、纳雍糯谷猪（猪肉29类）、纳雍糯谷猪（活猪31类）、织金皂角精。2015年申报获得的地理标志产品数量为0。地理标志产品数量从2008年到2010年实现了一次增长，由1个产品上升为3个产品。2011年到2014年实现了第二次增长，由1个产品上升为5个产品。但2015年地理标志产品数量却骤降为0。2016年地理标志产品数量实现骤升，全年获得10个地理标志产品，分别为毕节白萝卜、毕节白蒜、大方皱椒、大方天麻、大方豆干、金沙回沙酒、威宁荞麦、大方冬荪、禹谟醋、赫章黑马羊。2017年到2019年地理标志产品数量也实现了逐步上升，由6个上升为12个。其中，2017年获得保护的产品分别为威宁苹果、毕节椪柑、威宁黄梨、赫章樱桃、大方漆器、威宁芸豆。另外，毕节市2020年仅获得金沙黑山羊这1个地理标志产品，2021年获得5个地理标志产品，分别为赫章红花山茶油、威宁黄牛、威宁乌金猪（猪肉29类）、威宁大白菜、威宁芸豆（见图5-1）。

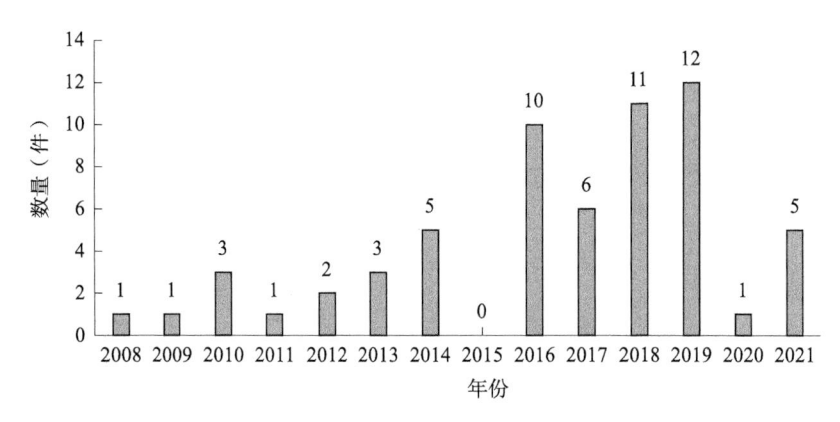

图5-1 毕节市2008—2022年获得的地理标志产品数量

数据来源：作者查询所得。

其中，毕节市从2009年至2021年从原国家工商总局渠道申报获得的地理标志证明商标数量为30，从时间序列来看，毕节市2019年从原国家工商总局渠道申报获得的地理标志证明商标数量最多，有11个，2018年申报获得的地理标志证明商标数量次之，有6个。2016年申报获得的地理标志证明商标数量位居第三，有 5 个。但是 2011 年、2013 年、2014 年、2015 年和 2020 年均未申报地理标志证明商标。2009 年、2010 年、2012 年、2017 年申报获得的地理标志证明商标数量相同，均为 1 个。另外，毕节市 2021 年申报获得了 4 个地理标志证明商标（如图 5-2 所示）。

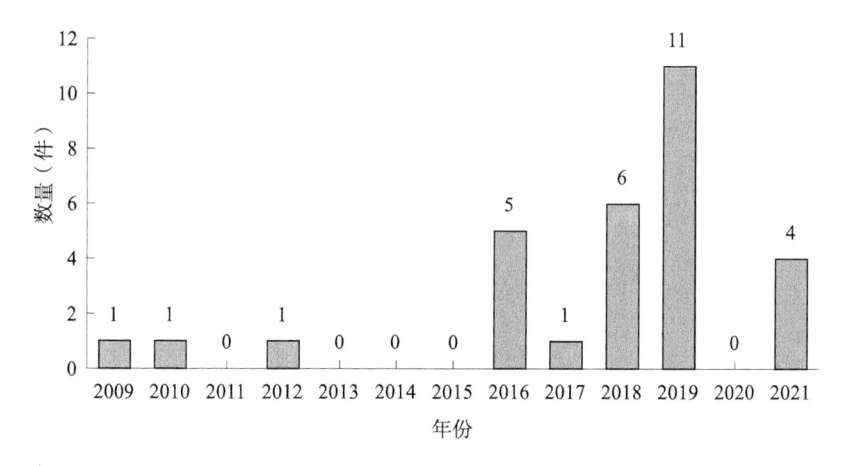

图 5-2　2009—2021 年毕节市地理标志证明商标数量统计

（二）横向部门间申报情况分析

总体而言，2008 年至 2021 年，毕节市在原国家工商总局渠道、原质量检验检疫总局 + 国家知识产权局渠道和农业农村部渠道均有申报地理标志产品。其中，毕节市在原国家工商总局渠道申报获得的地理标志产品数量最多，有 30 个，约占据全市地理标志产品总数的 49%。毕节市在原质量检验检疫总局 + 国家知识产权局渠道申报获得的地理标志产品数量次之，有 19 个，约占据全市地理标志产品数量的 31%。毕节市在农业农村部渠道申报获得的地理标志产品数量最少，有 12 个，约占据全市地理标志产品总数的 20%。

值得注意的是，在毕节市申报获得地理标志产品当中，存在重复申报的现象。其中，地理标志产品在原国家工商总局渠道与原质量检验检疫总局 + 国家知识产权局渠道重复申报的数量为 5。地理标志产品在农业农村部渠道和原国家工商总局渠道存在重复申报的数量为 3。地理标志产品在原质量检验检疫总局 + 国家知识产权局、原国家工商总局、农业农村部三个渠道重复申报的数量为 1。

具体而言，威宁苹果获得了原国家工商总局渠道、原国家质检总局＋国家知识产权局渠道和农业农村部渠道三个部门的保护。大方皱椒、金沙贡茶、毕节椪柑获得了原国家工商总局渠道和农业农村部渠道两个部门的保护。大方天麻、大方漆器、织金竹荪、威宁芸豆、威宁白萝卜获得了原国家工商总局渠道和原国家质检总局＋国家知识产权局渠道的保护，如表5－1所示。

表5－1 毕节市地理标志产品重复申报的情况统计

产品名称	重复部门		
威宁苹果	原国家工商总局渠道	农业农村部渠道	原国家质检总局＋国家知识产权局渠道
大方皱椒	原国家工商总局渠道	农业农村部渠道	
金沙贡茶	原国家工商总局渠道	农业农村部渠道	
毕节椪柑	原国家工商总局渠道	农业农村部渠道	
大方天麻	原国家工商总局渠道		原国家质检总局＋国家知识产权局渠道
大方漆器	原国家工商总局渠道		原国家质检总局＋国家知识产权局渠道
织金竹荪	原国家工商总局渠道		原国家质检总局＋国家知识产权局渠道
威宁芸豆	原国家工商总局渠道		原国家质检总局＋国家知识产权局渠道
威宁白萝卜	原国家工商总局渠道		原国家质检总局＋国家知识产权局渠道

（三）毕节市地理标志产品所属类别分析

在毕节市地理标志产品当中，各类产品所属类别有 10 个，分别为茶、畜禽水产、传统食品、酒、粮油、民族民间工艺品、其他产品、蔬菜、水果、中药材。其中，毕节市地理标志产品在畜禽水产类别当中的数量最多，有 12 个，约占据全市地理标志产品总数的 19.7%。畜禽水产类的地理标志产品分别为毕节可乐猪、赫章黑马羊、织金白鹅、金沙黑山羊、纳雍土鸡（活鸡 31 类）、纳雍土鸡（鸡肉 29 类）、纳雍乌骨鸡（鸡肉 29 类）、纳雍乌骨鸡（活鸡 31 类）、纳雍糯谷猪（猪肉 29 类）、纳雍糯谷猪（活猪 31 类）、威宁黄牛、威宁乌金猪（猪肉 29 类）。中药材类别当中的地理标志产品数量次之，有 7 个，约占据全市地理标志产品总量的 11.5%。中药类的地理标志产品分别为大方天麻、威宁党参、大方圆珠半夏、赫章半夏、织金续断、织金头花蓼、大方冬荪。传统食品和水果类别当中的地理标志产品数量相同，均有6个，约占据全市地理标志产品总数的9.8%。其中属于传统食品类的地理标志产品分别为织金竹荪、禹谟醋、大方豆干（大方手撕豆腐）、威宁荞酥、大方豆干、威宁火腿。水果类地理标志产品分别为威宁苹果、毕节椪柑、威宁黄梨、赫章樱桃、纳雍玛瑙红樱桃、毕节刺梨。粮油类别当中的地理标志产品有4个，约占据全市地理标志产品总数的6.6%，这4个地理标志产品分别为威宁荞麦、赫章红花山茶油、威宁甜荞、威宁苦荞。茶和其他产品类别当中的地理标志产品数量相同，均为3个，约占据全市地理标志产品总数的4.9%。茶类地理标志产品分别为金沙贡茶、清池茶、纳雍高山茶。属于其他产品类别的地理标志产品分别为织金皂角精、赫章核桃、毕节烤烟。酒和民族民间工艺品类别当中的地理标志产品数量最少，仅为1个，约占据全市地理标志产品总数的1.6%，其中酒类地理标志产品为金沙回沙酒，民族民间工艺品类地理标志产品为大方漆器。

通过分析发现，在3个部门的地理标志申报过程当中，毕节市在农业农村部渠道申请人的数量最多，有11个，但是农业农村部获得的地理标志产品数量却是3个部门当中最少的，仅为12个。在原国家工商总局申请的人数次之，有8个，但是毕节市在原国家工商总局获得的地理标志产品数量最多，有30个，为毕节市地理标志的发展作出了重要贡献。原质量检验检疫总局的申请人的数量最少，仅有5个，但是每个申请人获得的地理标志产品数量较多，总共申请到了19个地理标志产品。

二、毕节市理标志登记情况

（一）毕节市农产品地理标志登记保护

毕节市农产品地理标志登记保护的具体情况如表5-2所示。

表 5-2 毕节市农产品地理标志登记名录（截至 2022 年 5 月）

序号	登记年份	产品名称	产品类别	证书持有人	登记证书编号	划定的区域保护范围
1	2013	大方皱椒	蔬菜	大方县特色产业发展中心	AGI101221	大方县 36 个乡镇
2	2014	湾子辣椒	蔬菜	金沙县果蔬站	AGI01489	金沙县 6 个乡镇
3	2014	金沙贡茶	茶叶	金沙县农业技术推广站	AGI01572	金沙县 26 个乡镇
4	2014	毕节可乐猪	肉类产品	毕节市畜牧技术推广站	AGI01491	毕节市 6 县（区）
5	2016	赫章黑马羊	肉类产品	赫章县草地工作站	AGI01985	赫章县 27 个乡镇
6	2017	毕节椪柑	果品	七星关区果蔬技术推广站	AGI02143	毕节市七星关区 8 个乡镇
7	2017	威宁黄梨	果品	威宁彝族回族苗族自治县果蔬产业发展中心	AGI02145	威宁彝族回族苗族自治县 39 个乡镇（街道）
8	2017	威宁苹果	果品	威宁彝族回族苗族自治县果蔬产业发展中心	AGI02146	威宁彝族回族苗族自治县 39 个乡镇（街道）
9	2018	赫章樱桃	果品	赫章县土肥站	AGI02358	赫章县 27 个乡镇
10	2018	织金白鹅	肉类产品	织金县农产品质量安全监督检验检测站	AGI02432	织金县 23 个乡镇（办事处）
11	2019	织金皂角精	药材	织金县果蔬协会	AGI02745	织金县 32 个乡镇（街道）
12	2020	金沙黑山羊	肉类产品	金沙县畜牧技术推广站	AGI03256	金沙县 23 个乡镇（街道）

（二）毕节市地理标志证明商标情况

毕节市 2009—2021 年地理标志证明商标注册情况如表 5-3 所示。

B.5 毕节市地理标志产业发展报告

表5-3 2009—2021年毕节市地理标志证明商标名录

序号	名称	分类	申请人	批准时间
1	威宁洋芋	蔬菜	威宁彝族回族苗族自治县农业区划中心	2009年12月14日
2	织金竹荪	传统食品	织金县果蔬协会	2010年11月28日
3	威宁荞酥	传统食品	威宁彝族回族苗族自治县荞酥协会	2012年2月21日
4	毕节白萝卜	蔬菜	毕节市七星关区果蔬技术推广站	2016年1月28日
5	毕节白蒜	蔬菜	毕节市七星关区果蔬技术推广站	2016年1月28日
6	大方皱椒	蔬菜	大方县特色产业发展中心	2016年11月7日
7	大方天麻	中药材	大方县特色产业发展中心	2016年11月7日
8	大方豆干	传统食品	大方县特色产业发展中心	2016年11月7日
9	大方漆器	民族民间工艺品	大方县特色产业发展中心	2017年1月14日
10	纳雍玛瑙红樱桃	水果	纳雍县农业技术推广站	2018年2月14日
11	金沙贡茶	茶	金沙县农产品质量安全监督检验站	2018年5月7日
12	纳雍高山茶	茶	纳雍县农业技术推广站	2018年8月28日
13	威宁甜荞	粮油	威宁彝族回族苗族自治县农业区划中心	2018年9月14日
14	威宁苦荞	粮油	威宁彝族回族苗族自治县农业区划中心	2018年9月14日
15	毕节烤烟	其他产品	毕节市烟草协会	2018年9月21日
16	威宁火腿	传统食品	威宁彝族回族苗族自治县农业区划中心	2019年2月28日
17	毕节刺梨	水果	毕节市七星关区果蔬技术推广站	2019年3月28日
18	毕节椪柑	水果	毕节市七星关区果蔬技术推广站	2019年5月28日
19	威宁苹果	水果	威宁彝族回族苗族自治县农业区划中心	2019年6月7日

续表

序号	名称	分类	申请人	批准时间
20	威宁白萝卜	蔬菜	威宁彝族回族苗族自治县农业区划中心	2019年8月7日
21	纳雍土鸡（活鸡31类）	畜禽蛋和水产	纳雍县农业技术推广站	2019年8月28日
22	纳雍土鸡（鸡肉29类）	畜禽蛋和水产	纳雍县农业技术推广站	2019年8月28日
23	纳雍乌骨鸡（鸡肉29类）	畜禽蛋和水产	纳雍县农业技术推广站	2019年8月28日
24	纳雍乌骨鸡（活鸡31类）	畜禽蛋和水产	纳雍县农业技术推广站	2019年8月28日
25	纳雍糯谷猪（猪肉29类）	畜禽蛋和水产	纳雍县农业技术推广站	2019年11月14日
26	纳雍糯谷猪（活猪31类）	畜禽蛋和水产	纳雍县农业技术推广站	2019年11月14日
27	威宁黄牛	畜禽蛋和水产	威宁彝族回族苗族自治县农业区划中心	2021年3月7日
28	威宁乌金猪（猪肉29类）	畜禽蛋和水产	威宁彝族回族苗族自治县农业区划中心	2021年4月7日
29	威宁大白菜	蔬菜	威宁彝族回族苗族自治县农业区划中心	2021年4月7日
30	威宁芸豆	蔬菜	威宁彝族回族苗族自治县农业区划中心	2021年12月14日

（三）毕节市地理标志保护产品情况整理

2008—2021年毕节市地理标志保护产品具体情况如表5-4所示。

B.5 毕节市地理标志产业发展报告

表5-4 2008—2021年毕节市地理标志保护产品登记名录

序号	产品名称	受理公告号	批准时间	批准号	保护范围
1	大方天麻	2008年第33号	2008年10月31日	2008年第122号	大方县36个乡镇
2	织金竹荪	2009年第106号	2010年9月30日	2010年第100号	织金县20个乡镇
3	大方漆器	2010年第40号	2010年9月30日	2010年第111号	大方县现辖行政区域
4	威宁党参	2010年第143号	2011年8月18日	2011年第121号	威宁彝族回族苗族自治县23个乡镇
5	大方圆珠半夏	2011年第171号	2012年7月18日	2012年第102号	大方县现辖行政区域
6	赫章核桃	2012年第115号	2013年2月21日	2013年第26号	赫章县27个乡镇
7	赫章半夏	2012年第115号	2013年2月21日	2013年第26号	赫章县27个乡镇
8	织金续断	2013年第108号	2014年4月8日	2014年第39号	织金县现辖行政区域
9	织金头花蓼	2013年第108号	2014年8月	2014年第39号	织金县现辖行政区域
10	金沙回沙酒	2015年第445号	2016年2月1日	2016年第9号	金沙县现辖行政区域
11	禹谟醋	2016年34号	2016年11月08日	2016年第112号	金沙县禹谟镇行政区域
12	威宁荞麦	2016年34号	2016年11月08日	2016年第112号	威宁彝族回族苗族自治县34个乡镇（街道）
13	大方冬荪	2016年34号	2016年11月08日	2016年第112号	大方县31个乡镇（办事处）
14	威宁芸豆	2017年第20号	2017年12月20日	2017年第108号	威宁彝族回族苗族自治县4个乡镇（办事处）
15	清池茶	2017年第43号	2018年01月02日	2017年第117号	金沙县清池镇行政区域

续表

序号	产品名称	受理公告号	批准时间	批准号	保护范围
16	威宁苹果	2017年第75号	2018年01月02日	2017年第117号	威宁彝族回族苗族自治县现辖行政区域
17	威宁白萝卜	2017年第75号	2018年03月15日	2018年第33号	威宁彝族回族苗族自治县现辖行政区域
18	大方豆干（大方手撕豆腐）	2017年第95号	2018年7月30日	国知局2018年第277号	大方县现辖行政区域
19	赫章红花山茶油	2017年第75号	2021年4月12日	国知局2021年第414号	赫章县现辖行政区域

三、地理标志产业发展

（一）重点地理标志产业发展

1. 重点地理标志产品产业发展

（1）织金竹荪

织金竹荪凭借其丰富的营养成分、鲜美的口味和优美的形态被称为"真菌之花""真菌皇后"，是世界上最为珍贵的食用菌类型之一。其富含维生素、多种矿物质和19种氨基酸，质地疏松脆嫩，适合煮、烩、酿、扒、炒、烧等多种烹饪手法，织金竹荪置于沸汤之中时久煮不烂，膨如鲜品，其菌柄可以吸满汤汁，富有脆嫩清鲜的口感和清香扑鼻的气息，味道极其鲜美。是古代官吏奉给皇上的美味贡品，对降低胆固醇、抵抗癌症、防治高血压等有显著效果。

2000年，织金县凭借竹荪被誉为"中国竹荪之乡"。2016年，织金竹荪荣获生态原产地保护、有机竹荪、贵州出口食品农产品安全示范区等多项认证。

（2）威宁党参

威宁党参在20世纪60年代引种于甘肃，后来经人们栽培进化逐渐得名。

B.5 毕节市地理标志产业发展报告

《贵阳府志》中便记载："黔中党参，威宁最佳。"威宁党参是药食两用的中药材，也是人们煲汤惯用的佳品。具有调和脾胃、补气养血，强身健体的功效，而且威宁党参蛋白质含量、糖含量都较高，是煲汤或饮水的佳品。近年来，威宁县立足于药材资源充裕、气候条件适宜、品质优良等先天条件，运用"农户+基地+合作社+公司"的培养模式，积极发挥龙头企业的带动作用，积极推进威宁党参产业发展，促进农民增收致富。威宁党参产业呈现出强劲的发展势头，年产量在15万千克左右。

（3）大方天麻

大方天麻产自中国天麻之乡——贵州省大方县，药材呈长椭圆形状，个大肉厚，形态略扁，不易折断，个体饱满，质地坚硬，有光泽，断面呈角质样且较为平坦。其表面为淡黄色或者黄白色，环纹较多，呈现出半透明状，体皱缩且稍弯曲。对治疗头痛、头风、头晕目眩等症状有明显效果。大方天麻凭借其沉重、坚实的质地，浓郁的气味，获得了"中国天麻看贵州，贵州天麻看大方"的称赞，大方县被中国食品工业协会授予"中国天麻之乡"的美誉。在2006年上海"蓝天下的挚爱"慈善拍卖会上，两只重250克的大方天麻便被拍出了1万元的价格。2021年，大方县已实现天麻种植达3万亩，产量可达4800吨，大方天麻产值可达1.9亿元。

（4）赫章半夏

赫章半夏来源于贵州省赫章县，是有名的中药材，半夏，又被称为三叶半夏、羊眼、水玉、麻芋、三步跳，半月莲等。赫章半夏温暖、辛辣且有毒，其来源于天南星科植物半夏属的干燥茎块，可以消肿止痛、降逆止呕、燥湿化痰、消痞散结，被广泛用于治疗头痛失眠、痰多、咳嗽、恶心、呕吐、湿痰等症状。毕节市赫章县是半夏的主产区，已有20多年的半夏人工栽培历史，尤其是河镇乡的农户中有80%以种植半夏为生。2010年，赫章县半夏种植规模已达到3万亩，年产量将近1000吨，占据赫章县农业产值总数的12%，占据市场份额的1/4。2011年，赫章半夏种植已经达到了4万亩。赫章半夏的生产规模已超过2025亩。

（5）大方漆器

大方漆器的制作源于东汉年间，采用木、绸、棉等与羊皮、牛皮等皮革做胎。在明洪武年间产生了以皮胎漆器为主的制作工艺，大方漆器的所有制作环节均以纯手工完成，制作工艺极其精美，漆器产品造型雅致古朴、漆色经久不褪色，产品润泽生辉。大方漆器的制作以本地优质的生漆为原材料，不管是收割生漆、制作胚胎、装饰工艺还是形成漆器都独具特色，是远近闻名的民族民间艺术瑰宝。《乾隆通志》记载："黔之革器以大定（大方）为最佳"，大方漆器工艺流程十分繁杂，制作要求很高，主要包括50多道工序和82道生产环节，其产品造型生动、种类齐全且做工精细。1949年之后，大方县便成立了合作社，使年轻人的手艺得到锻炼与培养，老手艺人的技艺得以充分发挥，不断创新、开发出漆器品质多达200多类，产品不仅在国内市场畅销，甚至出口至东欧国家。

（6）赫章核桃

赫章核桃外表不美、个头不大，其因产自贵州省赫章县得名，该县温差大、光照长、海拔高，县域内特殊的气候十分适宜种植核桃，故此，虽然赫章核桃其貌不扬，但具有仁饱满、易取仁、壳薄、味香醇等特征，而且赫章核桃富含优质蛋白质、脂肪酸、维生素B、维生素E、矿物质等。食用赫章核桃有助于增强记忆力、健脑、防止细胞老化和延缓衰老，是十分理想的人体肌肤美容剂，而且对防脱发和防头发过早变白有显著功效。此外，赫章核桃富含特殊成分，可以有效减少消化系统对胆固醇的消化、吸收，十分适合有动脉硬化、冠心病和高血压的人群使用。2008年，赫章核桃成功入选北京奥运会推荐果品，赫章核桃的种植广泛遍布27个乡镇，种植总面积多达16万亩。根据相关统计结果，赫章县内有200年左右树龄的核桃古树多达上万棵，最大树龄约400年。经过多年发展，赫章核桃产业为当地农户带来了相当丰厚的经济效益。

（7）威宁苹果

威宁县位于贵州西北部，素有"阳光城"的称号，全县地域面积6298平方千米，该县海拔高、纬度低、昼夜温差大、光照时数长，优越的自然气候条件十分适合种植苹果，该县苹果质地佳，被认定为"中国南方苹果生产最适生态区""西南冷凉高地苹果优势区"和贵州省优质苹果适宜区。威宁苹果的种植可追溯至20世纪40年代，那时威宁县种植的"黄元帅"苹果在

B.5　毕节市地理标志产业发展报告

1973年"全国外销苹果生产基地会议"上便荣获黄色苹果品种第二名。21世纪以后，威宁苹果凭借优越的产品条件被农业农村部纳入全国特色农产品区域规划当中。2016年，威宁县为了进一步助推威宁苹果产业的发展，促进当地农民增收和产业转型发展，出台了《威宁县苹果产业发展总体规划》，进一步将今后的发展目标明确为打造"中国高原生态苹果基地"。2018年，威宁苹果挂果面积约15万亩，种植面积高达50万亩，苹果产量高达15万吨左右，威宁苹果产业的发展对威宁县的发展具有十分关键的产业支撑作用。

（8）禹谟醋

禹谟醋产自毕节市金沙县，该县受到冷暖气流与地势的影响，各地温差较大，雨量充沛，四季分明，干湿季明显，日照较少，无霜期长且春季回暖较早，十分适宜种植玉米、大米等酿造粮食类。禹谟醋，酸味醇厚柔和，酯香浓郁，头醋呈棕褐色，回味绵长，无浑浊，澄清；二醋呈红棕色，回味较长，酸味柔和纯正且酯香较浓。截至2018年初，禹谟醋年产量有1.3万吨。凭借优秀的产品特色，禹谟醋荣获"毕节扶贫带富先锋"称号。2019年，禹谟醋产业在坚持古法制作工艺的同时，投入3000万元实施技术改造，现代工艺与传统技艺实现融合，进一步实现了规模化发展。

（9）金沙回沙酒

金沙回沙酒是纯粮固态发酵认证的贵州老字号品牌，早在20世纪60年代，金沙回沙酒已成为茅台酒以外的贵州省第一大酱香型白酒，获得了贵州老八大名酒的荣誉称号，拥有空杯留香持久、回味悠长、味醇丰满、优雅细腻、酱香突出、微黄透明的特色风味，产品制作均以本地高品质糯高粱为原材料。2014年，金沙回沙酒实现了年产1.9万吨的生产能力，销售收入相比以往增加了33倍，销售金额达到23.4亿元。2017年，金沙回沙酒产业发展刷新了历史纪录，年产基酒达1.9万吨，其老酒的储存量实现4万余吨。金沙回沙酒品牌价值高达96.68亿元，产业收入实现了100%的增长。

（10）大方圆珠半夏

大方圆珠半夏是中国十分著名的中药材，药用历史悠久，曾经是进贡朝廷的珍品，大方圆珠半夏粉足重实，个大色白，棕眼明显、一面凹入、另一面则呈现半球形。大方圆珠半夏主治咳喘、呕吐、痰湿水饮等病症，主要功效是和胃止呕和燥湿化痰。作为一种著名的民族药和重要的药材，其出口日本拥有免检权。2011年，大方圆珠半夏的种植面积已经达到1.65万亩，产值达到2亿元，产量高达4800吨。2012年，种植大方圆珠半夏的农户有4000多户，产业年产值增加至2.4亿元。2019年，大方圆珠半夏的种植面积已经超过16000亩。

2. 重点地理标志产品质量管理

为了加强毕节市重点地理标志产品的质量管理，毕节市在获得市级地方标准制定权限后，市场监督管理局于2020年出台了首批市级地方标准，主要包括DB5205/T 5—2020《地理标志产品 大方冬荪》、DB5205/T 3—2020《地理标志产品 威宁黄梨》、DB5205/T 6—2020《地理标志产品 大方豆干（大方手撕豆腐）》、DB5205/T 4—2020《地理标志产品威宁白萝卜》、DB5205/T 2—2020《地理标志产品威宁苹果》、DB5205/T 1—2020《地理标志产品 威宁荞麦》这6项市级地方标准。2021年，再次出台DB5205/T 9—2021《地理标志产品 威宁芸豆》、DB5205/T 8—2021《地理标志产品 清池茶》和DB5205/T 7—2021《地理标志产品 禹谟醋》这三项市级地方标准。自"十三五"以来，金沙回沙酒、威宁苹果、威宁荞麦、大方冬荪等地理标志产品陆续获得保护。这些市级标准的出台对地理标志产品的贮存、运输、包装、标志、检验规则、实验方法、质量要求、保护范围等内容作出了具体规定，对地理标志产品的加工技术、产品种植要求作出了进一步规范，更加突出产品特色，重点保护传统工艺品、特色农产品、加工产品的无形资产价值，这为有效促进地方产业规模化发展，提高毕节市地理标志产品质量水平作出重要贡献。

（二）地理标志综合效益

1. 扶贫效益

毕节市运用地理标志的特征，科学规划产业结构与规模，部分地区运用地理标志连接公司与农户，逐渐形成了当地的支柱产业，例如赫章核桃产业、织金竹荪产业、大方天麻产业，等等。就织金竹荪产业而言，其在2010年获得地理标志保护后，产业实现了迅速发展，目前已经成为国内独具特色的红

B.5 毕节市地理标志产业发展报告

托竹荪销售与生产加工集散地，2017年，全县已通过发展织金竹荪产业带动1万余人脱贫致富，产业覆盖当地贫困人口1.8万余人。而威宁苹果产业的种植面积在2020年已经超过全省种植面积的70%，参与种植的农户多达10.6万户，覆盖贫困人口多达12.7万人，贫困户约2.7万户。在2020年发布的中国果品区域公共品牌评估榜单中，威宁苹果成为唯一一个上榜的贵州省果品区域品牌。

2. 生态效益

毕节市一直以来坚持因地制宜地发展地理标志产业，目前已经成功打造出生机镇镇江社区、七星关区清水铺镇橙满园村等一批生态水果采摘与旅游观光示范点，累计发展中药材25万亩、蔬菜70万亩、食用菌6万亩，实现了通过发展地理标志产业而产生"绿色效应"。毕节市一直坚持"绿水青山就是金山银山"的发展理念，积极推进生态示范和实践创新基地建设，已有6个村荣获贵州省生态村的称号，与此同时，大方县抓住政策机遇，"中国天麻之乡"的绿色生态项目已经成功申报至第二批试点，该项目总投资高达14亿元。此外，毕节市通过发展"保险型""增值型""增信型""质押型"等林业碳票业务，完善了毕节市金融配套服务，也实现了完成3张林业碳票的碳减排量的相关备案工作。

3. 旅游文化价值

毕节市地理标志产业的发展不仅为当地经济发展作出突出贡献，同时也进一步带动了当地旅游业的发展，毕节市政府围绕"四大行动"任务和"两大提升"的发展目标，积极培育相关旅游业，进一步激发了旅游投资的活力，优化了旅游业态，深化了产业融合发展助推旅游业高质量发展的路径。2021年全市储备的旅游产业项目约110个，旅游总投资高达1063亿元。2022年，毕节市通过项目盘活、业态融合发展、旅游商品开发、服务提升、景区建设等方面实施招商引资，实施发展主体的培育行动，积极补齐旅游短板，全市已经拥有1.55万家旅游市场主体，其中涉及旅游床位13.4万张，客运旅游车队12家，商品型旅游企业119家，较大规模市场旅游主体153家，旅行社（分社、营业网点）152家。

附录：毕节市重点地理标志资源名录

序号	产品名称	品质特点	产业发展	人文因素	环境因素	在先权
1	织金砂锅	炖肉食味清香不易变质，沏茶煎药茶味药效甚佳	列入贵州省非物质文化遗产	《贵州省志·地名》《毕节地区通志》有相关记载	四季分明，春季温和，夏无酷暑，秋季凉爽，冬无严寒，无霜期长	无
2	大方豆豉	味道鲜美、滋润化渣，油亮无杂，用以调味，荤素皆宜	1987年，贵州省毕节地区春交会上，大方豆豉系畅销品	《贵州通志·风土志》载：豆豉各州县产，以大定（大方）为最佳	具有冬无严寒，夏无酷暑，夏短冬长，春秋相近，立体气候显著	无
3	大方豆棒	用豆皮紧裹成棒，风干后即可	1957年，大方豆棒被列为贵州省传统名特食品	《贵州省志·名镇名乡》《毕节地区志·工业志》等相关文献有记载	优质泉水，温暖湿润气候，为大方豆棒加工制作提供良好条件	无
4	七星关魔芋	具有调血脂、稳血糖、润肠通便等功效	种植面积5万余亩，年产种芋1万吨以上	2009年，开展大规模种植	气候温和，雨量充沛，无霜期250天左右	无
5	大方八堡水花酒	酒色半透明体，酽得黏手	—	当地苗族大型的民族节日活动都会食用	气候温暖湿润，选用优质糯米，优质山泉	无
6	毕节太极茶	浓爽持久的滋味、板栗的高香气	销往北京、广州。一些产品还进入美国等海外市场	《毕节市志》有记载	乌蒙山腹地，海拔800~1300米	无
7	毕节大曲	色清透明，窖香浓郁，醇甜爽净	1958年开始生产，1983年获贵州名酒称号	《1985年贵州年鉴》《贵州省志·物价志》有相关记载	降雨量较为充沛，立体气候突出	无

B.5 毕节市地理标志产业发展报告

续表

序号	产品名称	品质特点	产业发展	人文因素	环境因素	在先权
8	大方豆豉粑	具有助消化，促进食欲的功效	—	《贵州省志·商业志》有相关记载	一年四季均可制作，以在冬季其香味、质量最佳	无
9	黔西黄粑	味道纯正，柔糯绵软	2003年被评为"毕节美食"一等奖	《毕节地区通志》《黔西县志》有相关记载	四季分明，春迟夏短，秋早冬长	无
10	毕节麻核桃	个大、壳薄，手捏壳开，果仁饱满	是贵州核桃生产基地之一	《1985贵州年鉴》内有相关记载	降水量较为充沛，立体气候突出	无
11	金沙温家醋	色泽棕褐，浓度适中，酸而不涩，香而微甜，回味绵长	2004年，金沙温家醋被评为"贵州省名牌产品"，2007年被评为"贵州省名特优产品"	《金沙县志1993—2013》有相关记载	温和、四季分明、无霜期长，昼夜温差大，干湿季明显，日照较少	无
12	大方海马宫茶	香高味醇，回味甘甜，汤色黄绿明亮	—	《贵州省志·茶叶》有记载	产区海拔1500米左右，年均气温13℃左右	无
13	织金石雕	工艺精湛，色彩靓丽，具有显著民族特色和文化	主要销往欧美国家，销往海南省和北京、上海、香港等地	起源于清初，曾是贡品，朝廷曾将其作为珍贵礼品赠给缅甸、印度等国家	四季分明，春季温和，夏无酷暑，秋季凉爽	无
14	毕节酸菜	开胃提神，醒酒去腻，增进食欲	全市推动酸菜生产向规模化、现代化、标准化方向发展	《毕节市志：1994—2010》有相关记载	湿润气候，降雨量较为充沛，立体气候突出	无
15	赫章天麻	有去风定惊、平肝息风、调节大脑神经的作用	2022年，赫章县天麻种植面积达38719.63亩	赫章盛产天麻，因而被誉为"天麻之乡"	无霜期206~255天，年均气温10~13℃	无

91

B.6
铜仁市地理标志产业发展报告

谭贵艳*

摘　要： 铜仁市地处贵州东部，拥有丰富的农业资源并积极申报地理标志保护产品。截至2022年6月，铜仁市共有地理标志保护产品34件（其中6件为多渠道重叠保护），其中经原国家质检总局＋国家知识产权局渠道批准的地理标志产品有7件，经原国家工商总局渠道批准的地理标志证明商标有14件，经农业农村部渠道登记的农产品地理标志有13件。

关键词： 铜仁市；地理标志；产业发展

一、地理标志基础概况

（一）铜仁市地理标志产品保护概况

经原国家质检总局＋国家知识产权局渠道批准的地理标志保护产品有7件。分别是：梵净山翠峰茶、德江天麻、铜仁红薯粉丝、石阡苔茶、沙子空心李、玉屏茶油和江口萝卜猪，见表6-1。经农业农村部登记的农产品地理标志有13件。分别是：铜仁珍珠花生、石阡苔茶、梵净山茶、沿河白山羊、郭家湾贡米、安龙红谷、思南黄牛、印江绿壳鸡蛋、德江复兴猪、白水贡米、金竹贡米、石阡香柚、石阡土鸡，见表6-2。经原国家工商总局获批的地理

---

* 谭贵艳，贵州大学公共管理学院研究生，研究方向：地理标志、公共政策。

B.6 铜仁市地理标志产业发展报告

标志证明商标有14件。分别是：印江苕粉、思南黄牛、思南晏茶、石阡矿泉水、石阡苔茶、江口萝卜猪（猪）、江口萝卜猪（猪肉）、玉屏黄桃、玉屏箫笛、德江天麻、沿河沙子空心李、沿河山羊、松桃苗绣、梵净山翠峰茶，见表6-3。其中有6件产品获得多个部门的重叠保护。石阡苔茶获得地理标志三种渠道多重保护；梵净山翠峰茶、德江天麻、江口萝卜猪与沿河沙子空心李获地理标志证明商标与地理标志产品保护双重保护；思南黄牛获农产品地理标志与地理标志证明商标双重保护，具体数量统计见表6-4。

表6-1 原国家质检总局+国家知识产权局渠道地理标志保护产品

序号	产品名称	品质特色	保护范围	批准公告
1	梵净山翠峰茶	香气：清香持久，栗香显露；滋味：鲜醇爽口；汤色：嫩绿、清澈	印江土家族苗族自治县17个乡镇	2005年12月9日 2005年第175号
2	沙子空心李	离核，果肉黄白色、脆嫩、汁多爽口、清香浓甜	沿河土家族自治县2个乡镇	2006年7月12日 2006年第95号
3	德江天麻	质坚实，难折断。特异气味较浓	德江县11个乡镇	2007年5月19日 2007年第81号
4	石阡苔茶	茶汤黄绿明亮，滋味醇厚爽口，栗香显露，叶底嫩绿明亮	石阡县现辖行政区域	2009年9月21日 2009年第88号
5	铜仁红薯粉丝	丝条匀细、纯净光亮，整齐柔韧，透明；久煮不断，韧性好，爽滑耐嚼	铜仁市16个乡镇（办事处）	2012年8月23日 2012年第125号
6	玉屏茶油	口感具有玉屏茶油固有的气味和滋味，无异味	玉屏侗族自治县6个乡镇	2014年9月2日 2014年第96号
7	江口萝卜猪	活体猪：全身毛色灰黑色，育肥猪体躯侧视形似萝卜。猪肉：味香浓、多汁，口感细嫩	江口县现辖行政区域	2014年9月2日 2014年第96号

表 6-2 农业农村部农产品地理标志

序号	产品名称	申请人	产品编号	划定的地域保护范围	批准公告
1	铜仁珍珠花生	铜仁市农业技术推广站	AGI01712	铜仁10县（区）	2015年7月22日农业部公告第2277号
2	石阡苔茶	石阡县茶业协会	AGI01644	石阡县18个乡镇	2015年2月10日农业部公告第2231号
3	梵净山茶	铜仁市茶叶行业协会	AGI01979	铜仁市7个县（区）	2016年12月2日农业部公告第2468号
4	沿河白山羊	沿河土家族自治县畜牧兽医局	AGI02150	沿河土家族自治县22个乡镇（街道）	2017年9月12日农业部公告第2578号
5	郭家湾贡米	玉屏侗族自治县农业技术推广站	AGI02581	玉屏侗族自治县	2019年2月20日农业农村部公告第126号
6	安龙红谷	安龙县农业技术推广站	AGI02582	安龙县13个乡镇（街道）	2019年2月20日农业农村部公告第126号
7	思南黄牛	思南县畜牧技术推广站	AGI02584	思南县28个乡镇（办事处）	2019年2月20日农业农村部公告第126号
8	印江绿壳鸡蛋	印江土家族苗族自治县兽药饲料监察站	AGI02760	印江土家族苗族自治县17个乡镇（街道）	2020年1月9日农业农村部公告第213号
9	德江复兴猪	德江县畜牧业发展中心	AGI02761	德江县10个乡镇	2020年1月9日农业农村部公告第213号
10	白水贡米	碧江区滑石乡农业服务中心	AGI03050	铜仁市碧江区1个乡镇	2020年7月6日农业农村部公告第290号
11	金竹贡米	沿河土家族自治县农业技术推广中心	AGI03053	沿河土家族自治县。	2020年7月6日农业农村部公告第290号

B.6 铜仁市地理标志产业发展报告

续表

序号	产品名称	申请人	产品编号	划定的地域保护范围	批准公告
12	石阡香柚	石阡县经济作物站	AGI03255	石阡县10个乡镇（街道）	2020年10月14日中华人民共和国农产品地理标志登记公示〔2020〕第2号
13	石阡土鸡	石阡县畜牧产业发展中心	AGI03414	石阡县19个乡镇（街道）	2021年4月6日中华人民共和国农产品地理标志登记公告〔2021〕第1号

表6-3 原国家工商总局渠道地理标志证明商标

序号	商标名称	商品/服务列表	注册人	注册号	专用期限
1	梵净山翠峰茶	茶	铜仁市茶叶行业协会	9571612	2022-07-21—2032-07-20
2	印江苕粉	地瓜粉	印江土家族苗族自治县红薯粉协会	14579913	2015-09-14—2025-09-13
3	思南黄牛	牛	思南县畜牧技术推广站	8279699	2020-11-21—2030-11-20
4	石阡矿泉水	矿泉水；纯净水；水	石阡县地热矿泉水协会	15930617	2017-10-21—2027-10-20
5	石阡苔茶	茶	石阡县茶业协会	7921997	2021-03-21—2031-03-20
6	江口萝卜猪	猪肉	江口县畜牧技术推广站	11000224 11000225	2013-06-07—2023-06-06
7	玉屏黄桃	桃	玉屏侗族自治县皇桃种植协会	22350273	2018-02-14—2028-02-13
8	玉屏箫笛	箫；笛	玉屏侗族自治县箫笛行业协会	6296476	2018-10-07—2028-10-06
9	德江天麻	天麻	德江县天麻行业协会	8490578	2021-02-14—2031-02-13

续表

序号	商标名称	商品/服务列表	注册人	注册号	专用期限
10	沿河沙子空心李	李子	沿河土家族自治县经济作物工作站	12087191	2014-07-28—2024-07-27
11	沿河山羊	山羊	沿河土家族自治县畜牧产业发展办公室	12087192	2013-11-07—2023-11-06
12	松桃苗绣	刺绣品（绣花饰品）	松桃苗族自治县松桃苗绣协会	13644803	2015-07-21—2025-07-20
13	思南晏茶	茶	思南县茶桑局	23890216	2018-10-28—2028-10-27
14	江口萝卜猪	活猪	江口县畜牧技术推广站	11000225	2013-06-07—2023-06-06

表6-4 铜仁市地理标志产品数量统计

地理标志类别	农产品地理标志	地理标志证明商标	地理标志保护产品
申请部门	农业农村部渠道	原国家工商总局渠道	原国家质检总局+国家知识产权局渠道
获批产品	铜仁珍珠花生、石阡苔茶、梵净山茶、沿河白山羊、郭家湾贡米、安龙红谷、思南黄牛、印江绿壳鸡蛋、德江复兴猪、白水贡米、金竹贡米、石阡香柚、石阡土鸡	印江苕粉、思南黄牛、思南晏茶、石阡矿泉水、石阡苔茶、江口萝卜猪（猪）、江口萝卜猪（猪肉）、玉屏黄桃、玉屏箫笛、德江天麻、沿河沙子空心李、沿河山羊、松桃苗绣、梵净山翠峰茶	梵净山翠峰茶、德江天麻、铜仁红薯粉丝、石阡苔茶、沙子空心李、玉屏茶油和江口萝卜猪
小计	13件	14件	7件
总计	34件（其中6件获多重保护）		

在铜仁市的34个地理标志产品中，通过原国家质检总局+国家知识产权局渠道获地理标志产品保护的数量占总数的20.6%，地理标志证明商标的数量占总数的41.2%，农产品地理标志的数量占总数的38.2%。

（二）铜仁市2017—2022新增地理标志产品

2017年至2022年，铜仁市新增地理标志产品13个，主要以农产品地理标志保护为主。其中通过原国家工商总局渠道批准保护的产品3个，为石阡矿泉水、思南晏茶、玉屏黄桃。经农业农村部渠道登记的农产品地理标志有10件，分别是：沿河白山羊、郭家湾贡米、安龙红谷、思南黄牛、印江绿壳鸡蛋、德江复兴猪、白水贡米、金竹贡米、石阡香柚、石阡土鸡，见表6-5。

表6-5 2017—2022年铜仁市新增地理标志产品

序号	产品名称	申请时间	申报主体	批准号
1	石阡矿泉水	2014年12月15日	石阡县地热矿泉水协会	2017年第1572号公告
2	思南晏茶	2017年05月02日	思南县茶桑局	2018年第1621号公告
3	玉屏黄桃	2016年12月22日	玉屏侗族自治县皇桃种植协会	2017年第1587号公告
4	沿河白山羊	2017年6月26日	沿河土家族自治县畜牧兽医局	2019年第126号公告
5	郭家湾贡米	2019年1月17日	玉屏侗族自治县农业技术推广站	2019年第126号公告
6	安龙红谷	2019年	安龙县农业技术推广站	2019年第126号公告
7	思南黄牛	2019年1月17日	思南县畜牧技术推广站	2019年第126号公告
8	印江绿壳鸡蛋	2019年9月4日	印江土家族苗族自治县兽药饲料监察站	2020年第213号公告
9	德江复兴猪	2019年9月4日	德江县畜牧业发展中心	2020年第213号公告
10	白水贡米	2020年4月30日	铜仁市碧江区滑石乡农业服务中心	2020年第290号公告
11	金竹贡米	2020年4月30日	沿河土家族自治县农业技术推广中心	2020年第290号公告
12	石阡香柚	2020年12月25日	石阡县经济作物站	中华人民共和国农产品地理标志登记公告〔2020〕第2号
13	石阡土鸡	2021年6月4日	石阡县畜牧产业发展中心	中华人民共和国农产品地理标志登记公告〔2021〕第1号

二、地理标志产业发展

（一）重点地理标志产业发展

1. 重点地理标志产品产业发展

（1）德江天麻

自 2007 年原国家质检总局对德江天麻实施地理标志产品保护以来，德江县政府将其列为"五大扶贫产业"之首，制定了天麻产业发展规划。2020 年以来，德江县已达到年产鲜天麻 1550 吨，天麻综合产值达 3.25 亿元，天麻产业发展基础不断夯实。如今，德江天麻产业链齐全，县内企业具备从天麻种质资源保护、"两菌一种"生产、初加工、精深加工以及销售的全产业链发展能力，县内有专业从事天麻加工的企业 8 家，分别有国家级龙头企业 1 家、省级龙头企业 3 家、市级龙头企业 2 家、县级龙头企业 2 家，天麻种植专业合作社 43 个，有规模菌种场 2 个，天麻育种企业 6 家，全自动天麻加工生产线 4 条，有 6 家企业已建成天麻食品生产线 6 条。

（2）江口萝卜猪

江口萝卜猪具有体型矮小、耐粗饲、抗逆性强等特点。萝卜猪肉因皮薄骨细，肉质细嫩，肉味鲜美，其育肥后体躯丰圆，形似萝卜，其肉口感清爽，有吃肉像吃素之说，故而得名。2013 年，经原国家工商总局商标局认定，"江口萝卜猪"荣获中国国家地理标志证明商标。2014 年 9 月 2 日，原国家质检总局批准对"江口萝卜猪"实施地理标志产品保护。2012 年 1 月 7 日，江口县主办的江口梵净山萝卜猪铜仁推介会在铜仁市锦江广场举行。随着萝卜猪推介会的成功举行，萝卜猪的知名度与日俱增，市场前景看好，村民们开始大规模养殖萝卜猪，大大小小的萝卜猪养殖场相继建设起来，萝卜猪产业化发展快速推进。江口萝卜猪的发展历经数百年，是梵净山区域自然生态与人文历史良好结合的家畜养殖品质。

B.6 铜仁市地理标志产业发展报告

（3）沙子空心李

沙子空心李栽培历史悠久，果肉脆嫩，清香浓甜，具有"清热解毒，健脾开胃，养颜益寿"之功效，乃李果中的佳品。先后被认定为国家地理标志保护产品、无公害农产品、全国果菜百强地理标志品牌、中国优质李等。2015年，"沙子空心李"通过中国农产品区域公用品牌价值评估，课题组评估品牌价值为4.46亿元。

2016年7月16日，中国果品流通协会授予沿河土家族自治县"中国空心李之乡"荣誉称号。截至2020年，沿河土家族自治县沙子空心李种植面积达9.28万亩，投产果园超过5万亩，预计产量5万吨，产业覆盖11个乡镇（街道）189个村19.6万人，涉及贫困人口9.4万人，组建有46家专业合作社。

（4）石阡苔茶

2022年，石阡苔茶种植面积达43.8万亩，投产茶园在33万亩以上，生产量在3.25万吨，产值在33亿元以上。自2007年以来，茶园面积快速扩大，良种化率达95%以上水平，石阡苔茶品种占60%，茶业产销形势逐年好转，茶农生产积极性不断提高，涌现出贵州苔茶集团有限公司、夷州贡茶有限公司、祥华生态茶业发展有限公司等一批农业产业化龙头企业，全县茶叶加工企业达到130余家，茶叶专业合作社43家，其中省级龙头企业6家，市级龙头企业17家，涉茶人口达到15万，全行业出现了持续快速发展的大好局面。

（5）思南黄牛

2016年，思南县存栏思南黄牛8.6万头，能繁母牛存栏量5.6万头。2018年，思南县肉牛存栏9.97万头，年出栏2.94万头，产值达6.3亿元。思南县共有肉产品加工企业5家，年可加工肉类1万余吨。近年来，思南许家坝镇将肉牛产业作为促农增收的重要产业，依托龙头企业和肉牛养殖户，采取"龙头企业+合作社+基地+农户"的组织方式，不断优化产业结构，因地制宜探索出"政府政策引导、农户广泛参与、母牛高效繁育、科学良法饲养"的"牛路子"，通过标准化、科学化、规模化养殖，大幅度提升"牛"效益。2020年12月，思南县引进了贵州黄牛产业集团，县农投公司与贵州黄牛产业集团共同成立思南 SPV 公司，让思南的黄牛养殖户有了更好的保障。

(6) 松桃苗绣

松桃苗绣是典型的非物质文化遗产地理标志产品，产业发展潜力大，适宜旅游文化产品开发。多年来，松桃苗绣在国内外参展无数，已经有了良好的口碑。2008 年 12 月，松桃苗族自治县成立贵州省松桃梵净山苗族文化旅游产品开发有限公司，以传承和弘扬苗族优秀文化，解决民族地区妇女就业，带动当地群众脱贫致富。现如今，该公司主要产品有苗绣、雅意土布、苗族服装、工艺美术包、织锦、银饰、印染、雕刻、编织等。2021 年 5 月 24 日，松桃苗绣被国务院公布进入第五批国家级非物质文化遗产代表性项目名录。

(7) 铜仁红薯粉丝

2008—2013 年，铜仁市红薯加工生产线、年生产能力、纯收益等不断增加。引进了红薯淀粉加工、红薯粉丝（粉皮、粉条）2 条全自动化加工生产线，并对生产油炸薯片传统加工工序中的切片、浸泡装笼、油炸等工艺进行了改造，由全手工转变为半手工。2013 年，铜仁红薯粉丝产品销售收入达 1.9967 亿元，净利润达 3007.3 万元。红薯加工生产线共 25 条，年生产能力达 56.98 万吨，加工主产品产值达 5.8665 亿元，副产品（鲜薯渣）产值有 3545 万元，加工纯收益达 2.9865 亿元，加工总经济效益为 1.8287 亿元。2014 年，铜仁市红薯种植面积 79.5 万亩左右，总产鲜薯 95 万吨左右，仅次于水稻和玉米，是铜仁市第三大粮食作物。

(8) 铜仁珍珠花生

2014 年，铜仁珍珠花生种植面积约 30 万亩，年总产量在 3 万吨以上。自铜仁市提出大力打造"梵净山珍健康养生"系列品牌产品后，碧江区委区政府引进杭州雪子投资控股集团公司，投资 3.2 亿元做强做大铜仁珍珠花生产业。杭州雪子投资控股集团公司进入碧江后，迅速成立贵州"桃李春风"花生食品饮料股份有限公司，并在灯塔街道马岩村租地自种花生 400 亩，聘请专业团队攻克珍珠花生产量低、隔年间作等难题。自 2016 年 6 月开始，截至 2021 年，贵州"桃李春风"花生食品饮料股份有限公司已投资 1.45 亿元，建成年产 1.5 万吨休闲食品的加工生产线 5 条、包装生产线 8 条，公司以珍珠花生为主的 200 多个系列休闲食品见诸市面。现如今，铜仁珍珠花生在四川、湖北、贵州、湖南、广东、广西壮族自治区等地均有销售。

（9）玉屏茶油

截至 2017 年，玉屏侗族自治县油茶种植面积已达 20.2 万亩，有 6 家油茶产业公司，可带动 3000 余户贫困户脱贫致富，年出产茶油达 800 吨，按照 120 元/公斤的市场价计算，年产值达 9600 万元。2018 年国家林草局油茶工程中心设立"西南山地油茶创新利用中心"，2018 年成立"玉屏侗族自治县油茶行业协会"，贵州黔玉油茶开发有限公司当选为会长单位，并建设"西南国际茶花园"。2020 年，玉屏县油茶面积由 2006 年的 12 万亩增加到现在的 22 万亩，涉及全县农业人口 7.8 万人，其中涉及贫困户 3425 户 11268 人，农民人均拥有油茶林面积 2.82 亩。2019 年油茶投产总面积 15.4 万亩，油茶产鲜果 1.6 万吨，产油茶籽 4000 吨，折合产茶油 1000 吨，油茶产值达 2 亿元。

（10）梵净山翠峰茶

早在 2010 年时，梵净山翠峰茶已经成为贵州省的茶叶主产县，有绿茶基地 21 万亩，其中投产茶园 8.5 万余亩，获有机认证茶园 2000 亩，无公害认证茶园 44800 亩。梵净山翠峰茶主产于铜仁市印江土家族苗族自治县，全县种茶农户 3.8 万余户，生产加工企业有 35 家，其中省级龙头企业有 2 家，地级龙头企业有 4 家，获食品安全生产许可 QS 认证有 4 家，具有出口经营权有 2 家，获 ISO9000 品质体系认证有 1 家，GAP 认证有 1 家；建茶叶交易市场 1 个、茶青交易市场 17 个；5 万吨茶叶精制加工厂建设全面启动；2011 年全县茶叶总产量 2500 余吨，产值达到 3.3 余亿元。2014 年全市产茶叶产量达 4.35 万吨，产值 35.72 亿元。据调查，截至 2022 年，印江全县已形成"五带三园"产业布局，茶园遍布全县 17 个乡镇，投产茶园达 21.47 万亩，有茶叶加工企业 265 家，其中有基地和加工厂的有 176 家，小作坊有 89 家。

2. 重点地理标志产品质量管理

为有效促进地理标志产品保护与农产品地理标志保护，为更好地发挥地理标志在地区经济发展中的作用，铜仁市相关部门通过多举措推动地理标志产业发展，加强对地理标志保护产品的监管力度。一是维护市场秩序，查处假冒伪劣产品，对地理标志保护产品进行监督检查，规范地理标志保护产品生产者、经营者的范围，以提供一个公平有序的市场环境。2021年，铜仁市出台十五项措施保驾护航知识产权，其中有严格执行商标权、专利权、著作权保护、地理标志保护及创造运用等方面的政策措施，强化重点产业、新兴产业知识产权保护，深入推进专利代理行业监管"蓝天"专项行动，严厉打击知识产权侵权和专利、商标、地理标志产品侵权假冒和违法代理等行为，建立健全跨部门、跨区域知识产权执法沟通联动机制。二是对获证主体加大技术服务力度，指导协助获证主体完善各项生产技术规范和质量规范体系，引导认证主体制定相关地方标准，以确保生产过程的规范化、标准化。2021年，铜仁市市场监督局批准发布DB5206/T 130—2021《地理标志产品　德江天麻》、DB5206/T 131—2021《梵净山　古茶树保护管理技术规范》、DB5206/T 132—2021《梵净山　古茶树红茶加工技术规程》3项地方标准。

3. 重点地理标志产业品牌培育与发展

品牌可以提升企业的声誉、增加商品价格、增加融资能力、减少消费者选择成本、增加消费者的忠诚度等，是企业等市场主体的核心竞争力之一。从品牌的重要性而言，农业产品和企业的发展需要培育农业品牌。因此，于地方政府而言，对地理标志产品进行品牌化培育与发展势在必行。

（1）德江天麻

此前，德江天麻依靠的是"口口相传，线下交易"的销售模式。随着农村电商的发展，德江天麻企业利用线上线下相结合的模式，不断增添新业态，拓宽市场空间。在初期，德江天麻相关企业在京东商城上开通了线上销售渠道，订单量逐渐增加，同时基本实现了深圳线下门店的全面覆盖。2021年，随着网络直播带货形式的兴起，省文旅厅派驻沙溪乡大寨村驻村书记刘杰通过关注量20余万的抖音账号"古村28渡"宣传推介德江天麻，对宣传推介天麻起到了非常好的引流效果，广大网友纷纷私信或者通过其他平台采购天麻系列产品。抖音等短视频新媒体的兴起，为德江天麻的宣传发展提供了新动能。就"古村28渡"的运营团队丁浪和他的贵州安村文旅传媒有限公司来说，除了运营"古村28渡"，专门记录驻村书记、乡村振兴题材外，"古村乐乐"等抖音号也在丁浪及其团队的运营下在贵州乃至全国都具有较高的

B.6 铜仁市地理标志产业发展报告

知名度，特别是"古村乐乐"的关注量达到了180多万，其主播为德江天麻等特色农产品带货销售额达500多万元。

（2）江口萝卜猪

此前，江口萝卜猪由于经济效益不高，其养殖数量与养殖规模大幅度降低，萝卜猪濒临灭绝。为有效扭转这一趋势，2012年，江口县委、县政府在铜仁市锦江广场举办江口梵净山萝卜猪推荐会，广大市民纷纷前往品尝由萝卜猪做成的粉蒸肉、小炒肉、黄焖肉、夹心肉等各式美食，口感细腻、清爽的萝卜猪获得广大市民的喜爱。随着萝卜猪推介会的成功举行，萝卜猪的知名度与日俱增，市场前景看好，江口县开始大规模养殖萝卜猪，大大小小的萝卜猪养殖场相继建设起来，萝卜猪产业化发展快速推进。电商平台的发展，拓宽了江口萝卜猪的销售渠道，为有效促进农产品的销售，铜仁市着力打造了"梵净山珍·健康养生"市级公共品牌，将江口萝卜猪纳入农产品的线上销售，大大提高了江口萝卜猪的市场份额。

（3）思南黄牛

为补齐乡村信息短板，思南县深入推进农业信息服务建设，打造扎根于农村基层的电商及信息综合服务体"益农信息社"，开展"卖、买、推、缴、代、取"六项服务，为农民提供产前、产中、产后信息指导。2021年，思南县已完成476个益农社站点注册工作，建成230个益农社站点，站点挂牌工作有序开展。思南县在乡村振兴过程中紧紧盯住"产业发展、产业扶贫"的长远目标，持续推进"电商扶贫+农商联动"示范项目建设，打造"思农惠商城""黔盛优选"等电商平台。同时，积极引导帮助企业、合作社对产品进行网货化升级，帮助其在淘宝、拼多多等电商平台开设网店，促进地方特色产品外销。其中，"黔盛优选"平台打造了思南花甜粑、思南黄牛、思南红薯粉、思南晏茶等组合产品并"引流上线"，累计上架产品100余种，销售额约500万元。

（4）石阡苔茶

为有效拓宽苔茶的销售渠道，石阡县采用线上线下相结合的形式推动石阡苔茶的品牌建设工作。为进一步加深苔茶的品牌培育与建设，石阡县成立了石阡苔茶销售公司，由其负责经销批发的贵州绿茶、礼品茶、绿色有机茶、石阡苔茶畅销消费者市场，在消费者当中享有较高的地位。同时该公司与多家零售商和代理商建立了长期稳定的合作关系，确保了苔茶的稳定销售渠道。近年来，石阡县加大石阡苔茶文化挖掘宣传打造，石阡苔茶逐渐博得了消费者的认可。为满足不同消费者的消费需求，石阡县各茶叶生产者对各档次茶叶产品进行精致包装，在提升石阡苔茶产品颜值的同时提高了其知名度。

（5）铜仁珍珠花生

近年来，随着抖音等短视频的兴起，直播带货已成为诸多企业和地区推广产品的主要渠道。为有效提升铜仁珍珠花生的知名度，铜仁珍珠花生的原产地沿河土家族自治县同样采用了抖音直播带货的形式进行珍珠花生的品牌建设。2020年5月，沿河土家族自治县副书记和贵州省副省长与多位网红主播一起，在抖音直播间积极宣传铜仁珍珠花生及相关产业，引来了两万人次的在线观看。通过此次抖音的宣传推广，铜仁珍珠花生的成交额达87.6万元。与此同时，为加大对铜仁珍珠花生的品牌建设力度，铜仁市于2021年制作了铜仁珍珠花生的宣传片，在腾讯视频等相关播放软件上均可播放。

（6）沙子空心李

在构建空心李产业传统营销的同时，沿河土家族自治县还积极打造电商营销平台，开启了山货进城的新时代。2022年，沿河农村电商服务中心已正式上线运营，全县建立经营空心李的电商企业6家、物流快递公司8家、农村淘宝店57家，每年有近1.5万吨的沙子空心李通过电商物流销往全国30多个地区。同时，沿河土家族自治县抢抓春赏花、夏摘果的有利时机，以花为媒、以节会友，连续成功举办了多届李花节和多届采果节，将土家族文化、歌舞、美食与沙子空心李产业融为一体。同时，为了打造沙子空心李品牌，扩大其知名度，沿河土家族自治县质量技术监督局展开了大量的走访调查和实物检测等工作，并协同相关单位制定了沙子空心李企业执行标准和沙子空心李质量技术要求，为沙子空心李的产业化生产创造了条件。

（7）铜仁红薯粉丝

在宣传方面，铜仁市搭建"农超对接""农校对接""农社对接"等渠道，在思南县城和贵阳等地开设5家食品体验店，与省内永辉超市、华联超市等大型商场达成供货协议；采用兼职联络员的方式在105家高校募集127

B.6 铜仁市地理标志产业发展报告

名本地在读高校联络员进行高校特供；利用"黔货出山"、淘宝、懒猫 e 商城、微信等平台进行"线上"销售，每天网络销售量达到 200 件以上，红薯粉系列产品日销量在 2500 公斤以上。在提升市场占有率方面，铜仁红薯粉丝针对职场人士、学生、普通群众等省内外不同年龄段不同饮食习惯的消费群体，开发袋装和桶装红薯粉、酸辣粉等不同口味的产品，满足不同消费者的需求，扩大消费群体覆盖面。

（8）玉屏茶油

玉屏茶油除线下销售外，还通过线上社区群等方式，举办多场线上年货节活动，并利用"贵州电子商务云""贵农网""农特安"等电商销售平台，为玉屏茶油等农特产品找到了一条销售"快车道"。现如今，玉屏茶油除在玉屏地区销售外，还销往北京、东莞、南京、贵阳等地。

（9）梵净山翠峰茶

梵净山翠峰茶主产于铜仁市印江土家族苗族自治县。近年来，印江土家族苗族自治县大力实施"梵净山翠峰茶"品牌建设战略。首先，印江土家族苗族自治县制定了农村居民增收行动致富计划，在 2021 年，明确了 17 名副县级领导干部联系乡镇指导茶产业发展，确立了 39 个试点村，通过以试点的形式辐射带动茶产业的整体推进。印江土家族苗族自治县在大力扩大茶树种植面积的同时，加快茶叶基地的建设。针对茶叶品牌多、乱、杂的现象，印江土家族苗族自治县确立了以梵净山翠峰茶为主导品牌，带动其他品牌共同发展的品牌发展战略。全面进行茶叶资源整合，实行统一标准、统一品牌、统一包装、统一宣传、打捆推介、抱团出山的品牌发展战略。同时，为有效提升梵净山翠峰茶的知名度，铜仁市与印江土家族苗族自治县在不同城市举办发布会与品鉴会。如 2021 年，在东莞市召开了"2021 梵净山抹茶大会"新闻发布会；印江土家族苗族自治县在甘肃兰州举办"2021 梵净山茶和春茶品鉴推介会"。

（10）松桃苗绣

电商的兴起，为松桃苗绣走向世界提供了良好的契机，借助于电商平台，现如今，松桃苗绣已远销我国港澳台等地区以及欧美、日本、东南亚等国家和地区。由于松桃苗族自治县是苗族聚居地，故在日常的交流中多以苗语为主要交流语言，大部分农村妇女无法使用普通话进行日常的交流，为苗绣的宣传推广带来梗阻。因此，松桃苗族自治县实施"双培"项目，主要采取"线下培训＋线上培训""普通话培训＋民族语言""普通话培训＋农村实用技能培训""普通话培训＋移风易俗宣传教育""普通话培训＋民族文化传承发展""理论学习＋实践操作"相结合的方式进行，以促进苗绣的宣传推广。

4. 重点地理标志产业强链

由于地理标志大多属于农产品，随着现代化农业的不断推进，一、二、三产业融合发展已成为地理标志产业发展的趋势所在。以沿河沙子空心李为例，依托沙子空心李现代高效农业园区建设，沿河土家族自治县先后投资6.7亿元打造"天赐仙李·悠然南山"旅游景区，将土家族文化、歌舞、美食与沙子空心李产业融为一体，有效促进了农旅融合和一、三产业的一体化发展。随着旅游景区的发展，其辐射带动了周边农家乐、酒楼、餐饮等服务业的蓬勃发展。沙子空心李与旅游业的融合发展，为沿河土家族自治县实现了综合旅游收入8000多万元。

（二）地理标志综合社会效益

1. 产业效益

地理标志产业化的生产创造了诸多产业效益，一方面带动了产品产量产值的增加，另一方面促进了农民收入的增加和地区企业的发展。

（1）产量产值增长

沿河沙子空心李产业发展借助电商和物流平台，规模逐年壮大。如今空心李种植遍布沙子街道、中界镇等11个乡镇（街道）189个建制村（社区），栽种面积达9.28万亩，投产果园5万多亩，成为带动当地村民持续增收致富的特色农业支柱产业之一。在玉屏茶油获批为地理标志产品后，玉屏县油茶面积由2006年的12万亩增加到2021年的22万亩，涉及全县农业人口7.8万人，农民人均拥有油茶林面积2.82亩。2019年油茶投产总面积15.4万亩，油茶产鲜果1.6万吨，产油茶籽4000吨，折合产茶油1000吨，油茶产值达2亿元。2019年，铜仁市实现投产茶园面积128万亩，实现茶叶总产量11.21万吨、茶叶总产值108.9亿元，全市新建高标准茶园18.2万亩，建成茶叶专

B.6 铜仁市地理标志产业发展报告

用基地31万亩、建设欧标茶12.1万亩、推广"白叶一号"等优良茶树品种3.07万亩。

(2) 农民增收

2020年，思南县以"公司+村集体+贫困户""保底分红+效益分红"的利益联结方式，在当地建起能繁母牛养殖场。覆盖林家寨村、邓家寨村、双联村、竹园村等村349户1460人，每年按投入项目财政资金总额的5%保底分红并逐年递增。随着石阡苔茶产业规模发展的不断扩大，石阡的茶企业数量不断增加，相应的就业岗位也在不断增加，以贵州祥华生态茶业有限公司为例，其员工每月工资可达4000余元，有效增加了农民收入。早在2014年之际，新华村茶农茶叶生产户均创收突破10000元，通过季节性采茶创收的"万元户"有近50户。随着石阡苔茶的经济效益凸显，石阡县新华村于2006年大规模种植苔茶，截至2021年，全村298户群众规模化、标准化种植苔茶3000多亩。贵州佳里佳公司的成立，带动了红薯粉丝全产业链的发展，农户以土地流转、入股分红等形式参与到红薯粉丝的生产加工过程中，农户户均增收5000元以上。2020年，玉屏油茶投产15.4万亩，产油茶鲜果1.6万吨，油茶产值达2亿元，油茶产业成为7万多农民的致富新业，农民人均增收1000余元。

(3) 带动企业发展

以德江天麻为例，2022年，德江天麻产业链齐全，县内企业具备从天麻种质资源保护、"两菌一种"生产、初加工、精深加工以及销售的全产业链发展能力，县内有专业从事天麻加工的企业8家，分别有国家级龙头企业1家、省级龙头企业3家、市级龙头企业2家、县级龙头企业2家，有天麻种植专业合作社43个、规模化菌种场2个、天麻育种企业6家、全自动天麻加工生产线4条，有6家企业已建成天麻食品生产线6条。开发有"天麻酸枣仁咀嚼片"、天麻面条、天麻饮料、天麻酒等11款天麻产品，其中，贵州德江洋山河生物科技有限公司潜心研发的"天麻酸枣仁咀嚼片"获国家保健品批文，是目前全市唯一的国家保健品批文；该公司与德江天德天麻公司、绿通公司、武陵天麻合作社均获得药食同源试点。

2. 扶贫效益

地理标志作为与"三农"联系密切的知识产权，在帮助贫困地区村民脱贫工作中发挥了不可磨灭的作用。在地理标志产品的产业发展中，地方政府多采用"企业＋合作社＋基地＋农户"的发展模式，从而有效地实现了地理标志产品带动贫户脱贫的目标。到 2021 年为止，铜仁市通过地理标志产品的产业化发展，带领了大批贫困人员走上了脱贫致富的道路。德江县通过天麻产业的发展，其综合产业达到 3 亿元以上，成功带动了 1.1 万人的有效脱贫。随着沙子空心李产业规模的不断扩大，沙子空心李产业覆盖 11 个乡镇（街道）189 个村 19.6 万人，涉及贫困人口 9.4 万人，有效推动了贫困人员的脱贫致富的发展进程。思南县三道水乡周寨村以"龙头企业＋合作社＋基地＋能人大户＋农户"的模式成立红薯专业合作社，依托贵州佳里佳农业发展公司红薯粉丝生产的全产业链发展带动村中人民种植红薯，村中贫困人员可通过土地流转增收、入股分红增收、红薯种植增收、基地务工增收四种渠道实现收入增加。其中，土地流转增收以每年 200 元/亩流转给红薯粉丝加工厂；公司按每年 5%~8% 的标准分红，且以每吨 1000 元的收购价收购农户手中的红薯。此外，公司还为当地群众提供了 136 个工作岗位（其中贫困户 56 人，残疾人 8 人），并以每月 3000 元以上的标准发放工资。

3. 生态效益

铜仁市的地理标志大部分为农产品类，这些产品的原材料在种植的过程中，大大地改善了日益严重的石漠化环境。通过对产地环境保护和质量标准控制，使保护范围内生态环境保持良性循环。而且在地方标准中，通过对化肥和农药的严格控制，有效地提高了化肥和农药的使用率，减少了水源和空气的污染，在增加经济收益的同时对环境进行了有效的保护。农户严格按照地方标准进行种植，一方面有效节约了成本，另一方面大大减轻了土地污染，减少了农作物的农药残留量。同时，通过地理标志产品的宣传及产品知名度的提高，农户的生态保护意识也随之提高，在种植农作物或畜牧业上减少了环境污染，具有明显的生态效益。

4. 旅游文化价值

铜仁市沿河土家族自治县沙子南庄村位于沿河沙子空心李示范园区的核

B.6 铜仁市地理标志产业发展报告

心区。近年来，南庄村依托特色资源和生态环境优势，围绕以"李"兴"旅"，以"旅"促"李"的思路，使观光农业与生态旅游融合发展，打造乡村旅游景区。南庄村围绕"抓产业促旅游"的发展思路，合力打造"天赐仙李，悠然南庄"的旅游名片，狠抓基础设施建设，不断推进产业结构调整，大力发展空心李和乡村旅游两大产业，取得了显著的成效。在沿河土家族自治县政府的不断推动下，沙子空心李规模不断扩大，景区从原来零星种植的100多亩增加到规模成片的4万余亩，实现了生态与产业融合、环境与景观配套的发展模式，景观所在区域原生态保持完整，农耕文化、田园风貌、民俗文化得到传承展示，环境优美、场面宏大、景色迷人、特色明显，观赏时间相对固定。沿河土家族自治县通过连续举办李花节和摘李节，开展系列活动并邀请省内知名媒体，国内知名作家、画家、摄影家及旅游企业对景区进行宣传营销，沙子空心李和南庄村旅游景区知名度和影响力不断提升，得到了国内外游客的广泛赞誉和认可。2018年沿河沙子南庄村进入国家4A级旅游景区名单。

5. 乡村振兴

地理标志依据当地特色农业资源禀赋、自然生态环境、历史人文因素和传统生产工艺等优势，打造专业化地理标志农业品牌，有效推动农产品生产的专业化，增强当地农产品竞争优势。地理标志农产品是农业生产的标杆，具有很强的凝聚效应。基于优越的农业资源禀赋、专业化分工协作和便利化交易的地理标志农产品为农业产业集群化发展提供了物质平台，也是农业产业集群化发展的纽带，进而实现了乡村的产业振兴。近年来，铜仁市思南县采取规模适度、生产集约等原则，把家庭牧场作为畜牧业高质量发展的重要组织形式和助推乡村振兴的重要抓手，2021年年末，全县累计发展家庭牧场343个，家庭牧场年均收入18.6万元，人均收入4.85万元。松桃苗绣的发展，为乡村振兴战略的本地化实施提供了行动方案。自2013年以来，松桃苗绣传承人石丽平积极参与"一企扶一村"计划，与当地村寨结成帮扶对子，采用"公司+基地+农户"的形式，实行"计件为主+效益+产品提成"的薪酬模式，有效带动了地区的经济发展。在石丽平的带动下，松桃苗绣从指尖技艺转化为指尖经济，进而转化为乡村振兴的指尖力量。

附录：铜仁市重点地理标志资源名录

序号	产品名称	品质特点	产业发展	人文因素	环境因素	在先权
1	玉屏板栗	果大皮薄、肉质细腻、味道甜美、营养丰富	板栗种植面积有3.5万亩，板栗年总产量达160万公斤	《铜仁地区志·林业志》有记载	生长于海拔高600~800米的山地中	无
2	铜仁雪枣	色泽雪白、味道香甜、泡松酥脆	深受当地人民喜爱	《1985贵州年鉴》中有相关记载	亚热带季风湿润气候	无
3	沿河古树茶	条索紧结、白毫显露、香气清高、入口回甘	有茶叶经营主体78家，出口认证企业4家	《茶经》《续黔书》《明实录》《清实录》等均有相关记载	土壤深厚肥沃，土质通透性好，有效土层疏松	无
4	姚溪贡茶	香气自然，汤色微青，味淳厚优雅，入口回甜、齿间生风	现有茶园面积近2万亩。宜茶区规划茶园面积20万亩	《铜仁地区地志》《沿河土家族自治县》有记载	气候温暖湿润，水热同期，光温同步	有
5	石阡苦丁茶	回味甘甜，回味悠长；消暑止渴	十万亩野生苦丁茶资源保护区	《铜仁地区通志》中有相关记载	气候温和，土壤肥沃	无
6	泉都碧龙茶	滋味甘醇，汤色嫩绿明亮	在中国农业科学院茶叶研究所专家指导下，挖掘传统工艺	《贵州年鉴1999》《贵州年鉴2000》中有相关记载	日照充足，雨量丰沛，无霜期长	无
7	松桃绿茶	色泽翠绿、白毫显露，营养丰富，滋味鲜爽，清香持久	茶园面积6.2万亩，投产茶园面积2.87万亩，丰产面积26000余亩	《铜仁地区志》《松桃苗族自治县志1986—2006》中有相关记载	土壤富含有机质，地下富含硒等微量元素	无
8	松桃桐油	干燥快，比重轻，光泽度高，附着力强，耐酸耐碱	油桐林126855余亩，实现了与旅游业的融合发展	《松桃苗族自治县志》《铜仁地区志·商务志》有相关记载	亚热带湿润季风气候区，冬无严寒，夏无酷暑	无
9	思南花甜粑	软糯可口，味微甜	主要销往省内各县市和省外的昆明、重庆等地	《思南县志(1978—2010)》中有相关记载	热带季风湿润气候，春夏较长，夏热冬暖	无

B.6 铜仁市地理标志产业发展报告

续表

序号	产品名称	品质特点	产业发展	人文因素	环境因素	在先权
10	思南酱瓜	其色棕褐，质地清脆，细嫩爽口，咸甜适度	产品销往川、鄂、湘等省	拥有六百多年的历史，最早可追溯到明朝	中亚热带季风湿润气候，春夏较长，冬秋较短	无
11	思南绿豆粉	口感醇厚，绵香悠悠	以民间作坊和电商平台形式进行销售	《思南县志》中有相关记载	春夏较长，冬秋较短，夏热冬暖	无
12	沿河蜂蜜	内含葡萄糖、果糖含量在75%以上	蜂蜜年产量2万斤以上	《贵州年鉴1990》《元和郡县志》有记载	森林覆盖率达80%，生物多样性良好	无
13	石阡豆腐乳	口味纯正，入口即化，回味悠长	在省内小有名气，线上线下均有销售	《铜仁地区志文化新闻出版志》有记载	日照充足，气候温和，雨量丰沛	无
14	江口米豆腐	嫩黄鲜亮，晶莹剔透，酸香麻辣，滑软可口	省内外有名土特产，线上线下均有销售	《江口县志1986—2005》有记载	四季分明，无霜期长，雨量充沛，水热同期	有
15	江口豆腐干	香韧可口，营养丰富	黔东南土特产代表	《江口县志》《1985贵州年鉴》《铜仁地区通志》有记载	四季分明，无霜期长，雨量充沛，水热同期	有
16	沿河藤器	结构紧密，色泽鲜艳，透气良好，冬暖夏凉，触感舒适	产品拥有藤帽、藤盘、藤萝等60多种系列产品	历史悠久，《铜仁地区通志》有记载	四面环山，雨水充沛，适合青藤、山竹之生长	无
17	铜仁社饭	脂光泽润，色泽晶莹透明，油而不腻	流行于铜仁地区	《铜仁地区志文化新闻出版志》有记载	亚热带季风湿润气候，四季分明	无
18	铜仁锅巴粉	易熟，口感融实，入口有淡的清香味	在贵州省内地区有名气	《铜仁市志（1997—2011）》中有相关记载	亚热带季风湿润气候，四季分明	无

续表

序号	产品名称	品质特点	产业发展	人文因素	环境因素	在先权
19	印江酸芋荷	色泽天然纯红、清香爽脆、口感细腻，酸爽开胃	印江最具代表的土特产之一	《铜仁地区通志》《铜仁地区志文化新闻出版志》有记载	冬无严寒，夏无酷暑	无
20	思南松花皮蛋	入口清凉，略含碱味，蛋白透明	在贵州省内有名气	《思南县志（1979—2010）》《铜仁地区通志》有记载	春夏较长，冬秋较短，夏热冬暖	无
21	玉屏甜酒	滋味浓甜，酒质醇香	深受玉屏县人民喜爱	《铜仁地区志档案志》《铜仁地区通志》有记载	冬无严寒，夏无酷暑	无
22	石阡皮蛋	透明有松花纹，蛋黄深绿色。蛋白凝固有弹性	产品热销东南亚一些国家和地区，我国港、澳、台等地区	历史悠久，《石阡县志》有记载	由独特的泉都矿泉水泡制	无
23	石阡红心李	果皮光滑，呈翠绿泛红色，肉质细脆	贵州省著名的特色水果	《铜仁地区通志》中有相关记载	气候温和，雨量丰沛，暖湿共节	无
24	玉屏无核糯柿	软绵带糯，清甜可口，果肉细嫩，清甜化渣	柿子种植面积7515亩	悠久栽种历史《玉屏侗族自治县志》有记载	多样的土壤类型，中亚热带红壤地带	无
25	铜仁葛根粉丝	绿色自然、气味清香、口味纯正	在贵州省内有名气	—	四季分明，雨水充沛，光照充足	无
26	盘信豆腐	色泽雪白、肉质细嫩、味道鲜美	深受当地人民喜爱	《松桃苗族自治县志》中有相关记载	春温秋爽，四季分明，气候宜人，雨量充沛	无
27	铜仁糍粑	食味软绵，糯不粘牙，馨香舒适可口	在贵州省小有名气，线上线下均有销售	《铜仁市志》有记载	亚热带季风湿润气候，四季分明	无
28	松桃卤鸭	色泽金黄，皮酥肉嫩味鲜	享誉黔、湘、鄂、渝三省一市	《松桃苗族自治县志》有记载	冬季气温低，光照弱，春夏气温高	无

B.7
六盘水市地理标志产业发展报告

罗 华*

摘　要： 六盘水市地处贵州西部乌蒙山区，气候凉爽、舒适，被中国气象学会授予"中国凉都"称号。截至2022年7月，六盘水市共有35件地理标志产品（有3件产品属于多渠道重叠保护），其中经原国家质检总局＋国家知识产权局渠道批准的地理标志产品有23件，经原国家工商总局渠道批准的地理标志证明商标有2件，经农业农村部渠道登记的农产品地理标志有10件。进入中欧地理标志互认保护清单的有2件。

关键词： 六盘水市　地理标志　产业发展

一、六盘水市地理标志基础概况

（一）六盘水市地理标志产品保护概况

经农业农村部登记的农产品地理标志有10件。分别是：盘县核桃、水城猕猴桃、牛场辣椒、保田生姜、六枝月亮河鸭蛋、六盘水乌蒙凤鸡、水城核桃、六枝毛坡大蒜、盘州小米、保田薏仁，见表7-1。经原国家质检总局＋国家知识产权局渠道批准的地理标志产品有23件。分别为：盘县火腿、水城猕猴桃、岩脚面、盘县刺梨果脯、四格乌洋芋、水城春茶、水城小黄姜、落

---

* 罗华，盘州市市场监督管理局助理工程师，研究方向：食品安全与标准化。

别樱桃、六枝龙胆草、六盘水苦荞茶、六盘水苦荞米、水城黑山羊、盘州红米、保基茶叶、妥乐白果、钟山葡萄、岱瓮杨梅、九层山茶、郎岱猕猴桃、六枝魔芋、水城红香蒜、老厂竹根水、比德大米，见表 7-2。经原国家工商总局渠道批准的地理标志证明商标有 2 件，分别为：盘县火腿、郎岱酱，见表 7-3。其中有 2 件产品获得多个部门的重叠保护，盘县火腿获地理标志产品保护和地理标志证明商标的双重保护，水城猕猴桃获国家地理标志产品和农产品地理标志两个部门同时保护。进入中欧地理标志互认保护清单的有 2 件（盘县火腿，水城猕猴桃），见表 7-4。

表 7-1　农业农村部渠道农产品地理标志

序号	产品名称	申请人	登记证书编号	产地保护范围	批准公告
1	盘县核桃	盘县康之源核桃种植农民专业合作社	AGI00862	37 个乡镇。地理坐标为北纬 25°19′36″~26°17′36″，东经 104°17′46″~104°57′46″。保护面积 21 万亩，年产量 3000 吨	2012 年 5 月 2 日农业部公告第 1762 号
2	水城猕猴桃	水城县东部农业产业园区管理委员会	AGI01168	18 个乡镇。地理坐标为东经 104°33′00″~105°15′00″，北纬 26°03′00″~26°31′00″	2013 年 4 月 25 日农业部公告第 1925 号
3	牛场辣椒	六枝特区经济作物站	AGI01488	牛场乡兴隆村等 19 个村。地理坐标为东经 105°13′~105°19′，北纬 26°27′~26°31′，牛场辣椒种植面积 4 万亩，年产量 60 万公斤	2014 年 7 月 28 日农业部公告第 2136 号
4	保田生姜	盘县农业局经济作物管理站	AGI01983	10 个乡镇所辖行政区域。地理坐标为东经 104°39′~104°49′，北纬 25°20′~25°28′	2016 年 11 月 2 日农业部公告第 2468 号
5	六枝月亮河鸭蛋	六枝特区月亮河种植养殖专业协会	AGI01988	六枝特区 10 个建制村。地理坐标为东经 105°21′~105°27′，北纬 26°5′20″~27°10′。区域养殖面积 110 平方千米，年养殖蛋鸭 3 万余羽，年产鸭蛋达 500 万余枚	2016 年 11 月 2 日农业部公告第 2468 号

B.7 六盘水市地理标志产业发展报告

续表

序号	产品名称	申请人	登记证书编号	产地保护范围	批准公告
6	六盘水乌蒙凤鸡	六盘水市畜牧技术推广站	AGI02434	11个乡镇。核心保护区域钟山区保华镇、水城县红岩乡、玉舍镇。地理坐标为北纬25°19′44″~26°55′33″、东经104°18′20″~105°42′50″	2018年7月3日农业农村部公告第40号
7	水城核桃	水城县农业产业化服务中心	AGI02742	25个乡镇（街道）164个建制村（居、社区）。地理坐标为东经104°34′19″~105°15′42″，北纬26°02′44″~26°55′06″	2019年9月4日农业农村部公告第213号
8	六枝毛坡大蒜	六枝特区蔬菜站	AGI02749	六枝特区大用镇8个建制村（社区）。地理坐标为东经105°52′~105°59′，北纬26°17′~26°21′	2019年9月4日农业农村部公告第213号
9	盘州小米	盘州市农业技术推广站	AGI02751	27个乡镇（街道）506个建制村。地理坐标为东经104°17′~104°58′，北纬25°19′~26°18′	2019年9月4日农业农村部公告第213号
10	保田薏仁	盘州市农业技术推广站	AGI02752	27个乡镇（街道）506个建制村。地理坐标为东经104°17′~104°58′，北纬25°19′~26°18′	2019年9月4日农业农村部公告第213号

表7-2　原国家质检总局+国家知识产权局渠道地理标志保护产品

序号	产品名称	品质特点	保护范围	批准公告
1	盘县火腿	整腿外形形似琵琶或柳叶。肉面棕黄色，肌肉暗红色，脂肪切面白色或淡黄色，质地柔软，肉面无裂缝，皮肉不离，脂肪细嫩。鲜咸适口，香而回甜	盘县32个乡镇	2012年9月13日 2012年第135号
2	水城猕猴桃	果肉细嫩、口感香甜清爽、酸度低。抗坏血酸含量≥160毫克/100克，单果重≥85克，采时可溶性固性物含量≥6.2%，可滴定酸含量≤1.4%	水城县15个乡镇	2014年9月2日 2014年第96号
3	岩脚面	"香、滑、弹、脆"，具麦香味，色泽均匀。蛋白质≥9.5%，脂肪≥1.5%	六枝特区19个乡镇	2013年12月10日 2013年第167号
4	盘县刺梨果脯	颜色呈深黄色，质地软硬适中，不黏手，不"流糖"，维生素C≥100mg/100克；水分≤28.0%	盘县22个乡镇	2014年9月2日 2014年第96号
5	四格乌洋芋	表皮为乌紫色，内呈深紫色或浅紫交替转心样，入口滑糯而不干。花青素≥2.5毫克/克；淀粉≥10.0%	盘县19个乡镇	2014年9月2日 2014年第96号
6	水城春茶	扁形茶色泽绿翠；汤色嫩绿明亮；滋味鲜爽，嫩香持久。卷曲形茶色泽灰绿光润；汤色黄绿明亮；栗香高长，滋味醇厚。水浸出物≥38.0%	水城县21个乡镇现辖行政区域	2015年4月7日 2015年第44号
7	水城小黄姜	感官特色：姜块表皮淡黄，辣味浓香。理化指标：6-姜辣素≥0.10%	水城县7个乡镇现辖行政区域	2015年4月7日 2015年第44号

B.7 六盘水市地理标志产业发展报告

续表

序号	产品名称	品质特点	保护范围	批准公告
8	落别樱桃	感官特色：色泽红艳、亮丽、通透，着色全面，果肉细嫩、皮薄肉厚多汁、酸甜爽口。理化指标：可溶性固形物≥15.0%，总酸（可滴定酸）≤0.7%	六枝特区现辖行政区域	2015年8月10日 2015年第96号
9	六枝龙胆草	易折断，断面略平坦，呈点状环列；气微，味甚苦。理化指标：龙胆苦苷≥3.0%，总灰分≤6.0%	六枝特区现辖行政区域	2015年8月10日 2015年第96号
10	六盘水苦荞茶	感官特色：①原味茶：汤色黄至深棕色，麦香浓烈，夹带焦香；②风味茶：汤色黄至深棕色，麦香浓烈，略带茶香。理化指标：原味茶总黄酮（以芦丁计）≥1.0%，水分≤6.0%；风味茶总黄酮（以芦丁计）≥1.8%，水分≤6.0%	贵州省六盘水市六枝特区、盘县、水城县、钟山区共4个县（区、市）现辖行政区域	2014年12月1日 2014年第129号
11	六盘水苦荞米	感官特色：不规则颗粒状，大小均匀，淡黄色至黄绿色，麦清味浓郁，微苦。理化指标：总黄酮（以芦丁计）≥1.0%；纤维素≥3.5%，水分≤12.0%	贵州省六盘水市六枝特区、盘县、水城县、钟山区共4个县（区、市）现辖行政区域	2014年12月1日 2014年第129号
12	水城黑山羊	活体羊：被毛黑色，体质结实，结构匀称。公羊30~45千克，母羊25~30千克。羊肉：肉细而紧密，有弹性，肉质鲜嫩，膻味轻。肌肉粗蛋白含量≥22.0%，粗脂肪含量≤5.5%，干物质≥28%	六盘水市现辖行政区域	2016年2月1日 2016年第9号
13	盘州红米	蒸熟时谷香味浓郁，米饭不粘不渣。口感绵软稍带粗糙感，冷后不回生，有弹性。直链淀粉含量≤15.0%；蛋白质≥6.0%；胶稠度≥80.0毫米；碱消值7	盘县8个乡镇	2016年7月4日 2016年第63号

续表

序号	产品名称	品质特点	保护范围	批准公告
14	保基茶叶	扁形茶嫩香持久；卷曲形茶香气清香，浓郁；风味独特、栗香高长，滋味鲜醇。水分≤8.0%，总灰分≤6.5%，水浸出物≥38.0%，茶多酚≥18.0%，粗纤维≤8.0%	盘县22个乡镇	2016年7月4日 2016年第63号
15	妥乐白果	果仁呈翠绿色，煮熟后香味浓郁，口感质地细腻，糯性好。出仁率≥86%，可溶性糖（采摘一个月后）≥0.8%，蛋白质≥3.3%，淀粉≥32.0%	盘县7个乡镇（街道）	2016年11月8日 2016年第112号
16	钟山葡萄	果肉细嫩软滑，汁多，酸甜适口，果香味浓。雨水红还原糖（以葡萄糖计）≥10.0%，总酸（以柠檬酸计）≤0.80%，可溶性固形物≥16.0%；巨峰还原糖（以葡萄糖计）≥10.5%，总酸（以柠檬酸计）≤0.70%，可溶性固形物≥16.0%	钟山区18个乡镇（街道）	2017年12月20日 2017年第108号
17	岱瓮杨梅	果肉质地细嫩，酸甜适口，风味浓郁。单果重≥9.0克，可溶性固形物≥10.0%，可食率≥85.0%，还原糖（以葡萄糖计）≥2.0%，总酸（以柠檬酸计）≤1.5%	六枝特区现辖行政区域	2017年12月20日 2017年第108号
18	九层山茶	扁形茶滋味鲜爽，嫩香持久；卷曲形茶香高持久，滋味醇厚。理化指标：水分≤7.0%；总灰分≤6.5%；水浸出物≥38.0%；茶多酚≥13.0%；粗纤维≤14.0%	六枝特区现辖行政区域	2017年12月20日 2017年第108号

B.7 六盘水市地理标志产业发展报告

续表

序号	产品名称	品质特点	保护范围	批准公告
19	郎岱猕猴桃	红阳果，果肉黄绿色，肉质细嫩，味甜多汁，香气浓。东红果，肉质细嫩，味甜多汁，香气浓	六枝特区现辖行政区域	2018.03.15 2018年第33号
20	六枝魔芋	鲜芋：皮薄，肉质呈乳白色，微泛红，质地脆嫩细腻。干粉：颗粒均匀，呈白色或微黄色。理化指标：鲜芋：葡甘露聚糖≥5.0%，蛋白质≥0.8%。干粉：葡甘露聚糖≥55%，黏度≥6500毫帕·秒，水分≤13%，灰分≤6.0%	六枝特区现辖行政区域	2018年3月15日 2018年第33号
21	水城红香蒜	蒜肉呈乳白色，辛香味浓郁，肉质细腻、脆嫩，蒜瓣6~9瓣，坚实饱满。大蒜素≥750毫克/千克，蛋白质≥5%，水分≤70%	水城县25个乡（镇）	2020年12月8日 2020年第390号
22	老厂竹根水	透亮，无色，入口清爽甘甜。理化指标：色度≤3.0°，总硬度（以$CaCO_3$计）≤75毫克/升，pH值6.5~8.0，锶（Sr）≥0.01毫克/升	盘州市竹海镇	2021年8月20日 2021年第444号
23	比德大米	稻香味浓，蒸后质地软糯有韧性，柔软可口有黏性。直链淀粉14.0%~20.0%，胶稠度≥60毫米，垩白度≤6.0%，蛋白质含量≥6.0%，水分≤15.5%	水城区比德镇大寨村和水库村	2021年11月15日 2021年第459号

表7-3 原国家工商总局渠道地理标志证明商标

序号	商标名称	商品/服务列表	注册人	注册号	专用期限
1	盘县火腿	猪	盘州市畜牧兽医协会	27564186	2020-03-28— 2030-03-27
2	郎岱酱	调味品	六枝特区郎岱酱业协会	10215607	2022-03-28— 2032-03-27

表7-4 六盘水市地理标志产品数量统计

申请部门	原国家质检总局+国家知识产权局渠道	原国家工商总局渠道	农业农村部渠道
获批产品	盘县火腿、水城猕猴桃、岩脚面、盘县刺梨果脯、四格乌洋芋、水城春茶、水城小黄姜、落别樱桃、六枝龙胆草、六盘水苦荞茶、六盘水苦荞米、水城黑山羊、盘州红米、保基茶叶、妥乐白果、钟山葡萄、岱瓮杨梅、九层山茶、郎岱猕猴桃、六枝魔芋、水城红香蒜、老厂竹根水、比德大米	盘县火腿、郎岱酱	盘县核桃、水城猕猴桃、牛场辣椒、保田生姜、六枝月亮河鸭蛋、六盘水乌蒙凤鸡、水城核桃、六枝毛坡大蒜、盘州小米、保田薏仁
小计	23件	2件	10件
总计	35件（3件产品获双重保护）		

在六盘水市35个地理标志产品中，通过原国家质检总局+国家知识产权局渠道获地理标志产品保护的数量约占总数的65.71%，地理标志证明商标的数量占总数的5.72%，农产品地理标志的数量占总数的28.57%。

（二）六盘水市2017—2022年新增地理标志产品

2017年至2022年，六盘水市新增地理标志产品14个，其中新增地理标志证明商标1个，为盘县火腿。通过原国家质检总局+国家知识产权局渠道批准保护的产品8个，为钟山葡萄、岱瓮杨梅、九层山茶、郎岱猕猴桃、六枝魔芋、水城红香蒜、老厂竹根水、比德大米。经农业农村部渠道登记的农产品地理标志有5件，分别是：六盘水乌蒙凤鸡、水城核桃、六枝毛坡大蒜、盘州小米、保田薏仁，见表7-5。

表7-5 2017年—2022年六盘水市新增地理标志产品

序号	产品名称	申报主体	批准时间	批准号
1	钟山葡萄	六盘水市人民政府	2017年12月20日	2017年第108号
2	岱瓮杨梅	六枝特区人民政府	2017年12月20日	2017年第108号
3	九层山茶	六枝特区人民政府	2017年12月20日	2017年第108号
4	郎岱猕猴桃	六枝特区人民政府	2018年3月23日	2018年第33号
5	六枝魔芋	六枝特区人民政府	2018年3月23日	2018年第33号

续表

序号	产品名称	申报主体	批准时间	批准号
6	六盘水乌蒙凤鸡	六盘水市畜牧技术推广站	2018年7月3日	农业农村部公告第40号
7	水城核桃	水城县农业产业化服务中心	2019年9月4日	农业农村部公告第213号
8	六枝毛坡大蒜	六枝特区蔬菜站	2019年9月4日	农业农村部公告第213号
9	盘州小米	盘州市农业推广站	2019年9月4日	农业农村部公告第213号
10	保田薏仁	盘州市农业推广站	2019年9月4日	农业农村部公告第213号
11	盘县火腿	盘州市畜牧兽医协会	2020年3月28日	证明商标无批准文号（注册公告期号1689号）
12	水城红香蒜	水城区人民政府	2020年12月8日	2020年第390号
13	老厂竹根水	盘州市人民政府	2021年8月20日	2021年第444号
14	比德大米	水城区人民政府	2021年11月15日	2021年第459号

二、地理标志产业发展

近年来，工业城市六盘水"立足农业、跳出农业抓农业结构调整"，念好"山字经"、种好"摇钱树"、舞活"产业链"，把山地特色农业产业培育成新的经济增长点，探索走出了一条生态、高效、富民的喀斯特山区农业发展新路子。

重点地理标志产业发展概况如下。

1. 盘县火腿

2017年6月"盘县火腿"荣获"生态原产地保护产品"。党的十九大以来，盘州市围绕把"盘县火腿"产业做大做强、带动更多群众增收致富的目标，成立"盘县火腿"产业发展工作领导小组，扎实推进养殖、屠宰、加工、销售等全产业链发展，截至2020年，有杨老奶、恒泰、旺火炉等生产企业11家、作坊20余家。2017年，"盘县火腿"总产量约2042余吨；2018年，"盘县火腿"加工规模达到6105余吨；2019年，由于受"非洲猪瘟"的严重影响,"盘县火腿"加工规模增速放缓,全年生产规模6700余吨(67万只),销售额1.2亿元;2020年,受"非洲猪瘟"及"新冠病毒感染疫情"的双重影响,全年生产规模回落到6100余吨,但火腿销售价格上涨,全年销售额有3.44亿元。在产品推介方面,坚持线上线下相结合,开设集销售、体验、展示于一体的实体专卖店,在旅游景点、大型超市、集贸市场作为特色产品店进行集中铺货,盘县火腿官方旗舰店、盘·致旗舰店、盘致火腿分别上线天猫商城、京东商城等线上商城,销售范围覆盖全国各地。

2. 水城猕猴桃

近年来,水城区立足资源禀赋和产业基础,从2000年开始逐步发展猕猴桃产业,种植规模不断扩大,采取"企业+村集体+基地+农户"运作模式,创新实践"入股保底金+固定分红+务工工资+管理地块30%股权"的主体融合共营模式。2020年水城猕猴桃种植面积已达11.2万亩,产量2.25万吨,产值可达8亿元。2021年全区挂果面积6.5万亩,鲜果产量3.05万吨,产值达9亿元。当地已建成3个年处理量达1000吨以上的冷链物流中心,同时建成了占地50亩的生态食品加工园,配备了年加工万吨猕猴桃的精深加工中心,年产果酒5000吨,生产饮料、果脯、果酱、休闲食品及生物萃取、美容产品等2000吨。

3. 水城春茶

水城区结合辖区内茶叶"早""古""优"等特点,以转型升级、提质增效为主线,按照"提档、增产、全利用"思路,全力推进茶产业发展。2018年,水城区共有茶叶种植面积8万余亩,新增茶叶可采摘面积1万亩,投产茶叶面积达到了6.5万亩;2021年水城区茶园面积10.02万亩,其中可采摘面积8.07万亩,实现产值18.6亿元,核心产区主要分布在龙场乡、顺场乡、新街乡、杨梅乡等11个乡镇35个建制村。水城区打造了"水城春"等一批知名品牌,成为"中国凉都·康养水城"的亮丽名片,建成1万亩茶叶"万元田",平均亩产值达10320元,打造北盘江河谷早春茶产业带,已有茶园8.6万亩,经营企业38家,覆盖农户12391户。此外,水城春茶还以土地入股分红或付租金等方式让利于民,组建一村一社产业扶贫帮扶机制带动群众实现产业增收致富。

B.7 六盘水市地理标志产业发展报告

4. 盘县刺梨果脯

盘县刺梨果脯产业作为地方优势特色产业，为产业经济发展提供有力支撑。2021年，盘州市已建成刺梨产业基地54.15万亩，涉及20家企业、249家合作社，从事刺梨系列产品加工企业4家，刺梨加工能力达40万吨，投资建设规划项目用地783.6亩的农产品加工物流园，集中药材加工、油脂加工、肉类加工、冷链物流、电子商务、大数据中心、配套服务等功能于一体，并以农业合作社及家庭农场为主体新建成了13514立方米冷库，产品实现从仓储保鲜、分选包装到冷链运输一体化；在刺梨产品深度研发上，以国家级标准打造刺梨研发中心，开展刺梨新品种开发、高产栽培和食用、保健、护肤、药用等刺梨产品深度研发，已有5款产品上市销售，形成"刺梨王"和"天刺力"两大品牌，盘州刺梨获批国家级出口食品农产品质量安全示范区称号，盘县刺梨果脯还在多家电商平台开设旗舰店或直营店，线上网销经营主体达80余家，同时在永辉、大润发等大型超市上架产品，通过订单农业模式，刺梨产品已销售到云南、广西、广东等省，借助"中国—东盟国际产能合作妥乐论坛"平台，与泰国、马来西亚等东盟国家达成刺梨产品销售协议，发展前景十分广阔。

5. 岩脚面

经过近几年的发展，岩脚面已建立有机黑麦基地300亩、绿色小麦基地1030亩。岩脚牌石磨面通过绿色食品认证，黑麦产品通过有机认证，被列入全省第六批地理标志产品产业化促进工程，2021年，岩脚面已具备1.5万吨的年产能，并配套建设了水碾和纯手工土碱生产线。同时，当地还沿着廻龙溪畔建成了岩脚面博园、岩脚面体验馆、贵州第一个面博物馆等岩脚石磨面旅游项目，打造农旅一体化发展旅游观光产业，促进多元产业融合发展。此外，通过与高校合作，岩脚面将集聚贵州特色的黑麦、苦荞、薏仁、玉米等粗粮与传统岩脚石磨有机结合，实现了口感香、弹、劲、脆又健康的黑麦石磨面、苦荞石磨面、薏仁石磨面等健康挂面，不断推陈出新，岩脚石磨面逐渐走出岩脚，走进千家万户，得到市场的认可。

6. 牛场辣椒

牛场乡得天独厚的气候条件和肥沃透气的土壤，使色泽鲜艳、个大肉厚、香味可口、营养丰富的牛场辣椒蜚声六枝,成了千家万户的"抢手货",受到了人们的青睐。六枝特区内有3家合作社种植牛场辣椒,2家公司加工牛场辣椒,2021年种植辣椒3000亩以上,产干辣椒60余万斤。牛场辣椒产业及产品是六枝特区的一大支柱产业和特色产品。当地充分发挥辣椒种植专业合作社作用,由合作社专门配备了技术人员从品种选择、育苗、移栽、施肥等各个种植环节进行跟踪技术指导,并联系客商销售。实现了产前、产中统一技术服务,产后统一销售的生产链,不断做大做强了辣椒产业。为了增加群众务工收入,当地还采取公司+村集体经济+农户的模式,流转土地1000余亩种植猕猴桃,公司在猕猴桃的成长期里采取以短养长、长短结合的种植方式,在猕猴桃基地套种辣椒等,实现亩产1500公斤,通过流转土地、吸纳务工、利润分成带动农户282户1054人增收。

7. 水城黑山羊

水城黑山羊毛色光滑,肉质细嫩。肉质肌纤维细,硬度小,富含蛋白质,脂肪含量低,寒冬食羊肉可暖胃,老幼皆宜,是冬季的补益佳品。2011年,水城区存栏黑山羊只有10.3万只,产品供不应求,到2020年水城区共有羊存栏11.32万只,其中能繁母羊3.31万只,拥有扩繁场1个,适度规模养殖场267个,肉羊适度规模家庭牧场75个,黑山羊养殖产业已成为推进扶贫产业开发、决战脱贫攻坚的重要扶贫支柱产业。当地饲草饲料资源丰富,具有比较优良的水城黑山羊品种资源和羊群基础,水城区采取了"黑山羊草畜一体化项目",集科、农、工、商于一体,突出科技对特色产业发展的重要作用,提升产业的科技含量,并与生态文明建设和乡村振兴战略相融合,不断延伸产业链,全力构建资源利用高效、生态环境友好、产品供给安全、产业布局合理的畜牧业发展新格局,推动当地经济快速持续发展。

8. 水城小黄姜

水城小黄姜是六盘水市特色经济作物之一,种植范围广。随着生活水平的提高,人们对保健食品的需求量逐渐增加,为生姜产业提供了较为广阔的发展空间。为进一步推进水城区山地特色现代高效农业产业发展,水城区通过"以短养长的方式"巩固主导产业,增加农民收入,提升生姜产业化水平。结合当地实际,围绕实施"决战三年、摆脱贫困"和"绿色贵州三年行动计划"，水城区接连制定了生姜产业基地建设方案，按照"产业生态化、生态产业化"的要求，进一步优化水城区农业产业结构，现主要有"山明"牌姜茶和"姜太公"牌老姜汤及富硒"无硫干姜片"三类精深加工产品，当地还投资建设贵州六盘水市水城区小黄姜科技文化产业园项目，项目总规划面积 31733 平方米，总建筑面积 14717.45 平方米，为"守底线、走新路、奔小康"提供有力的产业支撑。

9. 妥乐白果

从 20 世纪 90 年代开始，六盘水市将发展银杏旅游业和妥乐白果产业作为振兴山区经济及扶贫开发的重点项目来抓。特别是通过珠江流域防护林、退耕还林、扶贫开发、流域治理、银杏基地建设等重点项目的实施，丰富了盘州市银杏资源。盘州市银杏栽培面积 2.25 万亩以上，分布在全市 37 个乡镇，有 1.5 万亩以上银杏结果，年产白果 750 吨以上。同时，2002 年以来，盘州市将银杏树大量用于城市绿化，在其主要城区的绿化工程中均以银杏作为主要绿化树种，为城市绿化增添了一道亮丽的风景线。为了提高妥乐白果生产的技术水平，加速银杏基地建设，市林业局引进了银杏优良品种，从中筛选出了适合本地种植发展的品种，并从当地实生银杏中选出了优良单株，建立了良种采穗圃和示范园，同时在刘官、保基等乡镇营建了银杏丰产示范基地，为全市银杏良种化奠定了良好的基础。

10. 盘县核桃

盘县核桃种植开始于 20 世纪 90 年代，主要集中在滑石、保田、新民等乡镇，面积 3 万余亩，年产干果 4500 吨，核桃销售收入已成为本地农户的主要经济来源。盘县核桃的良好发展离不开当地政府的大力支持，2010 年 9 月，贵州省扶贫开发领导办《贵州省核桃产业化扶贫建设规划（2010—2015 年）》，将盘州市列为核桃产业重点发展的地区之一。盘州市委、市政府出台了《关于加快农业产业化发展的意见》，将盘县核桃作为"农业八大重点产业"来抓，核桃产业被正式确立，作为盘州市经济建设的主导产业之一。在精深加工方面，当地还引进了贵州信友实业有限公司核桃乳厂和盘州市贵仁农业科技开发有限公司两家大型制造核桃乳公司，公司在各个乡镇都有核桃基地，以农业为基础，沿着"公司+协会+基地+农户"的路子稳步推进农业产业化经营的发展，荣获多次奖项和荣誉，1999年，贵州信友实业有限公司核桃乳厂被评为全国食品企业科技进步"优秀企业"，2001年、2003年、2005年贵州省农业产业化经营"重点龙头企业"，其"信友"商标被评为2006—2009、2010—2012、2013—2016年度贵州省著名商标。2014年，"信友"品牌核桃乳再次被评为"贵州省名牌产品"；盘州市贵仁农业科技开发有限公司拥有唯妙维C、胜境庄园、胜境小镇等多个品牌，公司占地面积20亩，致力于刺梨、核桃等系列产品的深加工，还投资1.5亿元引进国内外一流生产设备，建成年生产核桃乳3万吨自动化生产线，2022年预计公司产品年销售额将突破1亿元。

三、重点地理标志产品质量管理（标准制定、规范管理等方面情况）

近年来，六盘水市委、市政府高度重视地理标志产品质量管理工作，印发了《六盘水市地理标志产品保护示范区创建工作实施方案（2016—2020年）》的通知，强化地理标志保护产品集聚效应，加强地理标志保护与"资源变资产、资金变股金、农民变股东"有机融合，促进农民增收和农业转型升级，加快地理标志产品保护规范化建设进程，促进地理标志产品保护与经济、社会、贸易、文化、旅游、生态建设协调发展。

1. 强化政策推动

六盘水市委、市政府相继出台《六盘水市加强品牌建设实施方案（2016—2020年）》《六盘水市"三品一标"认证工作实施方案》《六盘水市市级科技专项资金管理办法》等促进创新的政策，编制《六盘水市"十四五"时期地理标志有机产品与农村产业发展农民增收可持续发展研究重点课题》，草拟《关于强化知识产权保护的实施方案（稿）》，对获得地理标志商标、国家地理标志保护产品及农产品地理标志公告的申报主体给予一次性资助15万元/件。"十三五"期间，对六盘水苦荞茶、盘县刺梨果脯、牛场辣椒等获国家公告保护的地理标志产品申报主体资助共135万元，有效激励地

B.7 六盘水市地理标志产业发展报告

理标志产品培育。

2. 推动标准制定

制定和完善地理标志产品相关标准。为了对申报成功的地理标志产品进行全面的规范和管理，盘州市专门组织相关人员对地理标志产品进行全方位研究和检验，编制出能够全面体现地方产品品质和地域特色的产品执行标准，并上升为地方标准或国家标准，使地理标志产品更好地得到保护。例如，盘县火腿在2012年底获批成为地理标志产品后，2013年盘县就投入了大量的人力、物力，对盘县火腿进行研究、检验和数据对比分析，编制了《地理标志产品—盘县火腿》，并向省质监局申报编制省级地方标准《地理标志产品—盘县火腿》的立项，2014年2月1日由贵州省质监局发布并开始实施，真正达到保护地理标志产品的目的，2013—2022年六盘水市地理标志产品标准制定情况见表7-6。

表7-6　2013—2022年六盘水市地理标志产品标准制定情况

序号	产品名称	标准文号
1	地理标志产品 盘县火腿	DB52/T 863—2013
2	地理标志产品 岩脚面	DB52/T 889—2014
3	地理标志产品 水城小黄姜	DB52/T 1075—2016
4	地理标志产品 水城春茶	DB52/T 1076—2016
5	地理标志产品 六盘水苦荞米	DB52/T 1077—2016
6	地理标志产品 六盘水苦荞茶	DB52/T 1078—2016
7	地理标志产品 盘县刺梨果脯	DB52/T 1079—2016
8	地理标志产品 四格乌洋芋	DB52/T 1080—2016
9	地理标志产品 水城黑山羊	DB52/T 1216—2017
10	地理标志产品 落别樱桃	DB52/T 1225—2017
11	地理标志产品 六枝龙胆草	DB52/T 1227—2017
12	地理标志产品 岱瓮杨梅	DB5202/T 011—2019
13	地理标志产品 九层山茶	DB5202/T 012—2019
14	地理标志产品 郎岱猕猴桃	DB5202/T 013—2019
15	地理标志产品 六枝魔芋	DB5202/T 014—2019
16	地理标志产品 保基茶叶	DB5202/T 015—2019

续表

序号	产品名称	标准文号
17	地理标志产品 妥乐白果	DB5202/T 016—2019
18	地理标志产品 保田生姜	DB5202/T 017—2019
19	地理标志产品 盘县核桃	DB5202/T 018—2019
20	地理标志产品 钟山葡萄	DB5202/T 019—2019

截至2022年8月，六盘水市有20个产品制定了地方标准，地理标志产品地方标准制定率达86.96%。

3. 统一规范管理

2017年，六盘水市人民政府办公室印发《六盘水全域生态产品质量可追溯体系建设方案》，力争实现辖区内生态产品100%可追溯的目标，增强六盘水生态产品的综合竞争力，助推示范城市建设。随后又有针对性地出台地理标志产品管理办法，根据地理标志产品管理办法，积极督促使用单位开展示范建设，结合示范项目建设进一步制定出从种植前、种植中、种植后到贮运、加工、检验等环节的一系列标准，使农产品生产全过程纳入标准化种植生产和标准化管理的轨道，形成一整套完善的标准体系，实现农产品从"种植到销售"的全过程控制，构建"种植有标准，产品有标志，质量有检测，市场有监管"的标准化格局，达到经济效益、社会效益、生态效益的有机统一。

四、重点地理标志产业品牌培育与发展

2014年7月，盘州市启动了国家级"四在农家·美丽乡村"建设标准化试点创建工作，又于8月启动国家级创业型城市创建工作。为更好地支持品牌培育壮大，促进产业结构和企业组织结构优化升级，提高盘州市地理标志产品的知名度、市场占有率和市场竞争力，推动盘州市经济跨越发展，六盘水市政府拟定《盘州市加强品牌实施方案》，对当年申报使用专用标志获得批准的企业，一次性奖励1万元。为打造地理标志产品品牌，促进盘州市地理标志产品产业发展，加大地理标志产品宣传力度，市政府利用多形式、多

平台开展宣传工作。例如，建立对外网站，开设产品概况、产业规划、产品展示、厂家介绍等板块，充分展示了地理标志产品的魅力；采取发放画册等方式进行宣传，由相关产业办公室组织人员多次到车站、广场等人员集中的场所发放盘州市农特产品企业名录、产品介绍、年画等宣传资料。同时积极组织地理标志产品企业及农特产品企业参加省、市组织的产品推介会，并由盘州市政府分管领导带队参加，亲自对产品进行推荐和介绍。

1. 注重品牌优化

加强地理标志专用标志使用，截至2021年，全市共有地理标志产品专用标志使用企业46家，使用率达64.52%，仅水城猕猴桃已制定使用地理标志专用标识400万枚。持续提升区域特色品质，"水城春"茶叶获国家"特优"级气候品质认定，盘州市获"国家级出口刺梨食品农产品质量安全示范区"以及农业农村部等部门联合认定的"中国特色农产品优势区"称号，"水城猕猴桃"获"贵州省农产品地理标志示范样板"称号。六盘水市选送的"以猕猴桃产业质量提升助推脱贫攻坚典型案例"入围第三届市场监管领域社会共治优秀案例。六盘水市选送的"地理标志强省建设典型案例"被省市场监管局推荐至国家知识产权局参评。

2. 着力特色挖掘

建立建强水城区猕猴桃产业协会、盘州市火腿产业协会、六枝特区岩脚面产业协会等地理标志产品产业协会，以协会为纽带，从挖掘当地特色产品着手，组织人员对其生产历史、工艺传统、品质特征、人文特点等进行调查论证，在地理标志产品申报使用、种植技术、品牌打造、市场销售等方面形成合力，成功培育国家地理标志保护产品23个、农产品地理标志10个、地理标志证明商标2个，打造了"天刺力""刺力王""弥你红""水城春""盘县火腿"等农产品品牌。其中，"盘县火腿"享誉全国，"凉都弥你红"猕猴桃走出国门，猕猴桃全产业链产业转型升级示范项目打造获国家发改委等五部门通报表扬。

五、重点地理标志产业强链

（一）重点地理标志产业

水城春茶：依靠独特的区位优势，每逢"早春茶"采摘之际，当地都会举办开园仪式，活动内容包括现场采摘、制作、品茗等活动；水城春康养旅游景区还与兴义、安顺等邻近县市的旅行社达成合作，在夏季组织重庆、成都等地的避暑团队前往水城避暑旅行，同步在茶园基地开展茶叶园区采摘体验、白族小镇游览、篝火晚会和户外娱乐等多项活动，尽情感受"中国凉都·康养水城"的夏之清凉。

落别樱桃：当地看准樱桃商机，积极引导群众大力发展樱桃种植，带动乡村旅游发展。每逢落别樱桃成熟季时期，当地就会举办落别樱桃采摘活动，如"浪哨之夜"樱乐汇、贵州大曲杯"樱桃骑迹"山地自行车骑行、"当汉服遇到樱桃"美拍等集民族风情、山地户外运动、温泉康养体验于一体的各项活动。不少自驾游客、旅行社都会组团前来购买樱桃、休闲度假，当地还开发了落别龙井生态温泉、318房车营地等地方供游客游玩。六枝特区落别乡落别村2018年被评为甲级乡村旅游村寨。2021年，入选贵州第三批省级乡村旅游重点村。

盘县火腿：以火腿龙头企业为依托，积极搭建集生猪养殖、生猪屠宰、火腿加工和销售于一体的盘县火腿全产业链，截至2020年，盘州市共有年出栏生猪50头以上的养殖场1519个，生猪存栏81.31万头，已确定22家养殖场为盘县火腿无公害腿源生产场。共有规模化火腿生产企业11家，年生产火腿6000吨。同时，配套建设年屠宰能力100万头的屠宰厂1个，建设年加工火腿30万支的加工厂1座。现在正在衍生出像火腿粽子、火腿油辣椒、火腿糯米鸡等产品，进一步提高盘县火腿的附加值。

郎岱猕猴桃：郎岱猕猴桃主产区之一的郎岱镇凭借得天独厚的气候条件，因地制宜建设园区，发展特色农业，建设万亩坝区种植精品水果、茶叶、水产养殖以及蔬菜种植等，同时，依托牂牁文化和夜郎文化，建设土司府、岱山书院、夜郎百草园、文峰塔等文化景点，以"产业+文化"带动旅游业发展，以旅游业发展推动产业和文化繁荣，形成产业+文化+旅游的新兴旅游格局。2006年郎岱镇被批准为贵州省历史文化名镇，2012年被列为全省30个重点建设的示范小城镇之一，2016年被评为全国首批100个特色小镇。

盘县刺梨果脯：除了生产果脯类食品外，当地还引进刺梨的精深加工企业，建设万吨级鲜果压榨生产线，可生产刺梨、猕猴桃等果蔬原浆、清汁和浓缩汁。鼓励支持企业建设多条加工线，包括无菌冷灌装PET生产线、易拉罐生产线和口服液生产线等，生产NFC果汁饮料、果汁果蔬复配饮料、植物蛋白饮料和酵素饮料等产品，推动盘县刺梨果脯周边产品的延伸，让更多人享受产业发展带来的红利。

（二）地理标志综合社会效益

地理标志产品由于特定的生长环境而具备独有的品质特征，提升了其附加值并产生巨大的经济价值，这已为越来越多的人所认知，正确认识地理标志产品的多元价值并进行充分的开发和利用，有利于保护和发展地理标志产品的综合竞争力，促进其产业化发展，推动产业结构调整，以及加强生态环境保护。

1. 扶贫效益

六盘水市依托当地地域禀赋，将资源优势转化为经济优势正应持续巩固拓展精准脱贫成果的政策所需，地理标志产品市场前景十分广阔。实行地理标志品牌发展战略，对推进贫困地区特别是贫困人口提升自我发展本领，帮助贫困人口就近就业、长期就业，具备较强的现实意义。2020年，盘县火腿采取提供猪苗、饲料、保底回购等措施促进群众就业增收，带动了1.8万户1.9万人参与生猪养殖，人均增收1800元，其中贫困户3200户3840人，人均增收1800元。2019年，水城猕猴桃鲜果产量达2.06万吨，产值5.4亿元，全市猕猴桃产业基地共覆盖14.86万人，其中贫困人口7505户、2.3万人，每年带动就业达100万人次，就业总收入达1亿元以上。2019年，水城春茶生产了110吨干茶，产值1.2亿元，销售量108吨，销售额6840万元，带动农户3400余户12000余人参与到茶叶发展中来，带动400余户1400余人发展致富，人均收入4000元/人。2019年，盘县刺梨果脯，将辐射带动农户15.82万户53.73万人增收，其中贫困群众2.56万户10.49万人，有力地带动了贫困户务工实现增收脱贫。2020年，岩脚面原材料有机小麦种植基地覆盖两个村，17户贫困户，约70位贫困人口，247.95亩的种植面积，每亩每年可为农户至少增收1300元，种植基地与当地的小麦、苦荞、薏仁米、玉米种植合作社，养鸡合作社，农户等合作，惠及约280户贫困户，为每户贫困家庭增收1万元，扶贫捐款约5.2万元，扶贫物资约50万元。

2. 生态效益

六盘水市属于喀斯特地貌，山多地少，发展现代农业产业，关键是立足本地的实际，念好"山字经"、种好"摇钱树"。获得地理标志保护之后，各地积极扩大优势种植农业规模，加快绿色发展。水城猕猴桃、岱瓮杨梅、水城春茶、盘县刺梨果脯等产业发展成为当地生态产业化、产业生态化的有效路径。水城猕猴桃树生长迅速，树叶面积大，单株覆盖面积大，能有效拦截降雨，减少雨滴在地表的飞溅，分散地表径流，减少雨水对土壤的侵蚀。水城猕猴桃树地下根系复杂，大多水平分布，具有固土、改良土壤结构、提高土壤肥力等功能。水城春茶也是凭借水城当地优越的气候条件和自身对土壤环境的低要求，在防止水土流失方面作用显著，而且它的适应能力非常强，在石漠化整治中也是一种值得大力发展的经济作物。岱瓮杨梅树冠和树形有极强的阻截暴雨、减少地表径流以及蓄水能力，其地表径流比草坡地减少11%，树冠下部凋落物平均厚度5.5厘米，每株成年树可保存0.30~0.69立方米的降水量。岱瓮杨梅树适应性强，幼树耐阴，能在水土流失严重、土层瘠薄的砾质壤土与成土母质上生长，在残次松林、母树林和杂灌木丛中造林而无须破坏原有植被，生态效益明显。盘县刺梨果脯的植株单株根系覆盖面积可达3平方米，生态环境治理效果好于乔木植物。从森林覆盖率来看，六盘水市森林面积从2010年以来的550万亩增加到2020年的922万亩，森林覆盖率从37%增加到62%。

3. 旅游文化价值

六盘水市位于贵州省西部，地处川滇黔桂接合部，有"四省立交桥"之

B.7 六盘水市地理标志产业发展报告

称,是贵州西部的综合交通枢纽,具有得天独厚的区位交通优势。水城猕猴桃采取农户用土地、技术入股等分红的方式壮大产业,通过线上领养的方式让顾客认养猕猴桃,并在认领的植株上挂牌,写清认养人的名字等信息,由基地的养护员进行养护,每逢猕猴桃采摘之际,联系认养人亲自采摘,顺势推出餐饮和住宿服务,钟山葡萄、岱瓮杨梅也采取了进园采摘的活动,游客除了能体验采摘果实的乐趣,还可以品尝地道的农家菜,这一沉浸式的体验方式契合了如今都市人向往田园的心理,既让客户体验了采摘的休闲,也增加当地的旅游收入。盘州市发挥夏季气候凉爽、山地资源突出、三线文化丰富等优势,推动文化旅游深度融合,举办"刺力王杯"2020"全景贵州"公路自行车赛,吸引五湖四海的选手到现场参加比赛,进一步提高当地的知名度,为打造全域旅游奠定良好的基础。同时,妥乐白果按照"产业+文化+旅游"模式发展乡村旅游,再加上景区具有优越的自然地理条件,在夏季举行旅游文化周,包括大型灯光艺术节、啤酒音乐节、欢乐美食狂欢节、汉唐风情文化节4个子活动。游客不仅可以观赏古银杏树,还可以体验大型灯光秀。另外,政府大力扶持"妥乐论坛"的举办,举办了第一届"中国—东盟国际产能合作妥乐论坛",利用国际大舞台,与东盟国家形成了广泛的经贸往来与人文交流,在投资、贸易、农业、旅游等方面取得了突出的成就。

附录：六盘水市重点地理标志资源名录

序号	产品名称	品质特点	产业发展	人文因素	环境因素	在先权
1	水城刺梨	果实多为扁圆球形，果皮呈黄色，有密生小肉刺	现有40余万亩刺梨，鲜果总产量1.5万吨	《水城年鉴2019》《产业扶贫一县一业》有相应记载	低纬度、高海拔、多云雾、无污染	无
2	水城酸汤鱼	酸汤风味独特、鲜酸可口；鱼肉新鲜嫩滑，肉质细腻	本地从事相关产业的就有逾500余户经营者	《黔菜传说》《贵州烹饪百科全书》等书籍均有记载	冬无严寒，夏无酷暑，气候温和，雨量充沛	无
3	水城烙锅	香辣爽口，味道奇香，开胃可口，油大不腻	"水城烙锅"名列中国西部特色饮食"西部一绝"，在云贵高原有大量经营户	水城烙锅起源于明末清初，《水城厅志》有记载，《黔菜传说》《贵州风味家常菜》、有记载	冬无严寒，夏无酷暑，气候温和，雨量充沛	有
4	水城羊肉粉	营养丰富、肉质细嫩、味道清香、食味口感好	建立了水城羊肉粉公共品牌，成立了羊肉粉行业协会	《黔菜传说》《中国凉都故事》有记载	冬无严寒，夏无酷暑，气候凉爽、舒适、滋润	有
5	水城姜茶	姜味浓郁，饮之生津，开胃健脾	现有大型姜茶加工企业2家，品牌"山明"姜茶，包装盒（姜茶）专利1项	《水城厅志食货》记载，早在清乾隆年间，水城小黄姜已经存在	冬无严寒，夏无酷暑，春干秋凉，无霜期长，雨量充沛	有
6	凉都峡谷香瓜	品质优良、味甘醇、气味芳香	目前，香瓜种植已达40棚，年产香瓜40余吨	《中国烹饪辞典新版》有相应内容的记载	年均气温14℃，最高气温35℃，无霜、雪期260天	无

B.7 六盘水市地理标志产业发展报告

续表

序号	产品名称	品质特点	产业发展	人文因素	环境因素	在先权
7	水城老姜汤	姜味浓厚，绿色环保，营养丰富	生姜常年种植面积33平方千米左右，涉及21个主产乡镇	《水城厅志·食货》记载，早在乾隆年间就已开始种植	冬无严寒，夏无酷暑，春干秋凉，无霜期长，雨量充沛	有
8	水城精肉渣	香浓美味，爽脆可口，回味无穷	当地在制作饺子时用其替代猪肉。已经成为当地的饮食习惯	水城区发耳布依族传统特色菜肴。至今有五百多年的历史	冬无严寒，夏无酷暑，气候温和，雨量充沛	有
9	水城脆哨面	面条细脆味浓，哨子脆香回甜，汤味鲜美，鲜而不浑	分布在全国各地的经营户达2000户以上	《贵州农家乐菜谱》《贵州风味家常菜》有记载，80年的历史	冬无严寒，夏无酷暑，气候温和，雨量充沛	有
10	苗家八块鸡	鲜香味美，老少皆宜。具有较高的滋补效果	是当地苗族人待客的首选菜品	《贵州少数民族风情》《美食贵州探索集》有记载	高山类型，地势西北高、东南低	无
11	六枝梨	梨肉脆而多汁，甜美爽口，风味芳香优美	规模不大，但亩产值10000元左右，能带动致富	牛场梨栽种时间长，约有500年以上的历史	河谷气候，独特地理环境	无
12	六盘水风猪	肉质细嫩，滋味极鲜，异常适口	当地宴席上一道特色名菜，各大餐馆都会制作	《中国西部开发信息百科贵州卷》有相关记载	冬无严寒，夏无酷暑，气候温和，雨量充沛	无
13	郎岱茭白	肉质肥嫩，纤维少，蛋白质含量高	当地亩产量约5000斤，可产生经济效益60万元左右	《贵州年鉴1999》有相关记载	气候温和、冬无严寒、夏无酷暑、水源充沛	无
14	六盘水马铃薯	个头大、表皮光滑、淀粉含量高、口感脆糯	2022年全市共种植马铃薯超过300万亩	在《六盘水市志·农业志畜牧志》上有相关记载	海拔冷凉气候环境，油砂地土质疏松、光照充足，昼夜温差大	无

续表

序号	产品名称	品质特点	产业发展	人文因素	环境因素	在先权
15	六枝特区毛峰茶	品质优异，风味独特，冲泡茶汤静置24小时不变色、不变味	现有茶叶种植面积4500亩，其中茶叶可采面积高达2000亩	《贵州年鉴1995》《第二批国家级非物质文化遗产名录图典1》有记载	低纬度、高海拔、多云雾、无污染	无
16	六盘水雪梨	果面呈黄白色，果肉乳白色、脆、汁液多，风味浓甜、爽口	钟山区大湾镇海开村梨子种植面积就有2000多亩	《中国烹饪辞典（新版）》上有相关记载	温暖湿润气候区，气候较为特殊，春秋相连	无
17	六枝箐口核桃	个大、皮薄、肉厚、仁满、油脂多	《贵州省核桃产业化扶贫建设规划》将六枝列为核桃重点发展的地区之一	《六枝文化旅游》《产业扶贫一县一业》等书籍上有相应记载	气候温湿多雨，土质以黄棕壤、砂壤土为主，土地肥力较好	无
18	折西杜仲	树皮灰褐色，粗糙，内含橡胶，折断拉开有多数细丝，味甘	主产区为贵州省十个地道药材生产基地县之一，四个医药工业园区之一	《中国·贵州览胜》《产业扶贫一县一业》有记载	气候多样，独特的地理条件和湿润的气候	无
19	盘州苗锦	表面呈人字斜纹、菱形斜纹或复合斜纹，多用小型几何纹样，色彩丰富	苗锦多用作背带芯、裙围等产品，在苗族中很盛行	《袁枚全集新编》《黔苗竹枝词》《黔南丛书》有记载	夏无酷暑，立体气候明显，日照时数1593小时	无
20	盘州火腿油辣椒	鲜活透亮、香辣可口、口感纯正、优雅细腻、香辣突出、回味悠长	现在已经有至少3家大型食品公司在从事盘州火腿油辣椒的制作和销售	《贵州烹饪百科全书》《中国农产品地理标志西南地区篇》《金彩盘县》上有相关记载	立体气候明显，年均气温15.2℃，年均无霜期271天，日照时数1593小时	无

B.7 六盘水市地理标志产业发展报告

续表

序号	产品名称	品质特点	产业发展	人文因素	环境因素	在先权
21	盘州荷叶糯米鸡	清香扑鼻,鲜味四溢,糯米润滑可口,风味独特	2014年被评为"盘县十大名优小吃"	《贵州烹饪百科全书》上有相关记载	生态环境优美,气候凉爽	有
22	盘州天麻	块茎肥厚,肉质长圆形,黄赤色,味甘,性平	乐民镇、刘官街道、竹海镇等几地在从事天麻种植	《黔菜传说》有提及	生于山区,竹林腐殖较厚处	无
23	盘州燃面	弹性不碎,且久煮不粘连,风味浓郁,美味可口	是当地的特色传统小吃,深受当地人和游客喜欢	《六盘水年鉴2009》《丝绸之路辞典》上有相关记载	冬无严寒,夏无酷暑,立体气候明显	无
24	盘州青豆腐	色泽碧绿、口感鲜嫩,清香爽口	当地日常生活中必不可少的美食	青豆腐历史已久,可追溯到洪武年间	立体气候明显	无

B.8
黔西南布依族苗族自治州地理标志产业发展报告

涂娟芝[*]

摘　要：黔西南布依族苗族自治州地处黔、滇、桂三省区的接合部，有"西南屏障"和"滇黔锁钥"之称。截至2022年6月，黔西南布依族苗族自治州共有61件地理标志产品（有10件产品属于多渠道重叠保护），其中经原国家质检总局+国家知识产权局渠道批准的地理标志产品有15件，经原国家工商总局渠道批准的地理标志证明商标有17件，经农业农村部渠道登记的农产品地理标志有29件。进入中欧地理标志互认保护清单的有1件。

关键词：黔西南布依族苗族自治州；地理标志

一、黔西南布依族苗族自治州地理标志基础概况

（一）黔西南布依族苗族自治州地理标志产品保护概况

经农业农村部登记的农产品地理标志有29件。分别为：兴义黄草坝石斛、安龙白及、安龙莲藕、安龙红谷、安龙黄牛、册亨糯米蕉、坡柳娘娘茶、普安红茶、晴隆糯薏仁、晴隆脐橙、晴隆羊、兴义矮脚鸡、兴义芭蕉芋、兴义大红袍、兴义甘蔗、兴义黑山羊、兴义山银花、兴义红皮大蒜、兴义生姜、兴义白杆青菜、兴仁猕猴桃、贞丰四月李、兴仁牛干巴、八步茶、兴仁薏仁

---

[*] 涂娟芝，贵州省地理标志研究中心助理研究员，研究方向：绿色有机、地理标志。

B.8 黔西南布依族苗族自治州地理标志产业发展报告

米、贞丰火龙果、鲁容百香果、望谟芒果、普安盘江乌鸡，见表8-1。经原国家质检总局+国家知识产权局渠道批准的地理标志产品有15件。分别为：顶坛花椒、连环砂仁、兴义饵块粑、晴隆绿茶、兴仁薏仁米、册亨茶油、南盘江黄牛、普安四球茶、普安红茶、七舍茶、安龙白及、安龙石斛、望谟板栗、回龙嘉头、阿藏李子，见表8-2。经原国家工商总局渠道批准的地理标志证明商标有17件，分别为：顶坛花椒、品甸生姜、晴隆绿茶、兴仁薏仁米、安龙金银花、仓更板栗、册亨茶籽油、普安四球茶、普安红茶、晴隆糯薏仁、普安薄壳核桃、普安白及、兴仁无籽刺梨、晴隆脐橙、普安天麻、普安蜜柚、八步茶，见表8-3。顶坛花椒、晴隆绿茶、兴仁薏仁米、普安四球茶、普安红茶获国家地理标志产品保护和地理标志证明商标的双重保护；兴仁薏仁米、普安红茶、晴隆糯薏仁、晴隆脐橙、八步茶获地理标志证明商标和农产品地理标志两个部门同时保护；兴仁薏仁米、普安红茶、安龙白及获国家地理标志产品保护和农产品地理标志两个部门同时保护；兴仁薏仁米、普安红茶获国家地理标志产品保护、地理标志证明商标和农产品地理标志三重保护；进入中欧地理标志互认保护清单的有1件（兴仁薏仁米），见表8-4。

表8-1 农业农村部渠道农产品地理标志

序号	产品名称	申请人	产品编号	产地保护范围	批准公告
1	兴义黄草坝石斛	兴义市农产品质量安全监测站	AGI02149	兴义市所辖30个乡镇（街道）	2017年9月1日 农业部公告第2578号
2	安龙白及	安龙县植保植检站	AGI02431	安龙县9个乡镇	2018年7月3日 农业部公告第40号
3	安龙莲藕	安龙县农业技术推广站	AGI02578	安龙县13个乡镇	2019年1月7日 农业部公告第126号
4	安龙红谷	安龙县农业技术推广站	AGI02582	安龙县10个乡镇	2019年1月7日 农业部公告第126号
5	安龙黄牛	安龙县草地生态畜牧业发展中心	AGI02763	安龙县13个乡镇	2019年9月4日 农业部公告第213号
6	册亨糯米蕉	册亨县经济作物管理站	AGI02743	册亨县10个乡镇	2019年9月4日 农业部公告第213号

续表

序号	产品名称	申请人	产品编号	产地保护范围	批准公告
7	坡柳娘娘茶	贞丰县农业农村局农业技术推广站	AGI02755	贞丰县3个乡镇	2019年9月4日 农业部公告第213号
8	普安红茶	黔西南州茶叶协会	AGI02756	黔西南州9个县（区、市）	2019年9月4日 农业部公告第213号
9	晴隆糯薏仁	晴隆县糯薏仁协会	AGI02754	晴隆县14个乡镇	2019年9月4日 农业部公告第213号
10	晴隆脐橙	晴隆县柑橘场	AGI02741	晴隆县8个乡镇	2019年9月4日 农业部公告第213号
11	晴隆羊	晴隆县草地畜牧中心	AGI02764	晴隆县14个乡镇	2019年9月4日 农业部公告第213号
12	兴义矮脚鸡	兴义市畜禽品种改良技术推广站	AGI02762	兴义市27个乡镇	2019年9月4日 农业部公告第213号
13	兴义芭蕉芋	黔西南州农业技术推广站	AGI02750	黔西南州9个县（区、市）	2019年9月4日 农业部公告第213号
14	兴义大红袍	兴义市果树蔬菜技术推广站	AGI02740	兴义市15个乡镇	2019年9月4日 农业部公告第213号
15	兴义甘蔗	兴义市果树蔬菜技术推广站	AGI03032	兴义市8个乡镇	2020年4月30日 农业部公告第290号
16	兴义黑山羊	兴义市畜禽品种改良技术推广站	AGI03055	兴义市22个乡镇	2020年4月30日 农业部公告第290号
17	兴义山银花	兴义市中药材和茶叶技术推广站	AGI03039	兴义市10个乡镇	2020年4月30日 农业部公告第290号
18	兴义红皮大蒜	兴义市果树蔬菜技术推广站	AGI03036	兴义市22个乡镇（街道）	2020年4月30日 农业部公告第290号
19	兴义生姜	兴义市果树蔬菜技术推广站	AGI03037	兴义市22个乡镇（街道）	2020年4月30日 农业部公告第290号
20	兴义白杆青菜	兴义市果树蔬菜技术推广站	AGI03034	兴义市22个乡镇（街道）	2020年4月30日 农业部公告第290号
21	兴仁猕猴桃	兴仁市农业技术推广中心	AGI03040	兴仁市16个乡镇（街道）	2020年4月30日 农业部公告第290号

B.8 黔西南布依族苗族自治州地理标志产业发展报告

续表

序号	产品名称	申请人	产品编号	产地保护范围	批准公告
22	贞丰四月李	贞丰县李子专业协会	AGI03254	贞丰县10个乡镇（街道）	2020年12月25日农业农村部公告第378号
23	兴仁牛干巴	兴仁市农产品质量安全检验检测站	AGI03413	兴仁市17个乡镇（街道）	2021年6月4日农业农村部公告第431号
24	八步茶	望谟县八步古茶协会	AGI03416	望谟县9个乡镇（街道）	2021年6月4日农业农村部公告第431号
25	兴仁薏仁米	兴仁市农业技术推广中心	AGI03418	兴仁市17个乡镇（街道）	2021年6月4日农业农村部公告第431号
26	贞丰火龙果	贞丰县农业农村局农业技术推广站	AGI03422	贞丰县2个乡镇（街道）	2021年6月4日农业农村部公告第431号
27	鲁容百香果	贞丰县鲁容乡农业服务中心	AGI03423	贞丰县鲁容乡所辖全部建制村	2021年6月4日农业农村部公告第431号
28	望谟芒果	望谟县农业农村局经济经营管理站	AGI03500	望谟县10个乡镇（街道）	2022年2月25日农业农村部公告第532号
29	普安盘江乌鸡	普安动物卫生监督所	AGI03502	普安县14个乡镇（街道）	2022年2月25日农业农村部公告第532号

表8-2　原国家质检总局+国家知识产权局渠道地理标志保护产品

序号	产品名称	品质特点	保护范围	批准公告
1	顶坛花椒	绿色、有光泽、睁眼、果粒较大、均匀、富含挥发油，麻味浓烈持久，香味纯正	贞丰县4个乡镇	2008年第141号
2	连环砂仁	芳香气较浓、纯正，味辛凉，具有果实饱满、香气独特等特点	贞丰县5个乡镇	2008年第141号
3	兴义饵块粑	口感略黏，滑腻爽口、清香微甜，筋道有弹性；柔韧不易断，久煮不烂	黔西南布依族苗族自治州现辖行政区域	2010年第14号
4	晴隆绿茶	卷曲形茶香气浓郁、持久，滋味醇厚、鲜浓。扁平茶香气纯正；汤色黄亮透明；滋味鲜醇、味甘、浓厚	晴隆县14个乡镇（街道）	2017年第108号

141

续表

序号	产品名称	品质特点	保护范围	批准公告
5	兴仁薏仁米	外观饱满，颗粒匀称，表面光滑，色灰白，腹沟适中	黔西南布依族苗族自治州现辖行政区域	2013年第167号
6	册亨茶油	油色浅茶色，清亮透明，滋味香醇，久置无分层	册亨县共14个乡镇	2014年第129号
7	南盘江黄牛	切面呈大理石花，熟肉香味浓厚，口感弹性足，生食入口鲜嫩	黔西南州现辖行政区域	2016年第9号
8	普安四球茶	耐泡；香气浓香得馥郁高长；滋味鲜醇、爽口，回味悠长	普安县12个乡镇（街道）	2016年第63号
9	普安红茶	工夫红茶：香气鲜嫩持久；滋味醇滑；叶底嫩匀红亮。红碎茶：香气嫩香、强烈持久；滋味浓强鲜爽；叶底嫩匀红亮	普安县12个乡镇（街道）	2016年第63号
10	七舍茶	香气持久；滋味甘怡鲜爽，口感清香；叶底黄绿匀整	兴义市4个乡镇	2017年第108号
11	安龙白及	质坚硬，不易折断，断面类白色、半透明。气微，味苦，嚼之有黏性	安龙县现辖行政区域	2017年第117号
12	安龙石斛	鲜品：呈圆柱形，色较深；略有青草香气。干品：枫斗呈螺旋形或弹簧状，气微，味淡，嚼之有黏性	安龙县8个乡镇（街道）	2017年第117号
13	望谟板栗	果实成熟饱满，肉质香糯、微甜。本地野生板栗单粒重4~9克，嫁接新品种单粒重7~16克	望谟县11个乡镇（街道）	2018年第33号
14	回龙藠头	肉质肥厚稚嫩，甜、酸味适中，无异味；汤汁清亮、无杂质；香辣味	兴仁县7个乡镇（街道）	2018年7月30日第277号
15	阿藏李子	核肉分离；皮薄肉脆，果香味浓、多汁、酥脆甘甜	兴仁县10个乡镇（街道）	2018年7月30日第277号

B.8 黔西南布依族苗族自治州地理标志产业发展报告

表8-3 原国家工商总局渠道地理标志证明商标

序号	商标名称	商品/服务列表	注册人	注册号	专用期限
1	顶坛花椒	花椒	贞丰县北盘江镇花椒专业经济协会	7839397	2011-07-28—2021-07-27
2	品甸生姜	生姜	兴义市清水河镇生姜专业合作经济协会	7827971	2014-03-07—2024-03-06
3	晴隆绿茶	茶	晴隆县茶叶产业协会	8685710	2021-03-21—2031-03-20
4	兴仁薏仁米	薏仁米	兴仁市薏仁专业协会	7557573	2021-02-14—2031-02-13
5	安龙金银花	金银花	安龙县金银花协会	7524308	2012-08-21—2022-08-20
6	仓更板栗	加工过的板栗；糖炒栗子	兴义市仓更板栗协会	9644983	2022-03-28—2032-03-27
7	册亨茶籽油	茶籽油	册亨茶籽油行业协会	17360259	2016-12-07—2026-12-06-
8	普安四球茶	茶	普安县茶叶协会	20730560	2017-12-28—2027-12-27
9	普安红茶	茶	普安县茶叶协会	27707931 20731439	2018-06-07—2028-06-06；2017-12-28—2027-12-27
10	晴隆糯薏仁	糯薏仁米	晴隆县糯薏仁协会	15135106	2016-09-28—2026-09-27
11	普安薄壳核桃	核桃（坚果（水果）	普安县薄壳核桃协会	21731917	2018-01-21—2028-01-20
12	普安白及	白及（药用植物根）	普安县白及协会	21731095	2018-02-14—2028-02-13
13	兴仁无籽刺梨	无籽刺梨	兴仁县无籽刺梨专业协会	20174710	2018-05-21—2028-05-20
14	晴隆脐橙	新鲜脐橙	晴隆县柑橘场	51845311	2021-11-21—2031-11-20

续表

序号	商标名称	商品/服务列表	注册人	注册号	专用期限
15	普安天麻	天麻（中药材）	普安县林下天麻种植繁育专业技术协会	26204451	2020-02-14—2030-02-13
16	普安蜜柚	新鲜柚子	普安县水果蔬菜协会	35496903	2020-07-21—2030-07-20
17	八步茶	红茶	望谟县八步古茶协会	51161129	2022-03-07—2032-03-06

表8-4 黔西南布依族苗族自治州地理标志产品数量统计

申请部门	原国家质检总局+国家知识产权局渠道	原国家工商总局渠道	农业农村部渠道
获批产品	顶坛花椒、连环砂仁、兴义饵块粑、晴隆绿茶、兴仁薏仁米、册亨茶油、南盘江黄牛、普安四球茶、普安红茶、七舍茶、安龙白及、安龙石斛、望谟板栗、回龙蒜头、阿藏李子	顶坛花椒、品甸生姜、晴隆绿茶、兴仁薏仁米、安龙金银花、仓更板栗、册亨茶籽油、普安四球茶、普安红茶、晴隆糯薏仁、普安薄壳核桃、普安白及、兴仁无籽刺梨、晴隆脐橙、普安天麻、普安蜜柚、八步茶	兴义黄草坝石斛、安龙白及、安龙莲藕、安龙红谷、安龙黄牛、册亨糯米蕉、坡柳娘娘茶、普安红茶、晴隆糯薏仁、晴隆脐橙、晴隆羊、兴义矮脚鸡、兴义芭蕉芋、兴义大红袍、兴义甘蔗、兴义黑山羊、兴义山银花、兴义红皮大蒜、兴义生姜、兴义白杆青菜、兴仁猕猴桃、贞丰四月李、兴仁牛干巴、八步茶、兴仁薏仁米、贞丰火龙果、鲁容百香果、望谟芒果、普安盘江乌鸡
小计	15件	17件	29件
总计	61件（10件产品获双重保护）		

在黔西南布依族苗族自治州61个地理标志产品中，通过原国家质检总局+国家知识产权局渠道获地理标志产品保护的数量占总数的24.6%，地理标志证明商标的数量占总数的27.9%，农产品地理标志的数量占总数的47.5%。

（二）黔西南布依族苗族自治州2017—2022年新增地理标志产品

2017年至2022年，黔西南布依族苗族自治州新增地理标志产品45个，

B.8 黔西南布依族苗族自治州地理标志产业发展报告

见表8-5，主要以农产品地理标志保护为主。其中通过原国家质检总局+国家知识产权局渠道批准保护的产品有7个，为晴隆绿茶、七舍茶、安龙白及、安龙石斛、望谟板栗、回龙藠头、阿藏李子。通过原国家工商总局渠道批准保护的产品有9个，为普安四球茶、普安红茶、普安薄壳核桃、普安白及、兴仁无籽刺梨、晴隆脐橙、普安天麻、普安蜜柚、八步茶。经农业农村部渠道登记的农产品地理标志有29件，分别是：兴义黄草坝石斛、安龙白及、安龙莲藕、安龙红谷、安龙黄牛、册亨糯米蕉、坡柳娘娘茶、普安红茶、晴隆糯薏仁、晴隆脐橙、晴隆羊、兴义矮脚鸡、兴义芭蕉芋、兴义大红袍、兴义甘蔗、兴义黑山羊、兴义山银花、兴义红皮大蒜、兴义生姜、兴义白杆青菜、兴仁猕猴桃、贞丰四月李、兴仁牛干巴、八步茶、兴仁薏仁米、贞丰火龙果、鲁容百香果、望谟芒果、普安盘江乌鸡。

表8-5 2017—2022年黔西南布依族苗族自治州新增地理标志产品

序号	产品名称	申请时间	申报主体	批准号
1	晴隆绿茶	2017年	晴隆县人民政府	2017年第108号
2	七舍茶	2017年	兴义市人民政府	2017年第108号
3	安龙白及	2018年	安龙县人民政府	2018年7月3日农业部公告第40号
4	安龙石斛	2017年	安龙县人民政府	2017年第117号
5	望谟板栗	2018年	望谟县人民政府	2018年第33号
6	回龙藠头	2018年	兴仁市人民政府	2018年7月30日第277号
7	阿藏李子	2018年	兴仁市人民政府	2018年7月30日第277号
8	普安四球茶	2017年	普安县茶叶协会	2017年第1581号
9	普安红茶	2017年、2018年	普安县茶叶协会	2018年第1602号
10	普安薄壳核桃	2018年	普安县薄壳核桃协会	2018年第1587号
11	普安白及	2018年	普安县白及协会	2018年第1584号
12	兴仁无籽刺梨	2018年	兴仁县无籽刺梨专业协会	2018年第1600号
13	晴隆脐橙	2021年	晴隆县柑橘场	2021年第1768号
14	普安天麻	2020年	普安县林下天麻种植繁育专业技术协会	2020年第1683号

续表

序号	产品名称	申请时间	申报主体	批准号
15	普安蜜柚	2020年	普安县水果蔬菜协会	2020年第1704号
16	八步茶	2022年	望谟县八步古茶协会	2022年第1782号
17	兴义黄草坝石斛	2017年	兴义市农产品质量安全监测站	农业部公告第2578号
18	安龙白及	2018年	安龙县植保植检站	农业农村部公告第40号
19	安龙莲藕	2019年	安龙县农业技术推广站	农业农村部公告第126号
20	安龙红谷	2019年	安龙县农业技术推广站	农业农村部公告第126号
21	安龙黄牛	2019年	安龙县草地生态畜牧业发展中心	农业农村部公告第213号
22	册亨糯米蕉	2019年	册亨县经济作物管理站	农业农村部公告第213号
23	坡柳娘娘茶	2019年	贞丰县农业农村局农业技术推广站	农业农村部公告第213号
24	普安红茶	2019年	黔西南州茶叶协会	农业农村部公告第213号
25	晴隆糯薏仁	2019年	晴隆县糯薏仁协会	农业农村部公告第213号
26	晴隆脐橙	2019年	晴隆县柑橘场	农业农村部公告第213号
27	晴隆羊	2019年	晴隆县草地畜牧中心	农业农村部公告第213号
28	兴义矮脚鸡	2019年	兴义市畜禽品种改良技术推广站	农业农村部公告第213号
29	兴义芭蕉芋	2019年	黔西南州农业技术推广站	农业农村部公告第213号
30	兴义大红袍	2019年	兴义市果树蔬菜技术推广站	农业农村部公告第213号
31	兴义甘蔗	2020年	兴义市果树蔬菜技术推广站	农业农村部公告第290号
32	兴义黑山羊	2020年	兴义市畜禽品种改良技术推广站	农业农村部公告第290号
33	兴义山银花	2020年	兴义市中药材和茶叶技术推广站	农业农村部公告第290号
34	兴义红皮大蒜	2020年	兴义市果树蔬菜技术推广站	农业农村部公告第290号

B.8 黔西南布依族苗族自治州地理标志产业发展报告

续表

序号	产品名称	申请时间	申报主体	批准号
35	兴义生姜	2020年	兴义市果树蔬菜技术推广站	农业农村部公告第290号
36	兴义白杆青菜	2020年	兴义市果树蔬菜技术推广站	农业农村部公告第290号
37	兴仁猕猴桃	2020年	兴仁市农业技术推广中心	农业农村部公告第290号
38	贞丰四月李	2020年	贞丰县李子专业协会	农业农村部公告第378号
39	兴仁牛干巴	2021年	兴仁市农产品质量安全检验检测站	农业农村部公告第431号
40	八步茶	2021年	望谟县八步古茶协会	农业农村部公告第431号
41	兴仁薏仁米	2021年	兴仁市农业技术推广中心	农业农村部公告第431号
42	贞丰火龙果	2021年	贞丰县农业农村局农业技术推广站	农业农村部公告第431号
43	鲁容百香果	2021年	贞丰县鲁容乡农业服务中心	农业农村部公告第431号
44	望谟芒果	2022年	望谟县农业农村局经济经营管理站	农业农村部公告第532号
45	普安盘江乌鸡	2021年	普安动物卫生监督所	农业农村部公告第532号

二、地理标志产业发展

(一) 重点地理标志产业发展

黔西南布依族苗族自治州全州农业农村系统、质监系统以及地理标志产品相关企业全面发力建设地理标志区域公共品牌，助推黔货出山，助推"一县一业"高质量发展，不断"挖存量、促增量"。重点推进精品水果、特色粮食（薏仁米）、中药材、蔬菜、茶叶（含油茶）、食用菌等产业融合发展，形成上下游一体的完整产业链，推动全州农业结构优化和发展方式转型升级。州政府也出台系列与地理标志产品密切相关的公共政策、公共技术、公共宣传、公共服务，加快全州山地农业现代化、推进特色高效农业高质量发展，以地理标志产业振兴助推乡村振兴。

1. 重点地理标志产业发展概况

（1）普安红茶

普安县各相关部门高度重视"普安红茶"品牌的打造。2021年，普安县有茶园面积18.3万亩，茶叶综合年产值近17亿元，带动600多户2000多名脱贫群众增收。依托普安的"中国古茶树之乡"名片，唱响、唱活、唱大"普安红茶"品牌；依托普安县被认定为省级茶叶外贸转型升级示范基地和商务部与财政部批准的电子商务进农村示范县机遇，用国际化视野占领市场，引领黔茶转型升级。2021年，普安县宏鑫茶业开发有限公司从印度进口年产CTC红碎茶1500吨和年加工高端条形红茶10吨的生产线各1条。生产具有"浓、强、鲜、爽"等特点的高品质茶叶，产品直饮口感极佳，还可以加奶、果汁、蜂蜜等，口感更佳。普安红茶产品已获得"有机转换产品认证""出口货物基地备案""SGS欧盟481项检验结果全部合格""ISO 9001—2008""ISO 22000—2005"等认证、认可。

（2）兴仁薏仁米

2012年，兴仁县获"中国薏仁米之乡"荣誉称号；2013年12月10日，原国家质检总局批准对"兴仁薏仁米"实施地理标志产品保护；2015年，兴仁薏仁米被国家工商总局商标局认定为中国驰名商标；2016年8月，兴仁县被原国家质检总局授予国家级出口食品农产品质量安全示范区的荣誉称号；2019年11月15日，兴仁薏仁米入选中国农业品牌目录；2020年7月27日，兴仁薏仁米入选中欧地理标志第二批保护清单；2021年，兴仁薏仁米获得国家农产品地理标志产品保护。兴仁市以薏仁米产业为支撑，狠抓薏仁米一、二、三产业融合发展，多方发力打好"组合拳"，做大做强"兴仁薏仁米"产业链和品牌，薏仁米产业已成为兴仁市乡村振兴中的一张亮丽名片。

兴仁薏仁米企业有560余家，其中加工贸易企业达493家，规模企业12家，年加工能力达到40万吨。贵州薏容生物科技股份有限公司以薏仁作为原材料开发了面膜、洗发水、酵素等40余种产品，贵州百科薏仁生物科技有限公司依托贵州薏苡科学技术研究院开展技术研究，研发了薏仁方便食品、高活性膳食纤维、营养糕、谷维素等 100 余款深加工产品。据统计，兴仁薏仁米及深加工产品销往国内各大中城市以及出口到新加坡、日本、韩国、美国、欧洲国家等，综合年产值 50 亿元，占全球同行业市场份额的 70% 以上，形成全球最大的种植基地和集散、加工、研发、信息交换中心。数据显示，兴仁薏仁米种植面积有 35 万亩，占全国种植面积的 30% 以上，从事薏仁米种植农户 50274 户 201096 人，年产量达 10.5 万吨，薏农收入近 8 亿元。

（3）册亨茶油

长期以来，册亨县各家各户都有自种油茶、食用自己加工的茶油的生活习惯。经多年的发展，截至 2020 年，全县有油茶林 10.04 万亩，年产茶籽 2000 吨以上，册亨茶油品种由单一的册亨红球，发展到拥有优质高产特色品种 22 个，成为全省油茶主产区之一。册亨油茶果生产出来的茶油品质上佳、油色清亮，食用可口，因此册亨茶油深受消费者的青睐，销往湖南、北京、上海等地，近年来还销往我国台湾地区，出口日本、韩国等国家，产品十分畅销。

（4）晴隆绿茶

晴隆县做强、做优、做大"晴隆绿茶"茶产业，大力发展高档名优茶，提高茶叶加工的标准化、机械化水平，大力扶持科技含量较高的茶叶特色产品，实施精品名牌战略，全面提升茶叶产业综合效益。

（5）晴隆羊

"晴隆羊"口感独特、肉质鲜嫩，营养元素丰富，脂肪低于 5%、蛋白质含量高于 20%，是中国最具原生态和地理标志性的优质肉类食品之一，也是全国三大名优羊之一。如今，小有名气的"晴隆羊"已成为贵州多地畅销的美食，晴隆亦被中国饭店协会授予"中国三碗粉之乡"的美誉。"美食经济"成为"晴隆模式"进化版支柱经济之一。晴隆羊整个产业链正在逐步完善，建有活羊交易市场、有机肥加工厂、饲料加工厂、晴隆羊选育研发培训中心等，产销一体化发展格局也在逐步形成。2017 年，晴隆县种植人工草地 48 万亩，改良草地 30.8 万亩，羊存栏 50 余万只，已辐射带动全县 2.94 万户 10 万人发展种草养羊，种草养羊户均收入 3 万元左右。

(6) 晴隆脐橙

2022年，脐橙已经成为晴隆群众增收致富的产业，种植面积1.2万亩，投产面积3000亩。为使脐橙产业继续发展壮大，助力乡村振兴，晴隆县紧盯核心产业，结合本地实际情况和产业兴旺、农旅一体化的发展要求，超前谋划、科学部署，奋力打造好巩固拓展脱贫攻坚成果同乡村振兴有效衔接的晴隆样板区。晴隆脐橙已获农产品地理标志保护登记及"中华名果"等多项荣誉，有很好的市场前景。在晴隆、兴义有晴隆脐橙专卖店，同时电商也进行销售。农户在地里的销售价格为4~5元/斤，市场销售价格为10~14元/斤，产品供不应求。每亩产量2000斤，亩产值8000~10000元。

(7) 顶坛花椒

1991年，贵州贞丰县被称为"中国花椒之乡"，贞丰县北盘江镇顶坛片区属生态系统脆弱的喀斯特地貌区。1992年以来，贞丰县委、县政府决定以碱石漠化严重的顶坛片区为试点发展花椒产业，顶坛青花椒的原产地顶坛青花椒茂材苗圃基地里每年都销售三百多万株顶坛青花椒苗，引导农民种植花椒致富，在石旮旯里求生存。花椒生产由原来老百姓房前屋后零星种植向基地化、规模化和产业化发展。2022年，全县已种植花椒15.3万亩，已挂果6万多亩，花椒生产已成为推动农业产业结构调整、增加农民收入和石漠化治理的重要举措。随着顶坛花椒知名度的提高，市场上冒充顶坛花椒的产品越来越多，一定程度上影响了顶坛花椒的声誉和当地农民的利益，给"顶坛花椒"品牌创建带来不少威胁。为切实保护农民的利益，培育知名品牌，做大做强顶坛花椒产业，促进地方经济的发展，贞丰县政府及相关部门在2001年成功注册"顶坛"商标基础上，继续深入开展调查研究，在掌握大量事实和全面分析的基础上，积极鼓励和支持有关部门申请"顶坛花椒"地理标志产品保护。

顶坛花椒产于被誉为"中国花椒之乡"的贞丰县北盘江河谷地带。经过长期的积累和发展，小小花椒不仅带来了显著的经济效益、社会效益，还带来了显著的生态效益。据统计，全县花椒产量1.1万吨，产值1.5亿元。核心产地顶坛片区单花椒一项农民年人均纯收入有1000多元，云洞湾村年人均收入则达30000多元。

B.8 黔西南布依族苗族自治州地理标志产业发展报告

(8) 安龙白及

安龙县依托科研优势,建立符合 GAP、GEP 标准的白及中药材种植基地,有序推动白及无公害农产品、绿色食品、有机食品、农产品地理标志工作。安龙县招才引智,引进国内外优势资源,加大科研投入,加快高端产品研发,全力创建"绿色、高端、优质"的"酒中茅台,药中白及"品牌,迅速占领市场高位。安龙县在专注产品、专注市场、着力打好一产二产基础的同时,进一步做好"大健康"三产联动,努力打造健康旅游、健康服务、康体健身等一批业态,着力构建"大健康"全产业链。各方在合作中,充分挖掘、释放、分享产业发展红利,多方联动,让利于民,最大限度发挥"大健康"产业助推脱贫的中流砥柱作用。截至2021年,安龙县白及种植面积已有1万多亩,产量3万多吨,产值近8亿元,带动了建档立卡贫困户6000多户直接参与白及产业,带动就业人数接近2万人。

(9) 八步茶

八步茶,又名八步紫茶、八步古茶,是深藏在贵州省望谟县郊纳镇八步大山深处的稀有品种,2021年,郊纳古茶树有86262棵,其中300年以上的有1673棵,500年至800年以上的有116棵,1000年以上的有3棵。郊纳镇古茶树分布区域地理环境复杂多样,因茶树异花授粉特性,在长期的自然进化过程中,形成了丰富的古茶树种植资源。

八步茶,叶、芽、花、果、茎等均为紫色,汤色紫红晶莹剔透,饮时香气浓郁、唇齿留香、回甘清神。2017年11月在贵州省秋季斗茶大赛上获"古树茶王"称号;2019年5月在杭州国际茶博会上,望谟县被授予"中国紫茶之乡"称号;2021年4月被农业农村部批准为"2021年第一批农产品地理标志登记产品"。

(10) 仓更板栗

自光绪二十三年(公元1897年)以来,仓更人民就有在庭院种植板栗的习惯,20世纪60年代初当地政府发动群众种植板栗,那时的板栗除庭院种植的,大都归集体所有,与此同时,沿江其他六个乡镇也大规模发动群众种植,板栗基地逐步形成并逐渐壮大。兴义市相关部门积极推荐板栗产品申报注册地理标志,参加各种展销会,推进板栗市场化和产业化的同时,为广大栗农提供种植、管护、销售、贮藏、加工等全方位服务，在保证仓更板栗特色的基础上，不断提升质量。截至2021年，仓更镇有6万亩板栗种植基地，年产量超过1万吨，产值约7000多万元，较好地带动了群众增收，助力了乡村振兴。

2. 重点地理标志产品质量管理

地理标志产品质量管理是一个系统工程，需要种植户、生产加工企业、行业协会和地方政府各部门的共同协作，需要构建产销全方位的监管体系来实现。

（1）政府监管

为认真贯彻落实国家关于做好地理标志产品保护工作的安排部署，强化地理标志保护产品集聚效应，促进农民增收和农业转型升级，加快地理标志产品保护规范化建设进程，促进地理标志产品保护与经济、社会、贸易、文化、旅游、生态建设协调发展，黔西南州各县市对区域内地理标志产品产业发展出台相关的保护政策。兴仁市针对薏仁米产业发展，先后出台了《关于进一步加快兴仁县薏仁米产业发展的意见》等多项政策文件，合理布局薏仁米产业，把做大做强"兴仁小白壳"优势品种、延伸补齐产业链条、增强内生动力和带动能力作为产业发展重点，围绕种植、加工、出口、品牌建设等内容，一方面，编制了《兴仁薏仁米公共区域品牌产业发展工程三年方案》《兴仁市2019至2021年"兴仁薏仁米"产业发展三年行动计划》《兴仁市"十四五"薏仁米产业发展规划》，全面推进薏仁米产业发展。另一方面，牵头制定了《地理标志产品兴仁薏（苡）仁米》、DB52/T1068—2015《贵州薏苡栽培技术规程》等标准，以及T/CAI136—2021《地理标志证明商标 兴仁薏仁米》等9个团体标准、DB52/T1067—2015《地理标志产品 兴仁薏（苡）仁米》等4个省级地方标准，夯实了薏仁米产业发展基础。普安县相关部门坚持品牌引领，加强"普安红"品牌建设，成立专班，专项推进"普安红"标准制定工作，进一步维护"普安红"品牌形象，保障"普安红"品牌的品质和质量安全。

（2）标准化体系

黔西南州相关部门对区域内地理标志产品制定了一系列标准，规范地理标志产品的种植、生产、加工，保证产品的质量，规范产品的包装储运等。

B.8 黔西南布依族苗族自治州地理标志产业发展报告

黔西南州地理标志保护产品标准制定情况如表 8-6 所示。

表 8-6 黔西南州国家地理标志保护产品标准制定情况

序号	产品名称	标准制定情况
1	顶坛花椒	a. 贞丰县地方标准：《贞丰县顶坛花椒种植技术规范》 b. 贵州省地方标准：DB52/T542—2008《贞丰顶坛花椒》 c. 国家质检总局批准公告中关于顶坛花椒的质量技术要求 d. 省级地方标准：DB52/T 542—2016《地理标志产品 顶坛花椒》
2	连环砂仁	a. 贵州省地方标准：DB 52/543—2008《连环砂仁》 b. 国家质检总局批准公告中关于连环砂仁的质量技术要求 c. 省级地方标准：DB52/T 543—2016《地理标志产品 连环砂仁》
3	兴义饵块粑	a. 国家质检总局批准公告关于兴义饵块粑的质量技术要求 b. 贵州省黔西南州地方标准：《兴义饵块粑生产技术规程》
4	兴仁薏仁米	a. 兴仁县地方标准 DB522322/T 01—2012《兴仁薏仁米栽培技术规程》 b. 国家质检总局批准公告中关于兴仁薏（苡）仁米的质量技术要求 c. 贵州省地方标准 DB52/T 1067—2015《地理标志产品兴仁薏（苡）仁米》 d. 贵州省地方标准 DB52/T 1068—2015《贵州薏苡栽培技术规程》 e. 团体标准：T/CAI 136—2021《地理标志证明商标兴仁薏仁米》 T/GGI 005—2017《兴仁薏仁米病虫害绿色防控技术规程》 T/GGI 002—2017《兴仁薏仁米产地环境条件》 T/GGI 006—2017《兴仁薏仁米加工技术规范》 T/GGI 008—2017《兴仁薏仁米采收标准》 T/GGI 009—2017《兴仁薏仁米包装与贮运标准》 T/GGI 056—2019《兴仁薏仁米质量标准》 T/GGI 004—2020《兴仁薏仁米良种繁育技术规程》
5	册亨茶油	a. 县级地方标准 DB522327/T 11—2013《册亨茶油加工技术规范》 b. 国家质检总局批准公告关于册亨茶油的质量技术要求 c. 省级地方标准：DB52/T 1116—2016《地理标志产品 册亨茶油》 e. 团体标准：T/CHCZY 003—2022《册亨茶油生产基本要素控制规范》 T/CHCZY 004—2022《册亨茶油加工技术规程》 T/CHCZY 001—2022《册亨油茶种植技术规程》 T/CHCZY 002—2022《册亨油茶果、籽采收及贮运》
6	普安四球茶	a. 国家质检总局批准公告关于普安四球茶的质量技术要求 b. 贵州省地方标准：DB52/T 1163—2016《地理标志产品 普安四球茶》

续表

序号	产品名称	标准制定情况
7	普安红茶	a. 国家质检总局批准公告关于普安红茶的质量技术要求 b. 贵州省地方标准：DB52/T 1162—2016《地理标志产品 普安红茶》 c. 团体标准：T/GZTSS 7.1—2022《普安红 第1部分：产地环境条件》 T/GZTSS 7.2—2022《普安红 第2部分：茶园生产管理技术规程》 T/GZTSS 7.3—2022《普安红 第3部分：工夫红茶加工技术规程》 T/GZTSS 7.4—2022《普安红 第4部分：工夫红茶》 T/GZTSS 7.5—2022《普安红 第5部分：冲泡品饮指南》
8	南盘江黄牛	a. 国家质检总局批准公告关于南盘江黄牛的质量技术要求 b. 贵州省地方标准：DB52/T 1236—2017《地理标志产品 南盘江黄牛》
9	八步茶	a. 中华人民共和国农业农村部批准公告关于八步茶的质量技术控制要求 b. 团体标准：T/BBGC 001—2021《八步茶 产地环境条件》 T/BBGC 002—2021《八步茶 种植技术规程》 T/BBGC 003—2021《八步茶 病虫害防治规程》 T/BBGC 004—2021《八步茶 采收加工规范》 T/BBGC 005—2021《八步茶 红茶》 T/BBGC 006—2021《八步茶 绿茶》
10	安龙白及	贵州省黔西南州地方标准：DB 5223/T 5—2019《地理标志产品 安龙白及》
11	七舍茶	a. 国家质检总局批准公告关于七舍茶的质量技术要求 b. 贵州省黔西南州地方标准：DB 5223/T 1—2019《地理标志产品 七舍茶》 c. 企业标准：Q/JH 04—2015《七舍茶》
12	晴隆绿茶	a. 国家质检总局批准公告关于晴隆绿茶的质量技术要求 b. 晴隆县地方标准：DB 5223/T2—2019《地理标志产品 晴隆绿茶》
13	望谟板栗	a. 国家质检总局批准公告关于望谟板栗的质量技术要求 b. 贵州省黔西南州地方标准：DB 5223/T 9—2021《地理标志产品 望谟板栗》
14	安龙石斛	a. 国家质检总局批准公告关于安龙石斛的质量技术要求 b. 贵州省黔西南州地方标准：DB 5223/T 07—2020《地理标志产品 安龙石斛》
15	回龙藠头	a. 国家质检总局批准公告关于回龙藠头的质量技术要求 b. 贵州省黔西南州地方标准：DB 5223/T 3—2019《地理标志产品 回龙藠头》
16	阿藏李子	a. 国家质检总局批准公告关于阿藏李子的质量技术要求 b. 贵州省黔西南州地方标准：DB 5223/T 4—2019《地理标志产品 阿藏李子》

B.8 黔西南布依族苗族自治州地理标志产业发展报告

3. 重点地理标志产业品牌培育与发展

黔西南州各相关部门高度重视地理标志产业品牌的培育与发展,始终坚持以市场为主导、绿色发展为导向,做到在产前对源头进行控制、在生产过程中实施监管、在产后进行质量追溯。实施农业品牌创建工程,积极开展品牌申报推荐工作,不断提升品牌的市场竞争力,做强以薏仁米、茶叶、蔬菜、水果、食用菌等特色产业为主的农业品牌。

(1) 专班制推进农业品牌培育

黔西南州农业品牌建设专班认真落实2021年8月6日新修订的《黔西南州品牌奖励管理办法》,将农业产业结构调整与品牌创建结合起来,设置品牌奖励资金,鼓励企业提质增效,积极申报各级品牌,持续推进农产品品牌建设,以品牌示范带动作用引领经济社会发展。

(2) 项目化推进农业品牌建设

积极争取上级项目资金投入州内品牌发展,申报农产品地理标志保护项目3个(安龙白及、兴仁薏仁米、晴隆脐橙),项目总投资1300万元。同时,加强项目监督管理,确保发挥项目效益,助推品牌价值提升,以便更好地发挥农业品牌效益。

(3) 多方位提升农业品牌意识

积极开展、参加各种宣传活动,通过展板、悬挂宣传横幅、发放各类宣传资料等多渠道、多方位进行品牌宣传,充分听取群众意见,提升州内经营主体品牌意识,做强做大"普安红""安龙香菇""兴仁薏仁米""兴义矮脚鸡"、普安"盘江乌鸡"等公共品牌,提升其影响力和使用率。

(4) 进一步筑牢农业品牌根基

一是提升村民自治能力。规范村级自治组织管理,健全1291个建制村(社区)"两委"联席会议、村民会议、村民代表会议等制度,重大事项推行"四议两公开"议事机制。积极开展村级议事协商创新实验试点,引导农村干部群众积极参与,探索基层自治组织参与乡村建设项目的有效做法。推荐更多的像兴义市万峰林街道下纳灰村和贞丰县丰茂街道纳山村这样的"全国村级议事协商创新实验试点单位"。二是推进法治乡村建设。加强农村法律顾问建设,全州1291个建制村(社区)实现法律顾问全覆盖,在展开推荐法治村建设过程中，共提供法律咨询 1728 件，开展普法宣传 782 次，提供法律援助 218 件。创建并命名平安示范建制村（社区）180 个、平安乡镇（街道）37 个。三是持续推进乡村振兴人才保障工作。壮大配强全州乡村振兴一线力量，储备表现突出干部 450 余名，新选拔 423 名干部任乡镇领导班子成员，组建科技特派团，选派科技特派员 254 名，选派 523 名西部计划志愿者、135 "三支一扶"人员到乡村振兴基层一线，加大农业创新力度，全力打造特色农业品牌，壮大农村特色产业推动农民增收。

4. 重点地理标志产业强链

安龙白及：为带动更多农户参与白及产业，安龙县大力推广"村社合一""龙头企业＋合作社""合作社＋农户""科研院所＋公司＋基地＋农户"等组织方式，打造万亩白及基地，着力构建全产业链条，不断拓宽群众增收渠道，健全和完善利益联结机制，把坝区所有贫困户"联结"进去、带动起来。推动白及等中药材产业规模化、集群化、品牌化发展。

兴仁薏仁米：以巴铃镇薏仁米基地为主，辐射带动周边薏仁米基地，着力打造"薏仁米＋"产业示范带，引进贵州兴仁薏仁米产业有限公司进驻巴铃镇大普村薏仁米科研基地，采取"公司＋合作社＋农户＋基地"模式，统一育苗，统一技术指导，统一机械采收，统一储藏，统一加工销售，打造集"生产、加工、销售"为一体的生态循环产业链，并以"中国好粮油"项目为契机，投资 3150 万元，实施兴仁薏仁米全产业链一体化服务中心经营项目，已建成年烘干能力 2.4 万吨、精加工 1.2 万吨的食品生产线。

普安红茶：建立"三建四享"的利益联结机制，龙头企业＋专业合作社＋贫困户的发展模式，实现了荒山变茶山、贫农变茶农、山区变景区的新三变，以此带动茶农脱贫致富。普安县打造 2000 亩"白叶一号"感恩茶园，直接辐射带动周边种植白茶 10000 余亩，将茶产业打造成普安县"一县一业"脱贫支柱产业。

（二）地理标志综合社会效益

1. 扶贫效益

黔西南州建立了"地理标志产品＋龙头企业＋农户"的产业化经营模

B.8 黔西南布依族苗族自治州地理标志产业发展报告

式,地理标志产品产业已成为州境域内经济发展的重要支柱产业,全州农民收入的大部分来自地理标志产品产业。通过地理标志精准扶贫,将地理标志产品保护与特色产业发展结合起来,把自然经济转化为规模经济,充分利用黔西南州丰富多样的地理标志产品资源,通过地理标志产品这张"金字招牌"的引导,把一家一户的传统经济模式,发展成为适应现代社会的规模经济模式,为巩固全州早期超过10万户贫困户脱贫攻坚成果打下坚实的基础。

黔西南州贞丰县北盘江顶坛片区,是贵州省石漠化最严重地区,这里被称为不适合人类生存的"绝地"。黔西南州市场监管部门积极引导和帮扶该地区,鼓励当地农民种植花椒,助力提升品质、打造品牌,协助建立"顶坛花椒"地方标准和申报"顶坛花椒"地理标志证明商标。越来越多的农民通过种植花椒走上了致富路,而地理标志证明商标无疑是当地老百姓脱贫致富的利器。

黔西南州地理标志产品拥有量居贵州省前列。在州各相关部门的努力下,通过积极培育、保护、运用地理标志产品,有效推动了农民增收和农业增效,助力精准扶贫同步小康。

2. 生态效益

黔西南布依族苗族自治州61个地理标志产品,覆盖林草产品、农产品种植超过1000万亩,有助于石漠化治理、防治水土流失、调节温室气候等,具有良好的生态效益,实现百姓富、生态美的有机统一,充分体现习近平总书记的"绿水青山就是金山银山"的生态发展理念。

3. 旅游文化价值

近些年,普安红茶、兴仁薏仁米等地理标志产品的种植加工过程,吸引了越来越多的游客前往参观体验,一方面补充当地自然旅游资源不足,带动旅游产业的发展,另一方面促进了地理标志产品的品牌文化消费,刺激了市场需求,从而提升当地旅游文化价值。

4. 乡村振兴

黔西南布依族苗族自治州61个地理标志产品,辐射8个县市,覆盖林草产品、农产品种植农户超过10万户,仅兴仁薏仁米,种植面积就有35万亩,占全国种植面积的30%以上，从事薏仁米种植农户50274户201096人，年产量达10.5万吨，薏农收入近8亿元。这证明了黔西南州地理标志产品的种植、加工及销售很好地带动了当地农户增收致富，为助推乡村振兴创造了良好的条件。

B.8 黔西南布依族苗族自治州地理标志产业发展报告

附录：黔西南州重点地理标志资源名录

序号	产品名称	品质特点	产业发展	人文因素	环境因素	在先权
1	望谟西瓜	籽粒少、皮薄、含糖量高、质地脆嫩	亩产量达8000斤左右。促进群众增收，助力乡村振兴	有着30余年的西瓜种植历史	夏季炎热，雨量充沛，阳光充足	无
2	册亨灵芝	色泽光亮，香味极浓，品质纯正	市场价50~60元/斤，亩产值可达2万元左右	有上百年的种植历史	独特的"天然温室"生产环境	无
3	望谟便当酒	酒香纯正，爽口	望谟县布依族逢年过节或红白喜事都会酿制便当酒	早年间就在望谟县境内布依族人民中流传酿制	气候宜人，长年无霜，适宜水稻和玉米的生长	无
4	安龙香米	品质好，香味极浓，口感糯香	销往省内外，深受消费者青睐	种植历史悠久	气候宜人，适宜水稻的生长	无
5	兴义芭蕉芋粉	晶莹透亮，口感筋道爽口	传统产业焕发活力，助推乡村振兴	芭蕉芋在兴义有50多年的种植历史	气候温润，肥沃土壤	无
6	兴义油桐	色泽金黄，有光泽	成为地方性支柱产业，带动乡村振兴	历史悠久，产业始于20世纪六七十年代	高海拔、低纬度，无霜期长	无
7	贞丰黑猪	体形中等、结实，全身皮毛黑色	规模养殖，年产肉可达1500吨，产值可达4500万元	品种来源于贞丰布依小山村，养殖历史悠久	生态环境良好，青料资源充足	无
8	望谟高粱	品质优良，高粱市场很受欢迎	全县大面积种植高粱，发展高粱产业，带动农民致富	种植时间长，20世纪六七十年代已有知名度	平均气温为19℃，无霜期339天，雨热同季	无

续表

序号	产品名称	品质特点	产业发展	人文因素	环境因素	在先权
9	贞丰小屯白棉纸	绵韧、平整、润柔	主要销往广东、广西、云南、四川等地	创始于清代咸丰年间	独特的地理环境，适宜构皮树的生长	无
10	龙溪石砚	质地细腻、温润如玉	深受文人墨客所青睐，是案头必备馈赠礼品	《普安县志》有记载	独特的地理环境沉积上亿年的沉积岩砚石	无
11	贞丰糯米饭	米香肉酥，油而不腻，色彩美观，味浓爽口	省级非物质文化遗产保护名录，全省市场最具影响力	早在清嘉庆年间已是贞丰县颇有名气的风味小吃	四季分明，生产的糯米品质优良	无
12	兴义鸡枞油	脆、嫩、鲜、香	深受滇黔两地广大群众的喜爱	明代前就有鸡枞，当地就制成鸡枞油	独特的地理环境，适合野生鸡枞菌的生长	无
13	普安牛干巴	味道独特、营养丰富	牛干巴产业，与地方传统生活密切相关	普安县青山镇已有六百多年牛干巴腌制史	境内独特气候环境，腌制的牛干巴风味独特	无
14	安龙凉剪粉	粉皮透明、柔韧且筋丝好，不易断裂，口感极佳	黔西南大街小巷都有剪粉小店，深受当地人民喜爱	历史悠久，已有上千年历史	当地独特的自然环境产出的优质大米，得以做出风味独特的粉	无
15	苗家姜糖	口味香甜、纯正	是当地特色美食，广受消费者的喜爱	历史悠久	—	无
16	兴义鸡肉汤圆	汤圆软糯，馅心鲜香，汤汁营养	贵州兴义地区招牌小吃。在省内外多地城市黔菜馆里都能品尝到	始创于清朝末期，经四代传人，已有上百年历史	—	无
17	兴义刷把头	皮薄馅多、鲜香爽口、质地软绵	贵州省名优风味小吃一等奖，深得广大消费者喜爱	起始于清同治年间	—	无

B.9
黔南布依族苗族自治州地理标志产业发展报告

彭渊迪*

摘 要： 黔南州位于贵州省中南部，全称黔南布依族苗族自治州，截至2022年12月，黔南州共有43件地理标志产品（有8件产品属于多渠道重叠保护），其中经原国家质检总局＋国家知识产权局渠道批准的地理标志产品有13件，经原国家工商总局渠道批准的地理标志证明商标有14件，经农业农村部渠道登记的农产品地理标志有16件。进入中欧地理标志互认保护清单的产品有3件。

关键词： 黔南州；地理标志；产业发展

一、黔南州地理标志基础概况

（一）黔南州地理标志产品保护概况

经农业农村部渠道核准登记注册的农产品地理标志有16件。分别为：都匀毛尖茶、龙里刺梨、贵定云雾贡茶、贵定盘江酥李、长顺绿壳鸡蛋、惠水黑糯米、罗甸脐橙、龙里豌豆尖、惠水金钱橘、福泉梨、独山大米、独山高寨茶、荔波瑶山鸡、平塘乌骨鸡、平塘皱皮线椒、平塘百香果，见表9-1。经原国家质检总局＋国家知识产权局渠道批准的地理标志产品有13件。分别

---

* 彭渊迪，贵州省地理标志研究会助理研究员、秘书长，研究方向：地理标志、品牌建设、公共政策。

为：都匀毛尖茶、罗甸艾纳香、龙里刺梨、罗甸火龙果、独山盐酸菜、惠水黑糯米酒、长顺绿壳鸡蛋、惠水黑糯米、罗甸玉、贵定益肝草凉茶、龙里刺梨干、三都水族马尾绣、荔波蜜柚，见表9-2。经原国家工商总局渠道批准的地理标志证明商标有14件，分别为：都匀毛尖、都匀毛尖茶、牙舟陶、贵定云雾贡茶、长顺绿壳鸡蛋、荔波蜜柚、龙里豌豆尖、惠水大米、贵定刺梨、金谷福梨、瓮安黄金芽、瓮安白茶、荔波瑶山鸡（29类）、荔波瑶山鸡（31类），见表9-3。其中有8件产品获得多个部门的重叠保护，都匀毛尖茶、长顺绿壳鸡蛋获地理标志产品保护、地理标志证明商标、地理标志农产品三个渠道的三重保护；龙里刺梨、惠水黑糯米获地理标志产品保护和地理标志农产品两个渠道的双重保护；贵定云雾贡茶、龙里豌豆尖、荔波瑶山鸡、荔波蜜柚获地理标志证明商标和地理标志农产品两个渠道双重保护；进入中欧地理标志互认清单保护的有3件，分别为：都匀毛尖（茶）、惠水黑糯米酒，见表9-4。

表9-1 农业农村部渠道农产品地理标志

序号	产品名称	申请人	编号证书	质量控制技术规范	产地保护范围	批准公告
1	贵定云雾贡茶	贵定县茶叶产业化发展中心	AGI00353	AGI2010-06-00353	贵定县20个乡镇	2010年9月13日农业部公告第1459号
2	贵定盘江酥李	贵定县农产品质量安全综合检测中心	AGI01487	AGI2014-02-1487	贵定县20个乡镇	2014年7月28日农业部公告第2136号
3	长顺绿壳鸡蛋	长顺县畜禽品种改良站	AGI01492	AGI2014-02-1492	长顺县17个乡镇	2014年7月28日农业部公告第2136号
4	罗甸脐橙	罗甸县果茶产业发展办公室	AGI01713	AGI2015-02-1713	罗甸县7个乡镇	2015年7月22日农业部公告第2277号
5	龙里豌豆尖	龙里县蔬果办公室	AGI01984	AGI2016-03-1984	龙里县6个乡镇（街道）	2016年11月2日农业部公告第2468号

B.9 黔南布依族苗族自治州地理标志产业发展报告

续表

序号	产品名称	申请人	编号 证书	编号 质量控制技术规范	产地保护范围	批准公告
6	都匀毛尖茶	黔南茶叶协会	AGI02056	AGI2017-01-2056	黔南州12个县（市）	2017年1月10日农业部公告第2486号
7	福泉梨	福泉市农业技术推广站	AGI02103	AGI2017-02-2103	福泉市8个乡镇（街道）	2017年4月20日农业部公告第2520号
8	惠水黑糯米	惠水县蔬果站	AGI02234	AGI2017-04-2234	惠水县10个乡镇（街道）	2017年12月22日农业部公告第2620号
9	惠水金钱橘	惠水县蔬果站	AGI02231	AGI2017-04-2231	惠水县3个乡镇（街道）	2017年12月22日农业部公告第2620号
10	龙里刺梨	龙里县蔬果办公室	AGI03051	AGI2020-01-3051	龙里县6个乡镇（街道）78个建制村	2020年4月30日农业农村部公告第290号
11	独山大米	独山县农村经济管理站	AGI03048	AGI2020-01-3048	独山县8个乡镇	2020年4月30日农业农村部公告第290号
12	独山高寨茶	独山县农村经济管理站	AGI03049	AGI2020-01-3049	独山县8个乡镇	2020年4月30日农业农村部公告第290号
13	荔波瑶山鸡	荔波县畜牧水产发展促进中心	AGI03257	AGI2020-02-3257	荔波县8个乡镇	2020年12月25日农业农村部公告第378号
14	平塘乌骨鸡	平塘县养殖业发展中心	AGI03412	AGI2021-01-3412	平塘县11个乡镇（街道）	2021年6月4日农业农村部公告第431号
15	平塘皱皮线椒	平塘县种植业发展中心	AGI03420	AGI2021-01-3420	平塘县11个乡镇（街道）	2021年6月4日农业农村部公告第431号
16	平塘百香果	平塘县种植业发展中心	AGI03425	AGI2021-01-3425	平塘县11个乡镇（街道）	2021年6月4日农业农村部公告第431号

表9-2 原国家质检总局+国家知识产权局渠道国家地理标志保护产品

序号	产品名称	品质特点	保护范围	批准公告
1	都匀毛尖茶	珍品：嫩香持久，滋味鲜爽回甘，汤色黄绿明亮。特级：嫩香持久，滋味鲜爽回甘，汤色黄绿明亮。水分≤6.4%，总灰度≤5.1%，粉末≤0.7%，水浸出物≥43.2%	黔南布依族苗族自治州12个县（市）	2010年11月23日 2010年第133号
2	罗甸艾纳香	气清凉、香，味辛。鲜叶的左旋龙脑≥0.2%	罗甸县21个乡镇	2012年3月13日 2012年第37号
3	龙里刺梨	果肉脆，口感酸甜，略带涩味，芳香味浓。野生：单宁≥1.8%，可溶性固形物≥14.0%，果径≥2.0厘米；人工种植：单宁≥1.2%，可溶性固形物≥13.0%，果径≥2.5厘米	龙里县14个乡镇	2012年7月18日 2012年第102号
4	惠水黑糯米酒	无悬浮物，酒体醇厚；香气：空杯留香；口味：无杂味；总酸（以乳酸计）≥3.0克/升，总糖（以葡萄糖计）≥100.0克/升，β-苯乙醇≥21.00毫克/升	惠水县25个乡镇	2012年8月23日 2012年第125号
5	罗甸火龙果	大小适中，颜色鲜红，汁多味浓不粘手。水分含量≥80.0%，蛋白质含量≥1.0%，脂肪含量≤0.6%，可溶性糖含量≥7.0%，花青素含量≥4.5毫克/克	罗甸县16个乡镇	2013年12月10日 2013年第167号
6	独山盐酸菜	质地脆、嫩，滋味酸甜爽口，咸辣适中；水分≤85.0克/100克，食盐（以Nacl计）2.0～6.0g/100克，总酸（以乳酸计）≤2.0克/100克，还原糖（以葡萄糖计）≥5.0克/100克	独山县18个乡镇	2013年12月10日 2013年第167号
7	长顺绿壳鸡蛋	蛋壳颜色浅绿色；蛋清浓厚；蛋黄呈橘红或橘黄色。蛋重≥36克，蛋壳厚度≥0.29毫米，哈夫单位>72，蛋黄比≥30%	长顺县现辖行政区域	2014年9月2日 2014年第96号

B.9 黔南布依族苗族自治州地理标志产业发展报告

续表

序号	产品名称	品质特点	保护范围	批准公告
8	惠水黑糯米	米皮紫黑、内质洁白、煮后黝黑晶莹、色泽鲜艳、食味浓郁芳香、绵软有弹性、糯性好。直链淀粉≤2.0%	惠水县现辖行政区域	2015年4月7日 2015年第44号
9	罗甸玉	质地细腻，玉质温润，朴实较沉重；不透明至半透明，分为白玉、灰白玉、花玉、青玉、青白玉、糖玉	罗甸县现辖行政区域	2015年8月10日 2015年第96号
10	贵定益肝草凉茶	色泽呈淡黄色至褐色，清澈透明。味微苦，有回甘。总黄酮≥30.0毫克/100毫升，栀子苷≥3.0毫克/100毫升	贵定县20个乡镇	2015年8月10日 2015年第96号
11	龙里刺梨干	质地柔软，有韧性。甜、酸适口。总糖45%~75%，总酸≤3.5%，总黄酮（以芦丁计）≥%1.5，粗纤维≤3.5%，水分（%）≤18.0	龙里县3个乡镇	2016年2月5日 2016年第9号
12	三都水族马尾绣	色彩艳丽、饱和度高，对比和谐，光泽柔和，绣纹致密，浮雕立体感强，极具水族文化特色、耐磨、耐牵拉，马尾使用率不低于15%	三都水族自治县现辖行政区域	2016年11月4日 2016年第112号
13	荔波蜜柚	果肉饱满、柔嫩多汁、化渣、酸甜适度、香气浓郁。单果重1000~2500克，可食率≥65%，可溶性固形物含量≥10%；总酸（以柠檬酸计）≤10克/千克，固酸比≥11，总糖（还原糖计）≥2.5克/100克	荔波县5个乡镇	2018年3月15日 2018年第33号

表9-3 原国家工商总局渠道地理标志证明商标

序号	商标名称	商品/服务列表	注册人	注册号	专用期限
1	都匀毛尖	第30类：茶	黔南州茶叶产业化发展管理办公室	3214853	2015-02-07—2025-02-06
2	都匀毛尖茶	第30类：茶	黔南州茶叶产业化发展管理办公室	8872040	2021-09-07—2031-09-06
3	贵定云雾贡茶	第30类：茶	贵定县茶叶协会	11794609	2013-07-28—2023-07-27
4	牙舟陶	第21类：日用陶器（包括盆、碗、盘、缸、坛、罐、砂锅、壶、炻器餐具）；陶器	平塘县牙舟陶发展研究中心	11570194	2013-08-28—2023-08-27
5	荔波蜜柚	第31类：柚子	荔波县果树蔬菜管理站	13018783	2014-04-21—2024-04-20
6	长顺绿壳鸡蛋	第29类：蛋	长顺县畜禽品种改良站	14098709	2015-06-21—2025-06-20
7	惠水大米	第30类：大米	惠水县雅水镇农业服务中心	15982549	2016-11-07—2026-11-06
8	贵定刺梨	第31类：（刺梨）新鲜水果	贵定县林业技术推广站	20974656	2018-02-14—2028-02-13
9	金谷福梨	第31类：梨	福泉市农业技术推广站	20766062	2018-02-14—2028-02-13
10	瓮安白茶	第30类：茶	瓮安县茶产业发展办公室	16621636	2018-06-07—2028-06-06
11	瓮安黄金芽	第30类：茶	瓮安县黄金芽茶业协会	24619154	2018-10-28—2028-10-27
12	荔波瑶山鸡	第29类：鸡肉	荔波县畜牧水产发展促进中心	34924304	2020-10-07—2030-10-06
13	荔波瑶山鸡	第31类：活鸡	荔波县畜牧水产发展促进中心	34924303	2020-10-07—2030-10-06
14	龙里豌豆尖	第31类：豌豆尖（新鲜蔬菜）	龙里县蔬果办公室	31294439	2021-01-14—2031-01-13

B.9 黔南布依族苗族自治州地理标志产业发展报告

表9-4 黔南州地理标志产品数量统计

批准部门	原国家质检总局+国家知识产权局渠道（地理标志保护产品）	原国家工商总局渠道（地理标志证明商标）	农业农村部渠道（农产品地理标志）
获批产品	都匀毛尖茶、罗甸艾纳香、罗甸火龙果、龙里刺梨、惠水黑糯米酒、独山盐酸菜、长顺绿壳鸡蛋、荔波蜜柚、惠水黑糯米、罗甸玉、贵定益肝草凉茶、龙里刺梨干、三都水族马尾绣	都匀毛尖、都匀毛尖茶、牙舟陶、贵定云雾贡茶、长顺绿壳鸡蛋、荔波蜜柚、龙里豌豆尖、惠水大米、贵定刺梨、金谷福梨、瓮安黄金芽、瓮安白茶、荔波瑶山鸡（29类）、荔波瑶山鸡（31类）	都匀毛尖茶、龙里刺梨、贵定云雾贡茶、贵定盘江酥李、长顺绿壳鸡蛋、惠水黑糯米、罗甸脐橙、龙里豌豆尖、惠水金钱橘、福泉梨、独山大米、独山高寨茶、荔波瑶山鸡、平塘乌骨鸡、平塘皱皮线椒、平塘百香果
小计	13件	14件	16件
总计	43件（8件产品获多重保护）		

在黔南州43个地理标志产品中，通过原国家质检总局+国家知识产权局渠道获地理标志产品保护的数量占总数的30.23%，地理标志证明商标的数量占总数的32.56%，农产品地理标志的数量占总数的37.21%。

（二）黔南州2017—2022年新增地理标志产品

2017年至2022年，黔南州新增地理标志产品19个，原国家质检总局+国家知识产权局渠道地理标志保护产品增加1个，为荔波蜜柚；原国家工商总局渠道地理标志证明商标增加7个，分别为贵定刺梨、金谷福梨、瓮安白茶、瓮安黄金芽、荔波瑶山鸡、荔波瑶山鸡、龙里豌豆尖；农业农村部渠道农产品地理标志增加11个，分别为：都匀毛尖茶、福泉梨、惠水黑糯米、惠水金钱橘、龙里刺梨、独山大米、独山高寨茶、荔波瑶山鸡、平塘乌骨鸡、平塘皱皮线椒、平塘百香果。农产品地理标志为主要增长对象，地理标志证明商标增长数量紧随其后，增长个数相差4个产品，地理标志保护产品增长缓慢，仅在2017年获得批准1个，至2022年无产品获得批准认证（表9-5）。

表 9-5　2017—2022 年黔南州新增地理标志产品

序号	保护渠道	产品名称	申请时间	申报主体	注册公告号
1	原国家质检总局+国家知识产权局渠道（地理标志保护产品）	荔波蜜柚	2017-09-20	荔波县人民政府	2018 年 3 月 15 日 第 33 号
2	原国家工商总局渠道（地理标志证明商标）	贵定刺梨	2016-08-15	贵定县林业技术推广站	2018 年 2 月 13 日 第 1587 号
3		金谷福梨	2016-07-26	福泉市农业技术推广站	2018 年 2 月 14 日 第 1587 号
4		瓮安白茶	2015-04-02	瓮安县茶产业发展办公室	2018 年 6 月 7 日 第 1602 号
5		瓮安黄金芽	2017-06-12	瓮安县黄金芽茶业协会	2018 年 10 月 28 日 第 1621 号
6		荔波瑶山鸡（第 29 类）	2018-11-27	荔波县畜牧水产发展促进中心	2020 年 10 月 7 日 第 1714 号
7		荔波瑶山鸡（第 31 类）	2018-11-27	荔波县畜牧水产发展促进中心	2020 年 10 月 7 日 第 1714 号
8		龙里豌豆尖	2018-05-31	龙里县蔬果办公室	2021 年 1 月 14 日 第 1727 号
9	农业农村部渠道（地理标志农产品）	都匀毛尖茶	2016-04-28	黔南茶叶协会	2017 年 1 月 10 日 农业部公告第 2486 号
10		福泉梨	2016-07-06	福泉市农业技术推广站	2017 年 4 月 20 日 农业部公告第 2520 号
11		惠水黑糯米	2017-06-02	惠水县蔬果站	2017 年 12 月 22 日 农业部公告第 2620 号
12		惠水金钱橘	2017-06-02	惠水县蔬果站	2017 年 12 月 22 日 农业部公告第 2620 号
13		龙里刺梨	2019-10-30	龙里县蔬果办公室	2020 年 4 月 30 日 农业农村部公告第 290 号
14		独山大米	2019-10-29	独山县农村经济管理站	2020 年 4 月 30 日 农业农村部公告第 290 号

B.9 黔南布依族苗族自治州地理标志产业发展报告

续表

序号	保护渠道	产品名称	申请时间	申报主体	注册公告号
15	农业农村部渠道（地理标志农产品）	独山高寨茶	2019-10-29	独山县农村经济管理站	2020年4月30日农业农村部公告第290号
16		荔波瑶山鸡	2019-04-01	荔波县畜牧水产发展促进中心	2020年12月25日农业农村部公告第378号
17		平塘乌骨鸡	2020-08-28	平塘县养殖业发展中心	2021年6月4日农业农村部公告第431号
18		平塘皱皮线椒	2020-08-28	平塘县种植业发展中心	2021年6月4日农业农村部公告第431号
19		平塘百香果	2020-08-28	平塘县种植业发展中心	2021年6月4日农业农村部公告第431号

二、地理标志产业发展

（一）各县（市）地理标志产业发展概况

黔南州围绕"四新"主攻"四化"，聚焦"守底线、抓发展、促振兴"，积极按照乡村振兴"产业兴旺、生态宜居、乡风文明、治理有效、生活富裕"的总要求，聚力大抓产业，加快发展实体经济，加快农业产业结构调整，农林牧渔业总产值连续五年位居全省前列。截至2022年，全国生猪前十强龙头企业八家落户黔南，养殖规模化率跃升全省第一；刺梨、蔬菜、水果、中药材等优势产业倍增发展；建成粤港澳大湾区"菜篮子"基地46个，创建国家农产品质量安全县2个。深入实施旅游"九大工程"，旅游产业化综合评价指数提升到全省第三；荔波县获评国家全域旅游示范区、龙里油画大草原获评国家体旅示范基地，"中国天眼"景区列入全国首批研学实践示范基地。深入实施"百企引领""万企融合"行动，大数据产业产值实现翻番，进入全省第一方阵。民营经济增加值为1020亿元，GDP占比较2016年提高

7.2个百分点。各县（市）也因地制宜大力发展农业产业，打造农业品牌，实施地理标志保护工作，以"一县一业""一村一品"为产业基础，按照"巩固成果、补齐短板、促进振兴"的要求，稳步推进产业发展、品牌提升、增收致富。目前黔南州12个县（市）共拥有地理标志产品34件（以产品统计），分别为都匀市2件、罗甸县4件、龙里县3件、惠水县4件、独山县3件、贵定县4件、长顺县1件、三都水族自治县1件、福泉市2件、瓮安县2件、荔波县4件、平塘县4件，见表9-6。贵州省以市场需求为导向，以完善利益联结机制为核心，以制度、技术和商业模式创新为动力，以新型城镇化为依托，大力推进农业供给侧结构性改革，构建现代山地特色高效农业产业体系，加速推进农村一、二、三产业融合发展，促进乡村振兴产业兴旺，出台相关精神文件和政策，划分出12大特色优势农业产业（产品），重点推进和发展该12大产业产品（以下简称"十二大产业"），分别为：茶叶产业、竹产业、中药材产业、蔬菜产业、刺梨产业、生态畜禽产业、生态渔业产业、石斛产业、油茶产业、水果产业、辣椒产业、食用菌产业。其中，都匀毛尖（茶）、独山高寨茶、瓮安黄金芽、瓮安白茶、贵定云雾贡茶归属茶叶产业；龙里刺梨、龙里刺梨干、贵定刺梨归属刺梨产业；罗甸火龙果、罗甸脐橙、惠水金钱橘、贵定盘江酥李、福泉梨、金谷福梨、荔波蜜柚、平塘百香果归属水果产业；罗甸艾纳香归属中药材产业；平塘皱皮线椒归属辣椒产业；龙里豌豆尖归属蔬菜产业；荔波瑶山鸡、平塘乌骨鸡、长顺绿壳鸡蛋归属生态畜禽产业；剩余的不在贵州十二大产业内，但仍然是贵州代表性特色产业，在贵州十大特色产业内。

表9-6 黔南州12个县（市）地理标志产品

序号	属地	名称	个数	十二大产业	产业分类	保护部门/类型
1	都匀市	都匀毛尖	2	茶叶	茶	国家知识产权局/地理标志证明商标
2		都匀毛尖茶		茶叶	茶	国家知识产权局/地理标志保护产品 国家知识产权局/地理标志证明商标 农业农村部/地理标志农产品

B.9 黔南布依族苗族自治州地理标志产业发展报告

续表

序号	属地	名称	个数	十二大产业	产业分类	保护部门/类型
3	罗甸县	罗甸艾纳香	4	中药材	中药材	国家知识产权局/地理标志保护产品
4		罗甸火龙果		水果	水果	
5		罗甸玉		—	民族民间工艺品	
6		罗甸脐橙		水果	水果	农业农村部/地理标志农产品
7	龙里县	龙里刺梨	3	刺梨	水果	国家知识产权局/地理标志保护产品 农业农村部/地理标志农产品
8		龙里刺梨干		刺梨	传统食品	国家知识产权局/地理标志保护产品
9		龙里豌豆尖		蔬菜	蔬菜	国家知识产权局/地理标志证明商标 农业农村部/地理标志农产品
10	惠水县	惠水黑糯米酒	4	—	酒	国家知识产权局/地理标志保护产品
11		惠水黑糯米		—	粮油	国家知识产权局/地理标志证明商标 农业农村部/地理标志农产品
12		惠水金钱橘		水果	水果	农业农村部/地理标志农产品
13		惠水大米		—	粮油	国家知识产权局/地理标志证明商标
14	独山县	独山盐酸菜	3	—	传统食品	国家知识产权局/地理标志保护产品
15		独山大米		—	粮油	农业农村部/地理标志农产品
16		独山高寨茶		茶叶	茶叶	
17	贵定县	贵定刺梨	4	刺梨	水果	国家知识产权局/地理标志证明商标
18		贵定益肝草凉茶		—	传统食品	国家知识产权局/地理标志保护产品
19		贵定云雾贡茶		茶叶	茶叶	国家知识产权局/地理标志证明商标 农业农村部/地理标志农产品
20		贵定盘江酥李		水果	水果	农业农村部/地理标志农产品
21	长顺县	长顺绿壳鸡蛋	1	生态畜禽	畜禽	国家知识产权局/地理标志保护产品 国家知识产权局/地理标志证明商标 农业农村部/地理标志农产品

续表

序号	属地	名称	个数	十二大产业	产业分类	保护部门/类型
22	三都水族自治县	三都水族马尾绣	1	—	民族民间工艺品	国家知识产权局/地理标志保护产品
23	福泉市	福泉梨	2	水果	水果	农业农村部/地理标志农产品
24		金谷福梨		水果	水果	国家知识产权局/地理标志证明商标
25	瓮安县	瓮安黄金芽	2	茶叶	茶叶	国家知识产权局/地理标志证明商标
26		瓮安白茶		茶叶	茶叶	
27	荔波县	荔波蜜柚	4	水果	水果	国家知识产权局/地理标志保护产品 国家知识产权局/地理标志证明商标
28		荔波瑶山鸡		生态畜禽	畜禽	农业农村部/地理标志农产品
29		荔波瑶山鸡（29）		生态畜禽	畜禽	国家知识产权局/地理标志证明商标
30		荔波瑶山鸡（31）		生态畜禽	畜禽	
31	平塘县	牙舟陶	4	—	民族民间工艺品	国家知识产权局/地理标志证明商标
32		平塘乌骨鸡		生态畜禽	畜禽	农业农村部/地理标志农产品
33		平塘皱皮线椒		辣椒	蔬菜	
34		平塘百香果		水果	水果	

黔南州12个县（市）根据自身情况，因地制宜，有效发展各区域内地理标志产业和区域农产品产业，打造优质地理标志产品产业和品牌化区域农产品。

（二）黔南州重点地理标志产业发展概况

1. 都匀毛尖（茶）

都匀毛尖（茶）是全国十大名茶之一，历史悠久、知名度高、产品质量突出，产业规模大、市场上多见，是贵州知名的茶叶品牌。都匀毛尖（茶）拥有多重保护，2005年以"都匀毛尖"向原国家工商总局渠道申请地理标志

B.9 黔南布依族苗族自治州地理标志产业发展报告

证明商标，获批准注册；2010年以"都匀毛尖茶"向原国家质检总局＋国家知识产权局渠道申请地理标志产品保护，获批准登记；2011年以"都匀毛尖茶"向原国家工商总局渠道申请地理标志证明商标，获批准注册；2017年以"都匀毛尖茶"向农业农村部渠道申请登记为农产品地理标志，获批准登记。2021年3月1日《中华人民共和国政府与欧洲联盟地理标志保护与合作协定》（简称《中欧地理标志协定》）正式生效，都匀毛尖（茶）正式被纳入中欧互认地理标志产品保护范围。都匀毛尖（茶）划定的地理标志保护范围为贵州省黔南布依族苗族自治州都匀市、福泉市、瓮安县、龙里县、惠水县、长顺县、独山县、三都水族自治县、荔波县、平塘县、罗甸县、贵定县12个县（市）现辖行政区域。都匀毛尖（茶）产业起步早，产业发展成熟，一直受到省、州、县各级政府及相关领域专家的高度重视，是省级重点打造和发展的茶叶产业和茶叶品牌之一，都匀毛尖（茶）是省级决策打造的"三绿一红"（"都匀毛尖""湄潭翠芽""绿宝石""遵义红"）中的一绿，是省重点品牌。省级层面先后出台了2个黔党发、2个黔府办发、3个茶产业五年规划、2个省级涉茶条例，从基地、质量、加工、市场、品牌等全产业链推进贵州茶产业发展。都匀毛尖（茶）申报和获得地理标志产品保护认证时间也较早，2005年就已经取得地理标志证明商标的注册保护，是贵州省黔南州重点发展的优势地理标志产品之一。

此后，围绕都匀毛尖（茶）品牌提升、质量提质、产业发展的相关措施接连不断，并逐步实施。2017年2月，贵州省人民政府批准建立贵州经贸职业技术学院的同时，批准建立贵州都匀毛尖茶学院，形成了以贵州都匀毛尖茶学院为引领，与都匀中等职业学校相呼应的茶专业中高职院校集群。经多年打造，贵州都匀毛尖茶学院以为贵州茶产业发展培养茶生产销售技术技能型人才和茶企业经营管理者为办学定位和培养目标，先后共为贵州茶叶生产经营企业输送了九届毕业生，共计3000多人，面向全省茶产业和茶农开展技术服务和培训，完成茶叶加工工、茶艺师、评茶员职业资格培训和技能鉴定超八千人次。黔南州抢抓"一带一路"机遇，通过连续举办多届都匀毛尖（国际）茶人会，邀请国内外茶人会聚黔南，以茶为媒，以茶促旅，开展了茶叶展销、茶业论坛、万人品茗等丰富的茶文化活动，向世界推介"游黔南·

品毛尖"旅游文化。同时，积极打造茶旅精品旅游线路，围绕都匀毛尖茶四大核心产区，推出了瓮安"建中茶旅小镇—朱家山森林公园—花间池温泉"品茗养心康养之旅、平塘"观中国天眼—探神秘天坑—品贵州春茶第一壶"体验之旅、贵定"赏金海雪山—游四季花谷—品云雾贡茶"体验之旅、都匀"茶博园—螺蛳壳—毛尖镇民族风情园—茶神庙"等多条茶旅结合的精品旅游线路。2019年5月，都匀"云端茶海·心上毛尖之旅"精品线路成功入选全国茶乡旅游精品线路。2015年，黔南州建设了占地面积123亩，仿1915年巴拿马万国博览会中国茶馆古建筑风格，集茶文化广场、茶文化主题公园、百年毛尖古镇、饮食城等项目于一体的茶文化博览园。位于都匀市区的都匀毛尖茶茶文化博览园集茶园生态观光、采茶体验、制作加工、茶艺展示、徒步露营等内容于一体，让茶园变公园、茶区变景区，生态效益、经济效益实现双丰收，极大地扩大和增加了都匀毛尖茶的品牌形象和产品知名度。同时，黔南州还充分挖掘都匀毛尖茶文化，丰富茶旅业态。都匀螺蛳壳茶山依托生态茶园资源优势，创新推出了螺蛳壳茶园茶文化研学、茶园观光、茶叶品鉴、茶事劳作、茶艺观赏等体验产品，助推茶旅一体化融合发展，加快实现茶旅产业发展"接二连三"。

一直以来，黔南州政府高度重视品牌建设工作，将都匀毛尖作为黔南州旅游商品头号品牌打造，加大对都匀毛尖地理标志证明商标的保护力度。黔南州成立了都匀毛尖品牌管理委员会，采取"公用品牌+企业品牌"的母子品牌模式，构建了统一品牌、统一包装、统一质量、统一宣传、统一价格、统一标准的"六统一"品牌管理体系，提升都匀毛尖品牌竞争力。制定并出台了《都匀毛尖茶地理标志产品保护管理办法（暂行）》（黔南府办发〔2011〕26号），还制定并出台了DB52/T 433—2018《地理标志产品 都匀毛尖茶》、DB52/T 995—2018《都匀毛尖茶加工技术规程》相关标准，规范都匀毛尖茶的加工生产。一直以来黔南州大力宣传都匀毛尖（茶），开通了从贵阳直通广州的"都匀毛尖号"动车。在亚洲最大茶叶集散地广州南方茶叶交易市场建立了都匀毛尖南方运营中心，在上海核心商圈徐家汇建立了都匀毛尖茶体验中心。积极推动州内茶企与中国茶叶股份有限公司、八马茶业股份有限公司合作，推出"中茶牌"都匀毛尖茶、"八马牌"都匀毛尖茶等系列产品。

B.9 黔南布依族苗族自治州地理标志产业发展报告

黔南州推进都匀毛尖茶进景区、进机场、进高速服务区、进高铁站、进酒店等行动，实现都匀毛尖茶在黔南州A级景区购物店全覆盖。2014年以来，都匀毛尖品牌累计在全国开设销售窗口1191个。截至2022年，黔南州申报都匀毛尖地理标志产品保护企业45家，授权证明商标企业87家，2019年，国家知识产权局正式批复"都匀毛尖"商标为"驰名商标"。2021年经过省农业农村厅专家组审查，都匀毛尖（茶）被纳入贵州省地理标志农产品保护工程项目，地理标志保护工程的实施持续提高都匀毛尖（茶）的品牌影响力。自1915年获巴拿马万国博览会金奖至2022年的100多年间，都匀毛尖先后荣获"中国十大名茶""中国十大茶叶区域公用品牌"等100多项国家级和国际级荣誉。区域公用品牌价值从2014年的13.78亿元提升至2022年的43.74亿元，都匀毛尖（茶）多次被评为"最具发展力品牌""最具经营力品牌""最具传播力品牌"。2022年11月29日，联合国教科文组织保护非物质文化遗产政府间委员会第17届常务委员会通过评审，"都匀毛尖茶制作技艺"入选"人类非物质文化遗产代表作名录"。

"十四五"时期，黔南州将按照党的二十大提出的以文塑旅、以旅彰文的要求，深挖黔南茶历史和茶文化内涵，不断擦亮毛尖茶制作技艺世界级非遗品牌，加大茶园旅游基础设施建设力度，推动茶旅融合发展，助推全州经济社会高质量发展，让都匀毛尖茶旅融合，融出一片好风光。

2. 龙里刺梨

龙里刺梨，是贵州十二大产业中的重点产业之一，也是贵州给世界的一张亮丽的品牌名片，龙里刺梨拥有地理标志保护产品和地理标志农产品双重保护。2012年7月18日原国家质检总局2012年第102号公告，龙里刺梨获批为地理标志保护产品。2020年4月30日农业农村部公告第290号"龙里刺梨"获批为地理标志农产品。2012年至2020年，龙里县行政区划及所辖乡镇有所变动，因此在公告的保护范围上有出入，但所界定的保护范围没有变化，为龙里县现辖行政区域。龙里县作为刺梨重点产区之一，一直以来积极打造和助力龙里刺梨的品牌发展和质量提升。龙里刺梨是龙里县第一个地理标志产品，也是贵州省第一个和目前唯一一个刺梨（鲜果）的地理标志，具有非常明显的里程碑意义。龙里县汇集全县刺梨优势建立了"龙里县茶香刺梨产业示范园区",是省级现代高效农业示范园区中唯一的刺梨产业示范园区,示范园区位于贵州龙里县谷脚镇,园区规划范围包括核心区和拓展区。核心区覆盖龙里县谷脚镇茶香村、高堡村、新坪村、高枧村、鸡场村与醒狮镇元宝村6个村,总面积约为9.8万亩;拓展区包含龙里县谷脚镇、醒狮镇、洗马镇3个镇的区域,共75个村820个村民组,总面积为98.5万亩。园区规划为"一带、两园、四片区",一带为以刺梨沟为特色的生态休闲景观带;两园为科技核心服务园、民族风情园;四片区为刺梨种植示范区、刺梨培育区、加工贸易区和市场交易区。2016年,园区已有刺梨种植14万余亩,100亩精品刺梨种植基地,人工种植刺梨2万余亩已开始挂果,1万亩已进入盛果期,年产刺梨鲜果1.8万吨,总产值达1亿元,刺梨已成为龙里县农业的一大特色产业,龙里县是全省人工种植刺梨最具规模、面积最大、品种最优、产量最高的刺梨生产县。

龙里刺梨现已拥有"茶乡刺梨"和"谷脚刺梨"两个贵州省著名商标。近年来,龙里县多次组织龙里刺梨和刺梨系列产品参加国家、省内外的各种展销和展览。龙里刺梨先后被评为"贵州省名优水果""贵州名牌农产品""绿色食品标志产品"等称号;2003年在深圳举行的农产品交易会上,龙里刺梨被评为最受商家欢迎的十大产品之一;2009年,刺梨精粉、以刺梨为生产原料的"刺硒灵"等高新保健产品在深圳"中国·深圳第十一届高新技术成果交易会"上展出;2010年上海世博会期间,龙里刺梨干等系列产品在贵州馆展出;2011年,贵州龙里华南理工生物工程有限公司刺梨系列产品相继参加了"中国·贵州国际酒类博览会"和贵州省人民政府组织的"2011年香港美食博览会";继2012年荣获"中国刺梨之乡"荣誉后,2017年经中国经济林协会评估认证,贵州省龙里县成功荣获"中国刺梨名县"荣誉称号。2022年龙里县刺梨产品荣获省级旅游商品大赛大奖。

龙里县大力挖掘刺梨文化,为人们提供登高览景、避暑休闲、健身娱乐、民俗体验和科普教育的场所。龙里县以谷脚镇茶香村"十里刺梨沟"为核心建成刺梨系列产品存列馆、刺梨产业科技培训基地和以赏花品果为主的刺梨科技示范园区。园区已举办七届"贵州·龙里十里刺梨沟赏花品果节",2016年,龙里县为举行第五届"贵州·龙里十里刺梨沟赏花品果节"茶香村

B.9 黔南布依族苗族自治州地理标志产业发展报告

打造自行车主题公园，包括小康村寨、水体景观、景观步道等基础设施，7月国际自行车赛事在龙里县举行，茶香村逐步建成以读刺梨文化，赏刺梨花，采摘、品尝刺梨鲜果为主的生态美景和畅饮刺梨美酒、品绿色农家乐等以刺梨为主的生态文化旅游精品带。今后，龙里县将加快刺梨产业"接二连三"发展步伐，倾力建设"五基地一中心"，即全国最大的刺梨标准化种植基地、刺梨加工生产基地、刺梨产品物流基地、刺梨良种繁育基地、刺梨科普研究基地和刺梨康养文化中心。

省、州、县一直高度重视龙里刺梨地理标志产业发展和产品保护，先后出台了《关于推进刺梨产业高质量发展的实施意见》《贵州省农村产业革命刺梨产业发展推进方案》《黔南州刺梨产业提质增效实施方案》《龙里县人民政府办公室关于印发龙里县脱贫攻坚农业产业化发展扶持政策（试行）的通知》（龙府办发〔2017〕60号）、《龙里县刺梨种植扶持奖励办法》《龙里县刺梨低效林改造三年行动实施方案（2019—2021年）》《龙里县2021—2023年政策性农业保险工作实施方案》《龙里县特色农产品品牌培育工作方案（2021—2023年）》等政策文件，在政策、资金等方面给予支持，规划和推进龙里刺梨产业标准化发展和品牌提升工程。省、州政府为龙里刺梨量身制定并出台了DB52/T 936—2014《地理标志产品　龙里刺梨》省级地方标准，并参与制定了刺梨种植技术等省级地方标准，具体有DB52/T 1498—2020《刺梨组培苗繁育技术规程》、DB52/T1497—2020《刺梨良种栽培技术规程》、DB52/T 1488—2020《刺梨梨小食心虫绿色防控技术规程》、DB52/T 1487—2020《刺梨白粉病绿色防控技术规程》，2020年编制并发布了《中国刺梨产业发展报告（2020）》。

2014年，"龙里刺梨"获批进入贵州省第六批地理标志产品产业化促进工程项目，工程实施期内贵州省质量技术监督局发布DB52/T 936—2014《地理标志产品　龙里刺梨》省级地方标准；开展龙里刺梨地理标志专题培训共25期；申请专利6件；新增6家企业使用地理标志专用标志75.8万枚；产品产值较实施前增加了30%。

龙里县持续推进农业产业结构调整，实施"定目标、产业组合、长短结合、企农联合"的"一定三合"产业模式，推动刺梨产业规模化、组织化、专业化发展。贵州恒力源集团作为龙里刺梨产品扶贫的重要龙头企业，每年为刺梨种植户带来2000多万元的现金收入，荣获黔南州"脱贫攻坚先进集体"、贵州省"千企帮千村"精准扶贫行动先进民营企业等荣誉。2016年以来，贵州恒力源集团投入2.5亿元，大力发展和建设龙里刺梨绿色生态种植基地，投入有机肥30余吨，先后对洗马镇猫寨村1000亩有机刺梨进行剪枝、除草、施放有机肥等提质改培工作，进一步提高刺梨果品质。贵州恒力源集团拥有3项刺梨行业发明专利，14项实用新型专利。并通过与各大知名大学科研机构合作研发独有功效的刺梨产品，从各方面聚集龙里刺梨的人才，2019年成为贵州省刺梨研发人才基地，旨在将贵州恒力源集团打造为全省乃至全国刺梨行业的标杆企业，引领刺梨行业持续、快速、健康发展。

2020年10月19日上午，由贵州恒力源集团冠名的"贵州刺梨·养生有维"品牌高铁专列在贵阳北站隆重首发，满载着贵州刺梨对大众健康的祝福驶向厦门，进一步增强了"贵州刺梨"公共品牌的影响力，扩大了知名度，拓宽了"东部市场+贵州产品"的发展之路。此外，贵州恒力源集团还与荷兰"皇家帝斯曼"公司签订合作备忘录，为广州王老吉药业股份有限公司、浙江娃哈哈集团有限公司等企业提供刺梨原材料。

3. 罗甸火龙果

罗甸火龙果是贵州知名精品水果之一，2013年12月10日原国家质检总局2013年第167号公告批准其为地理标志保护产品，这是贵州省第一个火龙果地理标志产品。罗甸县依托当地独特的地理位置和自然环境气候，种植火龙果时间早，经验丰富。罗甸火龙果产业规模大，品牌知名度高，在贵州火龙果产业中具有"排头兵"和"领头羊"的示范效果。罗甸火龙果作为贵州省十二大水果产业中知名度和品牌价值较靠前的精品水果产业，是黔南州唯一一个火龙果区域性品牌，是罗甸县名副其实的火红的致富产业。2015年7月30日，罗甸县经中国热带作物学会热带园艺专业委员会审核，被评为"中国火龙果之乡"，系全国首个获此称号的县区。罗甸县已成为贵州最大的火龙果种植基地。

罗甸县是我国火龙果的原生地，已发现15个野生资源。从20世纪90年代开始，贵州省果蔬站、果树研究所就开始在罗甸县区域内进行火龙果引种

B.9 黔南布依族苗族自治州地理标志产业发展报告

试种,先后培育出"紫红龙""粉红龙"和"晶红龙"等优良品种。罗甸县气候环境独特,是火龙果的优势种植区域,火龙果产业已列入贵州省委、省政府一号文件。罗甸县政府制定了详尽的火龙果产业发展规划,引导和鼓励群众种植火龙果,掀起了大面积推广种植火龙果的热潮。罗甸火龙果通过"公司+合作社+农户"等种植模式,借助网络销售平台走向全国各地,销往北京、天津、上海、重庆等地。绿色环保、颜色鲜红、果味浓、果汁多、口感好等优质特点让罗甸火龙果深受广大客商和消费者的青睐。2007年,罗甸火龙果在首届中国·成都国际农业博览会上获得金奖,2008年获贵州农业丰收一等奖,2009年荣获贵州省农产品金奖。

在2013年罗甸火龙果获得地理标志产品保护后,罗甸县有效运用地理标志保护制度和品牌宣传功效,全力开展地理标志产品罗甸火龙果相关工程项目。2013年建立国家级火龙果标准化示范区。截至2015年,罗甸县连续6年获得了中央现代农业精品水果项目扶持,实施了火龙果标准示范园建设,火龙果种植面积6.29万余亩,覆盖全县7个乡镇69个村,受益农户达1.24万户5.14万人。

随着罗甸火龙果种植面积的不断扩大,为了更好地发展罗甸火龙果产业,罗甸县围绕生产主体、产业人才、产品质量、品牌提升以及质量安全等几方面开展相关工作。罗甸县引进德龙、甸甸食品等火龙果深加工企业3家,解决产品单一化问题;培育农业小微企业,截至2021年,共培育火龙果种植企业15家(其中:农业龙头企业5家)、产业协会1家、种植合作社8个、种植大户120余户。商农结合,使产业链结构更加完整。罗甸县依托华南农业大学、省农科院、省果蔬站等优质资源,建设火龙果试验基地2个,研发优良品种,引导农民科学种植。罗甸县引导企业加快火龙果商标注册、"两品一标"认证等,截至2021年,罗甸火龙果绿色食品、有机食品认证达5个,引导14家企业(合作社)按照统一技术、统一包装、统一品牌的要求,制定DB52/T 611—2010《贵州喀斯特山区火龙果生产技术规程》等标准。罗甸县大力发展农村电子商务,拓宽线上农产品销售渠道;推行"订单+保单"的"两单"农业发展模式,提升产业市场化水平;建设罗甸火龙果的质量安全溯源体系,严格执行相关行业标准和法律、法规,不断规范火龙果的生产、加工和销售行为，实现"标准（质量）立果"。在完善农产品质量检测监测中心建设基础上，建立健全质量安全检测监测网络，在火龙果基地和市场设置农残检测监测站（点），大力推广农残速测技术在水果生产基地、批发市场、零售市场里的应用，严格实行水果农残的例行检测，并先后建立火龙果产地检测监测站（点）1个、流动检测监测站（点）2个。

罗甸县相关企业不断探索创新，推动传统农业"接二连三"，实现融合发展。火龙果产业方面，从最初的鲜果销售，拓展到包括火龙果月饼、火龙果酒、火龙果干片、火龙果花茶、火龙果酵素在内的加工产品集群，同时采取"火龙果+采摘体验""火龙果+农家乐""火龙果+户外拓展"等模式，进一步延长罗甸火龙果产业链条，推动罗甸火龙果产业长效有序发展。

全县现有火龙果种植企业、火龙果加工企业、火龙果专业合作社以及种植大户通过线下直销和线上电商网络平台，把罗甸火龙果销往北京、天津、南京、上海、重庆、长沙等城市，罗甸火龙果成为高端消费食品，市场影响力不断扩大。快速发展的罗甸火龙果产业也受到省内外各大媒体的关注，尤其是2013年获批为地理标志产品后，其品牌知名度得到明显提升，引来了新闻媒体的广泛关注，央视农业频道、新华网、人民网、贵州日报、贵州电视台、"金黔在线"、黔南日报、黔南电视台等中央、省、州主流媒体、网站对罗甸火龙果进行了宣传报道。

罗甸火龙果产业发展获得市场和省级部门的肯定，罗甸县将不断优化农业产业结构，大力发展火龙果产业，采取绿色环保、科学管护等措施提升果品果质，继续大力改进火龙果精深加工技术，培育一批加工厂、加工龙头企业，延长火龙果产业链，实现农业接二产、连三产。

（三）黔南州2017—2022年新增17个地理标志产品中15个地理标志产品及惠水黑糯米酒产业发展简况

黔南州2017—2022年新增地理标志产品及认证后开展的地理标志提升工程、认证后产业发展具体情况见表9–7。

B.9 黔南布依族苗族自治州地理标志产业发展报告

表9-7 2017—2022年黔南州新增地理标志产品及认证后开展的地理标志提升工程、认证后产业发展

序号	产品名称	认证后开展的地理标志提升工程	认证后产业发展
1	惠水黑糯米酒	1. 制定DB52/T 935—2014《地理标志产品 惠水黑糯米酒》 2. 2017年，与广东湘籍企业家商会积极对接，达成对惠水黑糯米酒销售意向 3. 惠水黑糯米酒成为贵州省唯一一个正式入选中欧地理标志互认保护清单的米酒产品	产品销往湖南、广东、广西、河南、上海、浙江、福建、江苏、北京等国内地区 现年产量3000吨，年产值8000万元
2	荔波蜜柚	1. 荔波县围绕"三化"对2.7万亩蜜柚实施提质改造，使蜜柚亩产值分别提升500元以上，综合增加收入1750万元 2. 开展生态化栽培，采用新材料防草膜10余万平方米，推广防草膜覆盖方式生态防除杂草 3. 实施绿色增效措施，减少农药的使用，80%蜜柚实施果实套袋，减少农药直接喷施在果实上，降低农药的使用	1. 荔波县发展荔波蜜柚6.7万亩 2. 每天销往省内及省外市场80~100吨
3	惠水黑糯米	1. 制定DB52/T 1230—2017《地理标志产品 惠水黑糯米》 2. 2018年贵州省15个地理标志产品产业化促进工程项目 3. 以雅水镇优质米高效农业园区为核心，建成高标准惠水黑糯米特色米基地2万亩 4. 2022年，建线上销售平台，在微店、拼多多、淘宝、832等多个平台开设店铺，在抖音、快手、今日头条进行惠水黑糯米等农特产品短视频推广	1. 生产规模3万亩 2. 平均亩产130公斤，每亩收入3900元 3. 惠水黑糯米市场价格年年走高
4	惠水金钱橘	1. 惠水金钱橘入选2019年全国特色种植产品目录 2. 2019年，举办惠水金钱橘采摘节等系列活动 3. 2020年，开展采摘季暨消费扶贫周末聚系列活动 5. 2022年，开展病虫害绿色防控与田间管理技术培训 6. 2022年，惠水县融媒体中心以"双十二"购物节为契机，来到惠水县七里冲橘园开展惠水金钱橘直播带货	1. 列为惠水县重点水果产业，并将其与旅游开发紧密结合 2. 惠水县金钱橘种植面积约1.5万亩，年产量在2.2万吨左右

续表

序号	产品名称	认证后开展的地理标志提升工程	认证后产业发展
5	龙里豌豆尖	1. 2015年以来，龙里县累计投入资金800余万元，建设完善湾滩河豌豆尖示范种植核心区冷链仓储物流、喷滴灌设施及排灌渠等 2. 全县建成"粤港澳大湾区菜篮子"蔬菜保供基地2个，种植面积1310亩 3. 制定并出台T/GGI 101—2022《龙里豌豆尖 产地环境条件》、T/GGI 102—2022《龙里豌豆尖种植技术规程》、T/GGI 103—2022《龙里豌豆尖 生产投入品使用管理规范》、T/GGI 104—2022《地理标志产品 龙里豌豆尖》、T/GGI 105—2022《龙里豌豆尖 储运及包装标识规范》、DB 5227001/T 29—2010《龙里豌豆苗（尖）生产技术规程》综合标准体系，指导农户严格按照规程搞好基地生产 4. 2021年至2022年实施"龙里豌豆尖"农产品地理标志保护工程并顺利验收通过	1. 龙里县常年种植面积3万余亩。年总产量达2.4万吨，年产值达1.2亿元 2. 龙里豌豆尖畅销省内外，通过香港丰泰农业科技公司销往香港、澳门地区，每斤平均售价60至80港币，最高售价每斤可达268港币
6	福泉梨（金谷福梨）	1. 全面实行地理标志产品"福泉梨"组织化、标准化生产，全面提高农产品质量安全监管水平 2. 创建国家农产品质量安全县暨梨产业技术培训会 3. 出台福泉市扶持"梨、茶、畜"主导产业奖补办法（福府办发〔2015〕267号）	2022年种植福泉梨12600亩，产量在1000万斤左右，产值在2500万元到3000万元
7	贵定刺梨	1. 2022年，争取到中央财政资金低产低效林改造、退化林修复2.4万亩的项目支持，投资840万元 2. 与刺梨加工企业充分对接协商，采取核心龙头企业（山王果）和龙头企业+的收购模式，在符合刺梨收购标准条件下，实施刺梨保底收购，切实保障农户实际利益 3. 利用东西部协作机遇推进订单式生产。邀请产品代言人采取直播带货、电商直销、微信小程序售卖等新模式，拓展销售市场	山王果刺梨旗下经销商达3000余个，年销售达2亿元
8	瓮安黄金芽	1. 充分利用微博、微信等新媒体和电视、广播等传统媒体，强化立体化、全方位、多角度宣传瓮安黄金芽 2. 积极举办、参与各类农交会、茶博会等品牌展销会，加大瓮安农产品推介和展销力度	瓮安县稳定茶园面积20.81万亩。全县茶企共注册商标56个

B.9 黔南布依族苗族自治州地理标志产业发展报告

续表

序号	产品名称	认证后开展的地理标志提升工程	认证后产业发展
9	瓮安白茶	1. 瓮安县猴场茶业有限公司在瓮安县玉山镇苟家庄村建设1800亩瓮安白茶基地 2. 贵州云龙农业发展有限公司在瓮安县岚关乡高山脚下建设1000亩白茶基地 3. 县长直播带货卖出近30万元瓮安白茶	稳定茶园面积20.81万亩，投产茶园面积19.55万亩，打造欧标茶园15万亩。全县茶企共注册商标56个
10	独山大米	1. 政府加大对独山大米龙头企业的扶持，鼓励为稻农提供订单服务，推行订单农业，标准化生产 2. 建立优质大米综合标准体系，发展优质大米示范基地，保证和提高独山大米的产品质量 3. 发展龙头企业，其中独山县鼎丰米业、秋实农业等企业拥有国内最先进的大米生产线	1. 种植面积5.3万亩，年产量1.7355万吨 2. 拥有独山大米生产加工企业5家，获国家QS认证，年生产规模已达2万吨
11	独山高寨茶	1. 独山县紧扣特色茶产业发展，开办了茶艺师、评茶员培训班，共培训出茶艺师200余人 2. 带动农户2500户，覆盖精准扶贫户1200户，平均每户年增收7500元 3. 独山县以"茶"为核心，倾力打造"独山高寨茶"文化名片，强力宣传推介生态、旅游、文化等特色优势资源	全县茶园有12.6万亩，主要分布在影山、上司、基长、百泉、麻万、玉水等镇，其中获有机茶叶基地认证6600亩
12	荔波瑶山鸡	1. 制定并出台DB52/T 1391—2018《瑶山鸡》省级地方标准 2. 2018年，荔波县成功举办首届荔波瑶山鸡美食大赛 3. 2020年，统筹财政资金安排100万元，用于荔波瑶山鸡产业化建设项目 4. 2020年，在荔波县甲良镇益觉村新建荔波瑶山鸡种禽场一个，养殖规模8500羽 5. 瑶山鸡脱温鸡苗62000羽，小鸡全价饲料98.4吨，中鸡全价饲料114吨，家禽保健药30件 6. 2025年，力争建成瑶山鸡规模养殖场20~30个，实现瑶山鸡年出栏300万羽以上	1. 荔波瑶山鸡常年存栏达100万羽，年饲养达250万羽，有集散批发中心2个，年出栏瑶山鸡达150万羽，实现产值7000万元 2. 户均养鸡收入为3万~4万元/年

续表

序号	产品名称	认证后开展的地理标志提升工程	认证后产业发展
13	平塘乌骨鸡	1. 以农户散养为基础，采取"企业+贫困户"方式，发展乌骨鸡养殖产业，形成林（果）下养鸡、林草地养鸡等模式，促进平塘乌骨鸡生态养殖快速发展 2. 引进封开县智诚家禽育种有限公司拟投资3亿元在平塘县建设乌鸡产业园，项目采取园区+公司+合作社+农户的发展模式，可年带动务工就业2000人以上	平塘乌骨鸡养殖常年规模50万羽，产值0.6亿元
14	平塘皱皮线椒	重点培育平塘皱皮线椒，围绕500亩坝区和50亩以上公路产业带，建示范带、甘寨村甲度辣椒产业党建示范点	平塘皱皮线椒产量4.5万吨，产值2.25亿元
15	平塘百香果	1. 2022年，建设标准化百香果种植采摘观光园1000亩，辐射带动全县种植百香果10000亩 2. 贵州山顶红农业开发有限责任公司开展产学研合作，逐步形成百香果种植、采摘、加工、销售为一体的完整产业 3. 注册了"山顶红""贵·山顶红""黔·山顶红""顶红2号""黔·云上品"等商标，近年来先后获得"绿色食品A级产品""第二十届中国国际绿色食品博览会金奖""贵州最美百香果园"等荣誉称号 4. 2022年贵州省地理标志农产品保护工程项目	平塘县共种植百香果3万亩，主要采取"公司+合作社+农户（贫困户）"或"公司+基地+农户（贫困）"的模式发展，年产量约1.5万吨，产值2.4亿元

B.9 黔南布依族苗族自治州地理标志产业发展报告

附录：黔南州重点地理标志资源名录

序号	地区	产品名称	产业状况	备注
1	都匀	都匀酸汤	2022年，每日产能达到41吨左右	
		都匀红茶	汤色金黄明亮，花香馥郁，入口清甜，回味无穷。水浸出物达38%，高出省标和国标5~6个百分点，滋味浓厚	
		都匀红鲤	以"金鳞赤尾、体形梭长、鱼鳞软化、游姿娇美"，肉质鲜美，营养丰富，肉质回甜而著称，养殖水域面积20.6平方千米，产量0.04635万吨，产值1854万元	
		平浪大米	2021年，平浪大米种植面积约21.5万亩，年产量9.26万吨，年产值27771.72万元	
		都匀四酸	即酸菜、虾酸、香酸、糟辣酸。都匀传统民族食品。特色突出	
		都匀生态渔业	到2025年，稻田生态养鱼面积6万亩，年产量1500吨、产值0.35亿元	
2	罗甸	罗甸哈密瓜	2020年，全县种植规模达到了2000亩次，产值可超5300万元，覆盖贫困户510户、贫困人口2048人	
		罗甸蔬菜	2022年，发展蔬菜2.206万亩，其中示范种植面积1000亩，项目带动种植面积100亩	
		罗甸桃	2020年，已规划建设的罗甸桃基地3000多亩	
		罗甸杨梅	2022年，罗甸杨梅种植面积达1.64万亩，投产面积1万亩，预计今年全县杨梅产量可达4000吨，产值2000万元以上	
3	龙里	羊场大米	核心产区湾滩河镇每年种植羊场大米面积约4万余亩，年收稻谷4400余万斤，年销售量110万斤以上，产值达800多万元	
		龙里黄瓜	亩产量在32000斤左右，亩产值最多可达34000元，一季下来，总产值有60余万元	
		龙里刺梨汁	2017年龙里县刺梨人工种植保存面积10.5万亩，涉及农户7917户。2022年刺梨鲜果产量达1.2万吨，刺梨产业综合产值达3.5亿元	

续表

序号	地区	产品名称	产业状况	备注
4	惠水	惠水佛手瓜	2022年弄苑村种植2850亩，收购价每斤0.45元	
		惠水生态鲟鱼	2022年鲟鱼养殖场20家，养殖面积130余亩，年产量达2150吨	
		惠水杨梅	2020年建有杨梅基地2350亩，计划新增杨梅种植面积20000亩	
		惠水小黄姜	发展惠水小黄姜30000亩	
5	独山	独山三酸（臭）	臭酸、盐酸、虾酸并称为"独山三酸"，因煮时会散发出无比奇"臭"的味道而得名，一家煮一条街都能闻到，正所谓"臭名"远扬	
		独山糍粑	日产量达到10000件以上，月平均销量25万余件	
6	贵定	贵定黄桃	采取"公司（专业合作社）+基地+农户"的模式，连片发展，2022年总产量80余万斤	
		贵定辣椒脆	贵定地道的一种特色辣椒食品，选用本地辣椒为主原料、佐以菜籽油、芝麻、花椒、食用盐等经传统工艺处理后油炸、烘烤而成	
		贵定薇菜	年产量近600吨，成为全国最大的薇菜交易市场	
		贵定紫皮大蒜	核心产区种植面积3000亩，年产生蒜1500吨	
7	长顺	长顺苹果	全县长顺苹果种植面积达10万亩，挂果面积达6万亩，并依托长顺苹果种植产业发展规划建设全省山地农业"接二连三"先行示范区，实现长顺苹果产业年总产值达6亿元以上	
		长顺茭白	2020年，茭白种植面积3000亩，产量900多万斤，产值2000多万元，覆盖农户503户2000余人	
8	三都	三都水晶葡萄	2022年，发展三都水晶葡萄13.6万亩，每亩的产量约1700公斤	
		三都九阡李	2020年，发展三都九阡李2650余亩	
		三都九阡酒	九阡酒生产企业达到规模以上的有两家，年产值大约2000万元以上，九阡镇每个村寨都有小酒坊近上百家，生产各种系列酒品在县内外进行销售	

B.9 黔南布依族苗族自治州地理标志产业发展报告

续表

序号	地区	产品名称	产业状况	备注
9	福泉	福泉魔芋	大面积在山区发展魔芋种植基地,福泉已建有年产500吨魔芋粉生产线	
		福泉小番茄	又称"小福果",整个采摘期可延续到十一月份左右,亩产可达8000斤至13000斤左右	
10	瓮安	瓮安皮蛋	瓮安生产松花皮蛋的个体户上百家,年产松花皮蛋约2000万个	
		瓮安黄粑	2015年,瓮安黄粑企业3家,作坊式200余家。生产加工规模超过8000吨,产值超过4000万元	
		瓮安辣椒	2021年瓮安县发展瓮安辣椒面积16万亩	
11	荔波	荔波血橙	种植面积大概有800多亩,亩产量1000多斤,有6种规格的果子,价格一般在每斤3元到8元,主要销往成都、重庆、贵阳等地	
		荔波黄金百香果	2022年,种植面积达0.18万亩,年产值1800万元,辐射带动脱贫户276户1043人增收,户均增收4000元以上	
		荔波凉席	荔波凉席是利用竹青和竹黄的自然花纹和天然光泽精心编制而成的,它最大的特点是精致美观,朴素大方,光滑柔软,能够折叠,便于随身携带	
		荔波风猪	荔波风猪是具有黔南风味的著名高级传统食品,历史上曾作过贡品。产品远销欧洲、东南亚等地区、印度、日本等国家和我国港、澳地区	
12	平塘	平塘辣椒	2021年,平塘辣椒种植面积3600亩,覆盖群众1100户	
		平塘油菜	2022年,发展油菜18570亩,规划油菜种植示范点6个、示范面积3210亩	
		平塘血毛鸡	2022年,发展血毛鸡6000羽,规模正在扩大	
		平塘石斛	2021年,已依托当地的古树种植仿野生铁皮石斛600余亩,现已进入石斛花采收期,预计产值70余万元	
		平塘四月桃	2022年,平塘四月桃种植面积7000余亩,按每亩30棵、每棵结果100斤、售卖3元每斤计算,每年的总产量预计达2100万斤、产值达6300万元	
		塘边豆油皮	选用优质大豆,传统工艺生产出豆油皮,保证了它的原汁原味。加工厂有5家	
		摆洗贡米	2022年,种植摆洗贡米1200亩,品种主要以T香优为主,通过测产亩产在1200斤至1600斤,亩产值4000元左右	

B.10 黔东南苗族侗族自治州地理标志产业发展报告

高 念* 唐健** 龙锐芳*** 刘太昭****

摘 要: 黔东南苗族侗族自治州位于贵州省东南部,截至2022年12月,黔东南苗族侗族自治州共有53件地理标志产品(有4件产品获得重叠保护,1件产品获得三重保护),其中经原国家质检总局+国家知识产权局渠道批准的地理标志产品有18件,经原国家工商总局渠道批准的地理标志证明商标有15件,经农业农村部渠道登记的农产品地理标志有20件。进入中欧地理标志互认保护清单的有2件。

关键词: 黔东南州;地理标志产品;产业发展

一、黔东南苗族侗族自治州地理标志基础概况

(一)黔东南苗族侗族自治州地理标志产品保护概况

经农业农村部渠道登记的农产品地理标志有20件。分别是:从江香猪、从江香禾糯、凯里水晶葡萄、凯里平良贡米、茅坪香橘、丹寨黑猪、黔东南小香鸡、凯里香葱、天柱茶油、剑河白香猪、剑河稻花鲤、黄平线椒、凯里

---

* 高念,贵州大学公共管理学院硕士研究生,研究方向:公共政策与地理标志。
** 唐健,黔东南州农产品绿色发展服务站站长、工程师,研究方向:食品加工。
*** 龙锐芳,黔东南州农产品绿色发展服务站工程师,研究方向:食品加工。
**** 刘太昭,黔东南州农产品绿色发展服务站工程师,研究方向:农产品质量与安全。

B.10 黔东南苗族侗族自治州地理标志产业发展报告

生姜、黄平白及、黄平黄牛、天柱骡鸭、黄平金黄鸡、天柱烤烟、从江田鱼、黄平黑毛猪,见表10-1。经原国家质检总局+国家知识产权局渠道批准的地理标志产品有18件。分别是:黎平香禾糯、丹寨硒锌米、剑河钩藤、三穗鸭、锡利贡米、黎平茯苓、榕江小香鸡、雷山银球茶、凯里红酸汤、雷山乌杆天麻、榕江葛根、麻江蓝莓、思州柚、塔石香羊、锦屏腌鱼、锦屏茶油、从江椪柑、从江香猪,见表10-2。经原国家工商总局渠道批准的地理标志证明商标有15件,分别是:从江椪柑、从江香猪、施秉太子参、施秉头花蓼、三穗鸭、白洗猪、麻江蓝莓、黎平雀舌、黎平山茶油、剑河小香鸡 第29类鸡(非活)、剑河小香鸡 第31类鸡(活家禽)、黔东南小香鸡(第29类鸡肉)、黔东南小香鸡(第31类活鸡)、黄平太子参、黄平魔芋,见表10-3。其中有4件产品获得多个部门的重叠保护,三穗鸭、麻江蓝莓获国家地理标志产品保护和地理标志证明商标的双重保护,从江香猪、黔东南小香鸡获地理标志证明商标和农产品地理标志两个部门同时保护。进入中欧地理标志互认保护清单的有2件(麻江蓝莓、从江香禾糯),见表10-4。

表10-1 农业农村部渠道产品地理标志

序号	产品名称	申请人	产品编号	产地保护范围	批准公告
1	从江香猪	从江县畜牧兽医协会	AGI00701	从江县现辖行政区域	2011年11月15日农业部公告第1675号
2	从江香禾糯	从江县农产品质量安全监督管理检测站	AGI01982	从江县现辖行政区域	2016年11月2日农业部公告第2468号
3	凯里水晶葡萄	凯里市大风洞镇农业服务中心	AGI02054	凯里市13个乡镇(街道)	2017年1月11号农业部公告第2486号
4	凯里平良贡米	凯里市大风洞镇农业服务中心	AGI02359	凯里市8个乡镇(街道)	2018年3月20日农业部公告第2651号
5	茅坪香橘	锦屏县农产品质量安全监管站	AGI02430	锦屏县9个乡镇	2018年7月20日农业农村部公告第40号
6	丹寨黑猪	丹寨县草地生态畜牧业发展中心	AGI02433	丹寨县6个乡镇	2018年7月20日农业农村部公告第40号

续表

序号	产品名称	申请人	产品编号	产地保护范围	批准公告
7	黔东南小香鸡	黔东南州科技开发中心	AGI02628	黔东南州现辖行政区域	2020年1月6日农业农村部公告第185号
8	凯里香葱	凯里市湾水镇农业服务中心	AGI02627	凯里市湾水镇	2020年1月6日农业农村部公告第185号
9	天柱茶油	天柱县林业产业发展办公室	AGI02757	天柱县16个乡镇（街道）	2020年1月9日农业农村部公告第213号
10	剑河白香猪	剑河县畜牧渔业管理办公室	AGI03056	剑河县6个乡镇	2020年7月6日农业农村部公告第290号
11	剑河稻花鲤	剑河县畜牧渔业管理办公室	AGI03060	剑河县12个乡镇	2020年7月6日农业农村部公告第290号
12	黄平线椒	黄平县农业技术推广中心	AGI03044	黄平县共11个乡镇	2020年7月6日农业农村部公告第290号
13	凯里生姜	凯里市旁海镇农业服务中心	AGI03054	凯里市旁海镇	2020年7月6日农业农村部公告第290号
14	黄平白及	黄平县农业技术推广中心	AGI03045	黄平县11个乡镇	2020年7月6日农业农村部公告第290号
15	黄平黄牛	黄平县动物卫生监督所	AGI03057	黄平县共11个乡镇	2020年7月6日农业农村部公告第290号
16	天柱骡鸭	天柱县农业农村局畜牧技术推广站	AGI03058	天柱县16个乡镇	2020年7月6日农业农村部公告第290号
17	黄平金黄鸡	黄平县畜牧技术推广服务中心	AGI03415	黄平县13个乡镇（园区）	2021年6月30日农业农村部公告第431号
18	天柱烤烟	天柱县农业农村局农业技术推广站	AGI03419	天柱县17个乡镇（街道）	2021年6月30日农业农村部公告第431号
19	从江田鱼	从江县农业农村局水产站	AGI03421	从江县19个乡镇	2021年6月30日农业农村部公告第431号
20	黄平黑毛猪	黄平县畜牧技术推广服务中心	AGI03501	黄平县13个乡镇（园区）	2022年2月5日农业农村部公告第532号

B.10 黔东南苗族侗族自治州地理标志产业发展报告

表10-2 原国家质检总局+国家知识产权局渠道地理标志保护产品

序号	产品名称	品质特点	保护范围	批准公告
1	黎平香禾糯	口感绵软香甜、细腻，黏而不腻，回味甘醇。饭粒完整、洁白，弹性好，表面有油光，冷凉后仍保持良好口感和柔软度	黎平县18个乡镇	2009年12月28日 2009年第128号
2	丹寨硒锌米	米粒细长，饭粒完整，饭味清香，油润软滑，冷后不回生	丹寨县现辖行政区域	2010年7月13日 2010年第70号
3	剑河钩藤	毛钩藤黄绿色至灰褐色的可见白色点状皮孔，黄褐色柔毛。髓部黄白色或中空	剑河县12个乡镇	2011年5月12日 2011年第70号
4	三穗鸭	活体鸭：眼高颈细形似船，嘴黄脚橙翘尾扇，公鸭头绿身棕褐，母鸭麻羽体背宽。白条鸭：肌肉鲜红，切面有光泽，富有弹性；香味浓郁	黔东南州8个县现辖行政区域	2013年2月21日 2013年第26号
5	锡利贡米	蒸煮后米饭保持良好光泽，入口香滑绵软有弹性，米形长条尖细或椭圆，饭粒完整，稍弯曲，似虾状	榕江县19个乡镇	2013年2月21日 2013年第26号
6	黎平茯苓	体重坚实，色白细腻，黏牙力强	黎平县17个乡镇	2013年2月21日 2013年第26号
7	榕江小香鸡	活体鸡：母鸡：背羽呈黄麻、黑麻、棕麻三种颜色，黑喙黑脚。公鸡：身红尾绿，冠、肉髯乌紫色或红色，黑喙黑脚	榕江县19个乡镇	2013年2月21日 2013年第26号
8	雷山银球茶	球形，直径18~20毫米，色泽绿润，光亮露毫，显银灰色，香气清香，浓醇回甜，耐冲泡	雷山县9个乡镇	2013年2月21日 2013年第26号
9	凯里红酸汤	呈鲜红或有白、黄色颗粒，呈半固态状，酱体均匀、细腻，黏稠适度，无异味、无哈喇味	凯里市18个乡镇（街道）	2013年12月10日 2013年第167号

续表

序号	产品名称	品质特点	保护范围	批准公告
10	雷山乌杆天麻	暗棕褐色或淡黄棕色，环纹多轮、点状密集清晰，味甘，嚼有黏性	雷山县9个乡镇	2014年12月24日 2014年第139号
11	榕江葛根	肉质乳白色，烹熟后口感绵软细嫩，带糯（粘）性，味道清香，微甜，葛味浓，无渣	榕江县19个乡镇	2016年2月1日 2016年第9号
12	麻江蓝莓	果实呈深蓝色，有或无果粉，口感味清香，酸甜适中，肉汁细腻，有胶质感	黔东南州现辖行政区域	2016年7月4日 2016年第63号
13	思州柚	果肉肥厚呈米黄色，脆嫩多汁，清甜中带微酸，香味浓郁；无籽或少籽；果肉易剥脱不沾皮	岑巩县12个乡镇	2016年7月4日 2016年第63号
14	塔石香羊	活体羊：个体矮小，四肢短小结实，有髯，无肉垂，蹄部黑褐色。羊肉：肉细而紧密，有弹性，肉质鲜嫩，膻味轻	榕江县19个乡镇	2016年12月28日 2016年第128号
15	锦屏腌鱼	表面鱼鳞呈淡黄色，肉体呈暗红色。滋味、风味具有锦屏腌鱼特有的鲜香、适酸，微甜或香辣	锦屏县15个乡镇	2017年12月21日 2017年第108号
16	锦屏茶油	清亮透明、久置无层	贵州省黔东南州锦屏县15个乡镇	2018年1月2日 2017年第117号
17	从江椪柑	皮薄易剥，色泽鲜美，酸甜适中，食后味浓甜，化渣爽口	—	2004年第152号
18	从江香猪	体型矮小，肉质香嫩，基因纯合，纯净无污染	—	2004年第152号

B.10 黔东南苗族侗族自治州地理标志产业发展报告

表10-3 原国家工商总局渠道地理标志证明商标

序号	商标名称	商品/服务列表	注册人	注册号	专用期限
1	从江椪柑	椪柑	从江县柑橘协会	3338391	2019-12-28~ 2029-12-27
2	从江香猪	猪	从江县畜牧兽医协会	11377132	2014-05-14~ 2024-05-13
3	施秉太子参	太子参	施秉县农业科学研究所	7639955	2012-10-21~ 2022-10-20
4	施秉头花蓼	头花蓼（中药材）	施秉县牛大场镇中药材协会	10308703	2013-03-21~ 2023-03-20
5	三穗鸭	鸭（活的）	三穗县鸭业协会	6495050	2020-02-21~ 2030-02-20
6	白洗猪	猪	施秉县白洗猪产业发展协会	14322220	2015-06-14~ 2025-06-13
7	麻江蓝莓	蓝莓	麻江县蓝莓产业发展服务中心	14148871	2015-06-21~ 2025-06-20
8	黎平雀舌	茶	黎平县农业产业协会	22229662	2018-04-14~ 2028-04-13
9	黎平山茶油	粮油	黎平县农业产业协会	22229661	2018-05-21~ 2028-05-20
10	剑河小香鸡第29类鸡（非活）	鸡	剑河县畜牧渔业管理办公室	31970246	2019-12-28~ 2029-12-27
11	剑河小香鸡第31类鸡（活家禽）	鸡	剑河县畜牧渔业管理办公室	31970247	2019-12-28~ 2029-12-27
12	黔东南小香鸡（第29类鸡肉）	鸡	黔东南苗族侗族自治州畜牧技术推广站	35344306	2020-10-07~ 2030-10-06
13	黔东南小香鸡（第31类活鸡）	鸡	黔东南苗族侗族自治州畜牧技术推广站	35344136	2020-10-07~ 2030-10-06
14	黄平太子参	药用太子参	黄平县市场监督管理检验检测中心	39925126	2020-12-14~ 2030-12-13
15	黄平魔芋	新鲜魔芋	黄平县市场监督管理检验检测中心	39925127	2020-12-14~ 2030-12-13

表 10-4　黔东南苗族侗族自治州地理标志产品数量统计

申请部门	原国家质检总局+国家知识产权局渠道	原国家工商总局渠道	农业农村部渠道
获批产品	黎平香禾糯、丹寨硒锌米、剑河钩藤、三穗鸭、锡利贡米、黎平茯苓、榕江小香鸡、雷山银球茶、凯里红酸汤、雷山乌杆天麻、榕江葛根、麻江蓝莓、思州柚、塔石香羊、锦屏腌鱼、锦屏茶油、从江椪柑、从江香猪	从江椪柑、从江香猪、施秉太子参、施秉头花蓼、三穗鸭、白洗猪、麻江蓝莓、黎平雀舌、黎平山茶油、剑河小香鸡 第29类鸡（非活）、剑河小香鸡 第31类鸡（活家禽）、黔东南小香鸡（第29类鸡肉）、黔东南小香鸡（第31类活鸡）、黄平太子参、黄平魔芋	从江香猪、从江香禾糯、凯里水晶葡萄、凯里平良贡米、茅坪香橘、丹寨黑猪、黔东南小香鸡、凯里香葱、天柱茶油、剑河白香猪、剑河稻花鲤、黄平线椒、凯里生姜、黄平白及、黄平黄牛、天柱骡鸭、黄平金黄鸡、天柱烤烟、从江田鱼、黄平黑毛猪
小计	18件	15件	20件
总计	53件（4件获得重叠保护，1件获得三重保护）		

在黔东南苗族侗族自治州53个地理标志产品中，通过原国家质检总局+国家知识产权局渠道获地理标志产品保护的数量占总数的34%，地理标志证明商标的数量占总数的28%，农产品地理标志的数量占总数的38%。

（二）黔东南苗族侗族自治州2017—2022年新增地理标志产品

2017年至2022年，黔东南苗族侗族自治州新增地理标志产品28个，主要以农产品地理标志保护为主，见表10-5。通过原国家质检总局+国家知识产权局渠道批准保护的产品有2个，为锦屏腌鱼、锦屏茶油。新增地理标志证明商标有8个，为黎平雀舌、黎平山茶油、剑河小香鸡 第29类鸡（非活）、剑河小香鸡 第31类鸡（活家禽）、黔东南小香鸡（第29类鸡肉）、黔东南小香鸡（第31类活鸡）、黄平太子参、黄平魔芋。经农业农村部登记的农产品地理标志有18件，分别是：凯里水晶葡萄、凯里平良贡米、茅坪香橘、丹寨黑猪、黔东南小香鸡、凯里香葱、天柱茶油、剑河白香猪、剑河稻花鲤、黄平线椒、凯里生姜、黄平白及、黄平黄牛、天柱骡鸭、黄平金黄鸡、

B.10 黔东南苗族侗族自治州地理标志产业发展报告

天柱烤烟、从江田鱼、黄平黑毛猪。

表10-5 2017—2022年黔东南苗族侗族自治州新增地理标志产品

序号	产品名称	批准时间	申报主体	批准号
1	锦屏腌鱼	2017年12月20日	锦屏县人民政府	2017年第108号
2	锦屏茶油	2018年1月12日	锦屏县人民政府	2017年第117号
3	黎平雀舌	2018年4月14日	黎平县农业产业协会	2018年第1595号
4	黎平山茶油	2018年5月21日	黎平县农业产业协会	2018年第1600号
5	剑河小香鸡第29类鸡（非活）	2019年12月28日	剑河县畜牧渔业管理办公室	2019年第1677号
6	剑河小香鸡第31类鸡（活家禽）	2019年12月28日	剑河县畜牧渔业管理办公室	2019年第1677号
7	黔东南小香鸡（第29类鸡肉）	2020年10月7日	黔东南苗族侗族自治州畜牧技术推广站	2020年第1714号
8	黔东南小香鸡（第31类活鸡）	2020年10月7日	黔东南苗族侗族自治州畜牧技术推广站	2020年第1714号
9	黄平太子参	2020年12月14日	黄平县市场监督管理检验检测中心	2020年第1723号
10	黄平魔芋	2020年12月14日	黄平县市场监督管理检验检测中心	2020年第1723号
11	凯里水晶葡萄	2017年1月8日	凯里市大风洞镇农业服务中心	2017年1月11日农业部公告第2486号
12	凯里平良贡米	2017年11月9日	凯里市大风洞镇农业服务中心	2018年3月20日农业农村部公告第2651号
13	茅坪香橘	2017年11月9日	锦屏农产品质量安全监管站	2018年7月20日农业农村部公告第40号
14	丹寨黑猪	2018年7月3日	丹寨县草地生态畜牧业发展中心	2018年7月20日农业农村部公告第40号
15	黔东南小香鸡	2019年6月24日	黔东南州科技开发中心	2020年1月6日农业农村部公告第185号

续表

序号	产品名称	批准时间	申报主体	批准号
16	凯里香葱	2019年6月24日	凯里市湾水镇农业服务中心	2020年1月6日农业农村部公告第185号
17	天柱茶油	2019年9月4日	天柱县林业产业发展办公室	2020年1月9日农业农村部公告第213号
18	剑河白香猪	2020年4月30日	剑河县畜牧渔业管理办公室	2020年7月6日农业农村部公告第290号
19	剑河稻花鲤	2020年4月30日	剑河县畜牧渔业管理办公室	2020年7月6日农业农村部公告第290号
20	黄平线椒	2020年4月30日	黄平县农业技术推广中心	2020年7月6日农业农村部公告第290号
21	凯里生姜	2020年4月30日	凯里市旁海镇农业服务中心	2020年7月6日农业农村部公告第290号
22	黄平白及	2020年4月30日	黄平县农业技术推广中心	2020年7月6日农业农村部公告第290号
23	黄平黄牛	2020年4月30日	黄平县动物卫生监督所	2020年7月6日农业农村部公告第290号
24	天柱骡鸭	2020年4月30日	天柱县农业农村局畜牧技术推广站	2020年7月6日农业农村部公告第290号
25	黄平金黄鸡	2021年6月4日	黄平县畜牧技术推广服务中心	2021年6月30日农业农村部公告第431号
26	天柱烤烟	2021年6月4日	天柱县农业农村局农业技术推广站	2021年6月30日农业农村部公告第431号
27	从江田鱼	2021年6月4日	从江县农业农村局水产站	2021年6月30日农业农村部公告第431号
28	黄平黑毛猪	2022年2月25日	黄平县畜牧技术推广服务中心	2022年2月5日农业农村部公告第532号

二、地理标志产业发展

（一）重点地理标志产品介绍与质量管理

1. 重点地理标志产品概况

（1）雷山银球茶

"雷山银球茶"有"贵州十大名茶"之称，产于雷山县著名的自然保护区雷公山。近年来，雷山县依托自身资源优势，生态优势，把茶叶作为助推贫困群众脱贫的主导产业之一来抓，全力打造"贵州茶叶大县"名片，茶产业得到了迅速发展。截至2020年，有茶园面积16.24万亩，可采茶叶面积13.05万亩，实现农民人均1.5亩茶园。2019年，全县茶青产量20490吨，茶青产值4.1亿元，茶叶综合产值10.5亿元，每亩投产茶园人均茶青收入接近4000元。农民人均支配收入来自茶产业达2608元。雷山县政府充分发挥地理标志保护产品的品牌优势，引导茶企业由低端向高端调整，2021年以来，先后完成了1.1万亩低产茶园的提质增效建设，截至2022年，全县共有七家企业获得雷山银球茶授权，预计产量产值达到0.9亿元。

（2）从江香猪

从江香猪，是我国珍贵的微型地方猪种，仅产于从江县月亮山区，被农业农村部称为"部优产品"，从江县也因此被誉为"中国香猪之乡"。从江香猪产业化开发以从江县香猪开发公司为龙头，采取"公司+农户"，"公司+基地"的模式，以贵州大学为技术依托，聘请广东中轻工程设计院、广州机械设计研究所为香猪系列产品生产加工设备进行设计。为加快香猪产业化进程，加大了香猪养殖基地的投入。现香猪养殖基地建设覆盖从江县西部8个乡镇，118个建制村，288个自然寨。

（3）三穗鸭

三穗鸭为中国地方名鸭，是中国优良蛋系麻鸭品种之一，享有很高的知名度和美誉度。近年来，三穗县坚持把三穗鸭产业作为巩固脱贫攻坚成效的主导产业来抓，以"打响中国地方名鸭形象，创建中国生态鸭第一品牌"为目标，大力实施品种优化、品质提升、品牌创建的"三品"战略，完善产业链、做强鸭产业。截至2020年，全县已实现年养殖三穗鸭1208万羽，出栏1032万羽，蛋鸭存栏28万羽、蛋产量0.48万吨；全县涉鸭企业21家，其中省级龙头企业2家，鸭肉鸭蛋加工企业7家；建成标准化三穗鸭保种基地，三穗鸭原种存栏1500羽；建成三穗鸭美食城；首批产业扶贫子基金2亿元已全部使用完毕，达到预期效益；年产值达到8.6亿元，产业初具规模。

（4）丹寨黑猪

丹寨黑猪是在长期的粗放饲养管理条件下选育形成的地方品种，以传统的熟食喂养方式饲养。因此其肉质营养丰富，营养价值高。2017年，丹寨县黑猪总生产面积940平方千米，年出栏10万头。其中排调镇、雅灰乡、扬武镇、南皋乡等4个乡镇为核心产区，共有生产面积620平方千米，年出栏6.2万头。2018年，丹寨县存栏土猪3.65万头、出栏5.24万头。近年来，丹寨县依托龙头企业，建设现代化规模养殖场，大力发展生猪产业，通过集中饲养、农户散养等方式，逐步形成链条较完整、融合度较深、富有特色的生猪产业集群，有力促进农业增效、农民增收。

（5）榕江小香鸡

榕江小香鸡挥发性香气成分含量高，肉质细嫩味鲜美，富含氨基酸和微量元素，具有较高滋补及药用价值，以小、香、乌闻名，专家评价其为"国内优质小型鸡种的佼佼者"。2016年，榕江县小香鸡饲养量约101.5万羽，其中用扶贫资金扶持贫困户饲养40万余羽，以"合作社+贫困户""公司+贫困户"等模式，通过"订单养殖"带动贫困户505户2136人，贫困户户均增收3000元以上。近年来，榕江小香鸡养殖户已遍及12个乡镇，年产小香鸡80余万只。

（6）凯里红酸汤

红酸汤是凯里地区苗族人民的传统食品，已有上千年的历史，具有色（鲜红）、香（清香）、味（醇酸、回甜）等特点，具有开胃的作用。"十三五"期末，全州酸汤加工及餐饮企业已超过400家，其中获得SC（食品生产许可）认证的酸系食品加工企业11家，规模以上工业企业1家，大型餐馆9

B.10 黔东南苗族侗族自治州地理标志产业发展报告

家,成立了黔东南州"凯里酸汤"产业发展协会,吸纳会员32家。黔东南州"凯里酸汤"全产业产值已超过3亿元,预计"十四五"期末将达到10亿元。一批获得贵州省百强重点乡镇企业和贵州省农业产业化经营重点龙头企业称号的公司和品牌,衍生出以"凯里酸汤"为基础的民族餐饮业和餐饮文化,打造出"亮欢寨""蔡酱坊""苗阿哥""老滕鱼酱酸""苗伯妈"等一批规模以上的餐饮企业品牌。其中亮欢寨、蔡酱坊被评为贵州"老字号",亮欢寨红酸汤荣获"中国驰名商标""贵州省名牌产品""贵州省著名商标",玉梦红酸汤获得"贵州省名牌产品""贵州省著名商标"。

(7) 黄平太子参

贵州省黄平县是贵州甚至整个西南地区太子参中药材种植的主要产区,其发展太子参中药材具有得天独厚的资源优势和产业基础。近年来,该县加大产业结构调整力度,向产业结构调整要效益,太子参中药材产业发展已经步入快车道,成为该县地标性和脱贫富民的"造血良方"。太子参又称为孩儿参、童参,药性平和、味甘,有补气生津的作用。种植1亩大约收获200~300千克干品,能带来5000~10000元左右的收益。黄平县一碗水与毗邻的施秉县牛大场镇同被誉为"中国太子参之乡",每年这个地区太子参的种植面积达4万~5万亩,年产量在1.5万~2万吨左右,占全国太子参总产量的半壁江山。

(8) 麻江蓝莓

麻江县1999年开始栽培蓝莓,蓝莓已成为麻江"一县一业"主导产业。如今,麻江县充分利用蓝莓种植优势,推动蓝莓产业农旅融合发展,形成集品种研发、种苗繁育、基地种植、果品加工及销售为一体的全产业链,带动1.1万余户涉业农民就业增收。该县多个蓝莓观光采摘园已开园接待游客。2021年麻江县蓝莓产量3.1万吨,产值约5.8亿元,麻江县乌卡坪生态蓝莓产业园共有8.06万亩蓝莓。2013年以来,麻江县进一步加大蓝莓产业与旅游业的融合力度,重点打造独具麻江特色的蓝莓山水、田园、风情小镇自然风光带,不断延伸拓宽产业链,提升了产业效益,麻江蓝莓观光采摘也成为麻江县一条重要的旅游线路。

（9）锡利贡米

"锡利贡米"是贵州省榕江县特产。由于其清香可口，品质极佳，稻株（苗）、稻穗、米饭均弥漫香气，俗称"香米""香稻"。2001年，获得"中国国际农业博览会名牌产品"称号。2007年，贵州省农业厅授予其"贵州省名牌农产品"称号。2017年，榕江县"锡利贡米"种植面积2.32万亩，覆盖农户13276户，覆盖贫困户1033户（3656人），人均增收1678元。

（10）丹寨硒锌米

"丹寨硒锌米"米粒长椭圆形，圆润饱满，色泽光亮、洁白透明，自然清香，柔软可口、糯而不腻，是丹寨县优质的米香稻米品牌。丹寨硒锌米被誉为"中国优质稻米""中国优质稻米博览交易会优质产品""黔东南优质稻米品牌"等称号，丹寨县被授予"中国硒米之乡"。"丹寨硒锌米"产品深受广大消费者的青睐。

2. 重点地理标志产品质量管理

原国家质检总局在《地理标志产品保护工作细则》第十八条中要求："批准公告发布后，省级质检机构应在3—6个月，组织申请人在批准公告中'质量技术要求'的框架下，在原有专用标准或技术规范的基础上，完善地理标志产品的标准体系，一般应以省级地方标准的形式发布，并报原国家质检总局委托的技术机构审核备案。"

黔东南州国家地理标志保护产品标准制定的具体情况见表10-6。

表10-6　黔东南州国家地理标志保护产品标准制定

序号	产品名称	标准制定
1	黎平香禾糯	a. 贵州省地方标准：DB52/T 541—2014《地理标志产品 黎平香禾糯》 b. 国家质检总局批准公告中对黎平香糯米的质量技术要求
2	丹寨硒锌米	a. 贵州省地方标准：DB52/T 553—2014《地理标志产品 丹寨硒锌米》 b. 国家质检总局批准公告中对丹寨硒锌米的质量技术要求
3	剑河钩藤	a. 贵州省地方标准：DB52/T 751—2012《地理标志产品 剑河钩藤生产技术规程》 b. 国家质检总局批准公告中对剑河钩藤的质量技术要求

B.10 黔东南苗族侗族自治州地理标志产业发展报告

续表

序号	产品名称	标准制定
4	三穗鸭	a. 贵州省地方标准：DB52/T 1187—2017《地理标志产品 三穗鸭》 b. 《三穗鸭养殖用药安全管理技术规范》 c. 国家质检总局批准公告中对三穗鸭的质量技术要求
5	锡利贡米	a. 贵州省地方标准：DB52/T 1054—2015《地理标志产品 锡利贡米》 b. 国家质检总局批准公告中对锡利贡米的质量技术要求
6	黎平茯苓	a. 贵州省地方标准：DB52/T 1056—2015《地理标志产品 黎平茯苓生产技术规程》 b. 国家质检总局批准公告中对黎平茯苓的质量技术要求
7	榕江小香鸡	a. 贵州省地方标准：DB52/T 1191—2017《地理标志产品 榕江小香鸡》 b. 国家质检总局批准公告中对榕江小香鸡的质量技术要求
8	雷山银球茶	a. 贵州省地方标准：DB52/T 713—2015《地理标志产品 雷山银球茶》 b. DB52/T 1015—2015《地理标志产品 雷山银球茶加工技术规程》 c. 国家质检总局批准公告中对雷山银球茶的质量技术要求
9	凯里红酸汤	a. 贵州省地方标准：DB52/T 986—2015《地理标志产品 凯里红酸汤》 b. 国家质检总局批准公告中对凯里红酸汤的质量技术要求
10	雷山乌杆天麻	a. 贵州省地方标准：DB5226/T 222—2022《地理标志产品 雷山乌杆天麻》 b. 国家质检总局批准公告中对雷山乌杆天麻的质量技术要求
11	榕江葛根	a. 贵州省地方标准：DB52/T 1404—2019《地理标志产品 榕江葛根》 b. 国家质检总局批准公告中对榕江葛根的质量技术要求
12	麻江蓝莓	a. 贵州省地方标准：DB52/T 1192—2017《地理标志产品 麻江蓝莓》 b. 国家质检总局批准公告中对麻江蓝莓的质量技术要求
13	思州柚	a. 贵州省地方标准：DB5226/T 214—2019《地理标志产品 思州柚》 b. 国家质检总局批准公告中对思州柚的质量技术要求
14	塔石香羊	a. 贵州省地方标准：《地理标志产品 塔石香羊（草案）》 b. 国家质检总局批准公告中对塔石香羊的质量技术要求
15	锦屏腌鱼	a. 贵州省地方标准：DB52/T 1346—2018《地理标志产品 锦屏腌鱼》 b. DB5226/T 213—2019《地理标志产品 锦屏腌鱼加工技术规程》 c. 国家质检总局批准公告中对锦屏腌鱼的质量技术要求
16	锦屏茶油	a. 贵州省地方标准：DB52/T 1347—2018《地理标志产品 锦屏茶油》 b. 国家质检总局批准公告中对锦屏茶油的质量技术要求

续表

序号	产品名称	标准制定
17	从江椪柑	a. 贵州省地方标准：DB52/T 441—2002《地方标准 从江椪柑》 b. 国家质检总局批准公告中对从江椪柑的质量技术要求
18	从江香猪	a. 贵州省地方标准：DB52/T 987—2015《地理标志产品 从江香猪及其系列肉制品》 b. 国家质检总局批准公告中对从江香猪的质量技术要求

农业农村部《农产品地理标志管理办法》第九条规定："符合农产品地理标志登记条件的申请人，可以向省级人民政府农业行政主管部门提出登记申请，并提交下列申请材料……（四）产地环境条件、生产技术规范和产品质量安全技术规范。"可见，农业农村部对农产品地理标志的登记审核有"质量控制技术规范"的硬性要求。黔东南州农产品地理标志质量控制技术规范见表 10 - 7。

表 10 - 7 黔东南州农产品地理标志质量控制技术规范

序号	产品名称	质量控制技术规范	质量控制技术规范编号
1	从江香猪	《从江香猪质量控制技术规范》	AGI 2011 - 03 - 00701
2	从江香禾糯	《从江香禾糯质量控制技术规范》	AGI 2016 - 03 - 1982
3	凯里水晶葡萄	《凯里水晶葡萄质量控制技术规范》	AGI 2017 - 01 - 2054
4	凯里平良贡米	《凯里平良贡米质量控制技术规范》	AGI 2018 - 01 - 2359
5	茅坪香橘	《茅坪香橘质量控制技术规范》	AGI 2018 - 02 - 2430
6	丹寨黑猪	《丹寨黑猪质量控制技术规范》	AGI 2018 - 02 - 2433
7	黔东南小香鸡	《黔东南小香鸡质量控制技术规范》	AGI 2019 - 02 - 2628
8	凯里香葱	《凯里香葱质量控制技术规范》	AGI 2019 - 02 - 2627
9	天柱茶油	《天柱茶油质量控制技术规范》	AGI 2019 - 03 - 2757
10	剑河白香猪	《剑河白香猪质量控制技术规范》	AGI 2020 - 01 - 3056
11	剑河稻花鲤	《剑河稻花鲤质量控制技术规范》	AGI 2020 - 01 - 3060
12	黄平线椒	《黄平线椒质量控制技术规范》	AGI 2020 - 01 - 3044
13	凯里生姜	《凯里生姜质量控制技术规范》	AGI 2020 - 01 - 3054
14	黄平白及	《黄平白及质量控制技术规范》	AGI 2020 - 01 - 3045
15	黄平黄牛	《黄平黄牛质量控制技术规范》	AGI 2020 - 01 - 3057

B.10 黔东南苗族侗族自治州地理标志产业发展报告

续表

序号	产品名称	质量控制技术规范	质量控制技术规范编号
16	天柱骡鸭	《天柱骡鸭质量控制技术规范》	AGI 2020-01-3058
17	黄平金黄鸡	《黄平金黄鸡质量控制技术规范》	AGI 2021-01-3415
18	天柱烤烟	《天柱烤烟质量控制技术规范》	AGI 2021-01-3419
19	从江田鱼	《从江田鱼质量控制技术规范》	AGI 2021-01-3421
20	黄平黑毛猪	《黄平黑毛猪质量控制技术规范》	AGI 2022-01-3501

（二）重点地理标志产业发展

1. 重点地理标志产业品牌培育与发展

以"打响中国地方名鸭形象，创建中国生态鸭第一品牌"为目标，三穗县大力实施品种优化、品质提升、品牌创建的"三品"战略，完善产业链、做强鸭产业，出台多种措施促进三穗鸭品牌培育与推广宣传，2008年8月16日，"2008贵阳地区三穗鸭品评推介会"在贵阳成功举行，正式迈出了三穗鸭品牌推广的第一步。三穗县以龙头企业，带活整条产业链，拉动三穗鸭上下游产业的发展壮大。三穗鸭产业的龙头企业千里山三穗鸭，在贵阳开设餐饮直营店达到7家，三穗美食城直营店顺利开业；坚持线上线下同步发展，与贵州黔农云、最美高速等多家公司网上平台合作，网上销售逐步提升。同时，公司以东西部扶贫帮扶为东风，借助省相关部门开展的"购茅台酒+搭售农特产品"活动，与华润万家、北京物美集团、世纪华联等大型超市合作，巩固了贵阳、凯里市场，拓展了以上海、杭州为主的"长三角"市场，打开了湖北、湖南和江西市场，销售势头良好。白条鸭产品2019年累计销售909吨，销售量同比递增580%。

为了推广凯里市特色产品，凯里市采取多种方式对凯里红酸汤进行推广宣传。一是多形式挖掘推广特色美食。凯里市相关部门开展特色美食投票推荐活动，开展"凯里酸汤"公共品牌宣传推广，发挥"中国酸汤美食之都"城市品牌效应。凯里市相关部门赴厦门开展凯里酸汤文化推介，拍摄制作酸汤鱼、酸汤粉等系列特色美食宣传视频，制作"凯里美食汇"图册和凯里精品菜单，以微信公众号、直播、短视频带货等形式进行宣传推广。二是高标准打造特色美食品牌。凯里市将酸汤产业作为全市两大首位产业之一，组建专家顾问团，制定酸汤生产加工及酸汤餐饮行业地方标准，确保品牌质量。三是建立机制强化龙头企业带动作用。目前已培育贵州黔酸王食品有限公司、亮欢寨生物科技有限公司、凯里田园食品有限公司3家龙头企业。打造亮欢寨、侗嘎佬等28家餐饮品牌形象店，力争到2025年打造"凯里酸汤"系列品牌形象店100家。

2. 重点地理标志产业强链

麻江县乌卡坪生态蓝莓产业园共有8.06万亩蓝莓。厚植"生态优势"、做全"生态链条"、做强"生态经济"，麻江县聚焦"科学技术转化中心、蓝莓深加工中心、大数据应用中心"三中心，全力打造集农产品培育、特色食品加工、旅游服务等为一体的生态产业链，全方位发展蓝莓绿色生态产业，推动农业产业、产品精深加工业、旅游业等稳步健康发展。

凯里市探索"美食+"融合发展。以酸汤产业发展为契机，凯里市结合本地山水田园风光和少数民族文化等旅游资源，打造集休闲度假、旅游观光、健康养生、研学体验等于一体的酸汤文化产业园。凯里市推出民族风味游、酸汤探秘游2条美食旅游线路，举办凯里酸汤美食季、凯里酸汤美食节等美食体验活动，有亮欢寨、苗王谷、苗岭高山等11家餐饮店参加。凯里市还丰富旅游业态，拉动旅游消费，助推旅游产业化高质量发展。

三、地理标志综合社会效益

地理标志产品由于其特定的生长环境而具备独有的品质特征，从而提升了其附加值并产生巨大的经济价值，地理标志除了显著的经济价值，还包含如生态价值、旅游价值、文化价值、社会价值等内生于地理标志的多元价值，正确认识这些价值并进行充分开发和利用，有利于保护和发展地理标志产品的综合竞争力，促进其产业化发展，推动产业结构调整，以及加强生态环境保护。下面将基于地理标志（五层含义：生态产品、质量产品、品牌产品、旅游产品、文化产品）多层价值分析其对各区域内扶贫效益、生态效益、旅

B.10 黔东南苗族侗族自治州地理标志产业发展报告

游文化价值、乡村振兴产生的客观影响。

1. 扶贫效益

地理标志产业已深深融入地方社会经济发展，有力带动相关产业发展和农户增收，在脱贫攻坚中起到重要作用。雷山县把茶叶作为助推贫困群众脱贫致富的主导产业之一来抓，茶产业得到了迅速发展，2019年，茶产业覆盖全县8个乡镇132个村，惠及茶农1.8万户、7.8万人，茶产业累计带动2684户11737人实现脱贫。三穗县充分利用生态优势、资源优势、现代交通区位优势和产业政策优势，通过调结构、强龙头、创品牌、带农户的方式，形成了"育种、孵化养殖、深加工、销售"的三穗鸭全产业链，将三穗鸭产业打造成为该县全民参与的扶贫产业，为该县打赢脱贫攻坚战奠定坚实的产业基础。2017年，三穗县下发《三穗县关于加快三穗鸭产业发展三年振兴计划》的通知，明确做大、做强、做优三穗鸭产业，助推科学治贫、精准扶贫、有效脱贫，实现农业增效、农民增收。为进一步打开市场，树立三穗鸭这一餐饮品牌，2018年7月，三穗鸭首家政府产业扶贫餐饮示范店落户贵阳，一条产业扶贫、餐饮带动、品牌强农的"生态农业生态餐厅"全产业扶贫链条模式正式开启，助力三穗名鸭"出山"，带动农户脱贫致富。

2. 生态效益

得天独厚的生态环境造就了地理标志产品的高品质，如风味独特、绿色无污染等，从而获得消费者的认可和喜爱，使地理标志产品得以高价出售，为相关产业的发展创造了可观的经济效益。相应地，地理标志产品对其生长的地理环境也有显著的保护作用。大多数地理标志产品具有美化环境、遏制水土流失、防风固沙、防止土壤结构性破坏、净化空气、恢复植被等功能，还能有效避免物种的减少和灭绝，在不同层次上稳定、调节当地的生态系统，保护生物多样性。地理标志产品的大规模种植能改善当地的自然生态环境。近年来，特色农业通过种植雷山银球茶、思州柚、从江椪柑等，有效地促进了植被保护、水土保持，实现了生态环境的良性循环发展。各种技术规范及生产规程按照生态系统承载量合理安排畜牧类地理标志产品养殖，保护了"从江香猪""三穗鸭"等品种资源和遗传性资源，实现了生物多样性保护与生态环境可持续发展的保护。

3. 旅游文化价值

地理标志产品承载着深厚的文化底蕴和内涵，这使其不仅具有物质属性，还具有文化属性。地理标志产品传承着传统技艺、传说典故、民风、民俗等人文文化，展现了当地独特的文化。以地理标志产品的人文价值为基础进行大力开发，推出一系列消费者喜爱的富有地方特色的和具有自主品牌的旅游商品，既起到宣传推广、促进销售的作用，又可增加产品的纪念意义和消费需求，加快当地旅游经济的发展。地理标志产品保护还能造就独特优美的自然风景，促进当地生态旅游。充分利用地理标志资源，可以推动以田园风光、农事劳作及农村特有的风土人情为内容的休闲度假体验游，发展集吃、住、行、购、娱于一体的文化生态游。

麻江县为推进全域旅游发展，着力打造蓝梦谷、药谷江村、夏同龢状元文化园等景区，将地理标志产品融入当地特色旅游，深入挖掘地理标志产品价值链，2021年，依托麻江县乡村旅游节暨蓝莓文化节和品菊季等活动的举办，全县共接待游客302.4万人次，旅游综合收入20.84亿元。每年6月10日左右，麻江县都会举办蓝莓音乐节，最多时景区日人流量能达1万人左右。蓝莓成熟时，贵阳、凯里、都匀等附近城市游客都会到景区采摘蓝莓。麻江县依托蓝梦谷获批为首批国家森林康养基地，结合麻江特色文化，打造了一个以酒店为载体，集旅游、度假、康养、休闲等功能于一体的农旅深度融合的综合体项目。麻江县将继续发展蓝梦谷、乌羊麻、药谷江村等农业观光体验和乡村旅游景区基础设施，依蓝莓而旅，大力推进全域旅游建设。

4. 乡村振兴

发展特色产业是地方做实做强做优实体经济的一大实招，要结合自身条件和优势，推动产业高质量发展。要弘扬伟大脱贫攻坚精神，加快推进乡村振兴，继续支持脱贫地区特色产业发展。近年来，全国知识产权系统落实决战决胜脱贫攻坚这一重大政治任务，以实施地理标志运用促进工程为抓手，充分发挥知识产权制度优势，大力发展特色产业，积极打造区域品牌，助力贫困地区打赢脱贫攻坚战。

近年来，黄平县坚持把发展优势产业作为深入推进农村产业革命的重大战略，借助资源变资产、资金变股金、农民变股东的农村"三变"改革试点

B.10 黔东南苗族侗族自治州地理标志产业发展报告

县东风，充分利用资源，大力推进重点产业规模化发展，着力培育一批种植大户、养殖大户、家庭农场，加速实现规模化种植、养殖，标准化生产加工，不断提高土地综合经营效益，把资源优势转化为产业优势，做强做优地方特色农产品，培育新型农村经营主体，加速产业发展规模化、特色化，因地制宜推广"支部+龙头企业+合作社+农户"组织方式，先后引进培育傲农生物、远鸿生物、青塘村湖北裕菇、珍稀药材生态产业园等一批创新能力强、有一定品牌影响力、市场开拓能力强的龙头企业，推动特色优势产业加速发展，有效带动农户增收致富，助推乡村振兴。截至目前，黄平县的"黄平黄牛""黄平线椒""黄平白及""黄平糯小米"等一批农产品品牌获得地理标志农产品认证，黄平太子参、黄平魔芋两件产品获地理标志证明商标注册保护。黄平县建成国家标准化示范养牛场1个，20万头生猪养殖场1个，太子参8万亩，以白及、黄精为主的其他药材5万亩，发展林下养鸡200万羽、林下太子参2万亩、林下黄精1万亩、林下养蜂19640箱，食用菌香菇、黑木耳种植1200多万棒等特色产业基地，有力地助推了乡村振兴。

附录：黔东南重点地理标志资源名录

序号	产品名称	品质特点	产业发展	人文因素	环境因素	在先权
1	榕江西瓜	瓜大皮薄、瓤红质脆、味甜汁多	20世纪90年代开始享誉省内外	《贵州省志·农业志》有相关记载	温度适宜，无霜期长	无
2	榕江脐橙	肉质细嫩、化渣，无核，酸甜适度，鲜爽可口	在省内各大市场销售，销往全国	《榕江县志》《贵州年鉴1997》有记载	温度适宜，降雨充足，无霜期长	无
3	麻江下司犬	耐力、爆发力极强、生长发育速度快，好饲养，适应性强	建立饲养基地，选育保种扩大繁殖	《贵州省志·农业志》，国际公认世界级猎犬	地处高原，四季分明	无
4	革一枇杷	肉质细嫩、鲜甜味香	种植规模三万余亩	《台江县志》内有相关记载	气候温热湿润，日照充足	无
5	台江苦丁茶	天然野生的药用植物制作而成，凉性的药物、清热解毒	种植历史悠久，面积达2.2万亩	《贵州年鉴1994》有记载，曾获中国保健科技精品金奖	冬无严寒、夏无酷暑，无霜期长	无
6	凯里香醋	醋香馥郁，口味醇厚	有多个香醋品牌销往省内各地	《黔东南州志》有记载，中国首届食品博览会获银奖	温度、湿度适宜，适合生产香醋	无
7	下司面条	口感好，柔韧，久煮不烂，香味浓	加工户200余户	祖辈相传、历史悠久	生态环境好	无
8	雷山苗绣	独具特色、技法多样	有多所苗绣传习基地、苗绣手工坊	《贵州省志·文化》非物质文化遗产	是苗族历史文化中特有的表现形式	无

B.10 黔东南苗族侗族自治州地理标志产业发展报告

续表

序号	产品名称	品质特点	产业发展	人文因素	环境因素	在先权
9	镇远陈年道菜	香味奇特，久存不变质，并且越陈越香	1980年被评为黔东南优质产品	有500多年的生产历史。《贵州省志》《黔东南州志》有记载	贵州东部商品集散地	无
10	镇远水蜜桃	果色白里透红，清甜可口，营养价值高	大量行销省内外	黔东地区久负盛名的水果	夏无酷暑，冬无严寒，光照充足	无
11	镇远青毛茶	香味浓长，汤色清澈，味纯回甜	炒青毛茶历史悠久	《黔东南州志》有记载，曾为朝廷"贡品"	土壤深厚、富含多种有机物质	无
12	丹寨蜡染	古雅淳朴、自然生动	祖辈相传技艺	《黔东南苗族侗族自治州志》有记载	自然环境提供了丰富的艺术创作环境	无
13	卡拉鸟笼	坚固耐用而且不变形，制作精巧	销往我国香港、台湾等地和新加坡、日本、欧美	《丹寨县志》《贵州年鉴》中有相关记载	山清水秀，提供了丰富的艺术创作环境	有
14	卡拉斗鸡肉	肉质鲜美、有嚼劲，营养价值高	开设农家乐达28家，营业额在千万元以上	《丹寨县志》中有相关记载	环境优美，多山，鸡肉品质高	无
15	岑巩柿饼	营养丰富，香甜可口，回味久长，和胃益气	远销各地，深受喜爱	《黔东南州志》有记载，有三百余年栽种历史	气候温和，春暖、夏热、秋凉、冬冷	无
16	旁海生姜	品质优良，姜油含量高	年种植面积达4500亩至5000亩	《黔东南州志》有记载，100多年种植历史	日照充足，雨量丰沛，土壤肥沃	无
17	远口发豆腐	品质优良、柔软香酥、口感好、营养丰富	当地传统食品	《天柱县志》中有相关记载	气候适宜、土壤肥沃	有
18	青溪大曲酒	纯净透明、芳香浓郁、清冽甘甜、回味悠长	酿造的历史悠久，有酿酒优良传统	《贵州年鉴》中有相关记载	优质矿泉水，传统的名酒酿造技术	有

Ⅲ 地理标志专题聚焦

B.11
贵州省地理标志与乡村振兴研究

黄晓芳[*]

摘　要： 截至2022年底，贵州省地理标志产品保护基本情况：地理标志产品总数达到415件（不重复统计356件），其中地理标志保护产品142件，地理标志证明商标产品119件，农产品地理标志产品154件。2004年，从江椪柑获原国家质检总局"原产地标记注册"认证，成为贵州省第一个获得地理标志认证的产品。经过十多年的发展，贵州省地理标志产业发展在脱贫攻坚和乡村振兴中的作用日益凸显。

关键词： 贵州；地理标志；乡村振兴

一、引　言

2017年，党的十九大报告首次提出乡村振兴战略。乡村振兴战略，是党的十九大所作出的重大决策部署，也是全面建设社会主义现代化国家的重大历史任务，更是新时代"三农"工作的总抓手。"产业兴旺、生态宜居、乡风文明、治理有效、生活富裕"是乡村振兴的总要求，实施乡村振兴战略，

---

[*] 黄晓芳，贵州省地理标志研究中心助理研究员，研究方向：地理标志、公共政策。

B.11 贵州省地理标志与乡村振兴研究

产业兴旺是重点，产业兴则农村兴。乡村振兴，关键是产业要振兴，要鼓励和扶持农民群众立足本地资源发展特色农业。立足本地资源禀赋，发展特色农业推动产业振兴，产业振兴带来的综合效益为乡村振兴奠定了坚实的物质基础，从根本上改变了乡村产业的发展格局，为乡村人口提供了一定的就业岗位，是农民增收致富的一条重要路径，在这一过程中基层治理的能力得以强化，这种良性互动能够为乡村振兴发展注入源源不断的动力。城乡之间的发展差距已经成为我国城镇化进程中的一个重要问题，也是制约农村发展的一大因素。缩小城乡之间的差距，缓解城乡之间的矛盾，促进城乡均衡发展，也是推动落实乡村振兴的关键。乡村振兴战略是基于我国发展实际提出的，是解决我国农业农村发展不平衡、不充分的必经之路。实现乡村振兴，产业兴旺是重点，乡村产业振兴，有利于促进城乡融合发展，构建新的乡村产业发展体系与格局，产业振兴也有利于区域协调发展和社会和谐稳定，有利于推动乡村振兴，从而推动社会经济高质量发展。

产业兴旺是乡村振兴的重点，发展农业产业是提升乡村经济效益与社会效益的核心，要大力发展特色农业、发挥特色名优产品特别是地理标志产品的引领作用。依托地理标志产品发展特色农业、开发特色农产品是乡村振兴战略实施的重要抓手。从历年的中央一号文件中可以看出中共中央十分重视地理标志在"三农"工作中的运用。2017年中央一号文件《中共中央 国务院关于深入推进农业供给侧结构性改革加快培育农业农村发展新动能的若干意见》提出"建设一批地理标志农产品和原产地保护基地"。2018年中央一号文件《中共中央 国务院关于实施乡村振兴战略的意见》提出"培育农产品品牌，保护地理标志农产品，打造一村一品、一县一业发展新格局"。同年出台的《乡村振兴战略规划（2018—2022年）》中提出"加强农产品商标及地理标志商标的注册和保护"。2019年中央一号文件《中共中央 国务院关于坚持农业农村优先发展做好"三农"工作的若干意见》中重申"强化农产品地理标志和商标保护"。2020年中央一号文件《中共中央 国务院关于抓好"三农"领域重点工作确保如期实现全面小康的意见》提出"加强绿色食品、有机农产品、地理标志农产品认证和管理"。2021年中央一号文件《中共中央 国务院关于全面推进乡村振兴加快农业农村现代化的意见》提出"全面推进乡村振兴，加快农业现代化"，进一步明确"加强农产品质量和食品安全监管，发展绿色农产品、有机农产品和地理标志农产品"。

在全面推进乡村振兴的背景下，聚焦乡村振兴与地理标志产业发展研究，既有助于促进我国农业高质高效，增加地理标志产品有效供给，积极发展特色产业，满足多元需求，推动消费升级，促进地理标志农产品向高水平供需平衡跃升，又有利于推动乡村振兴战略的顺利实施。

二、乡村振兴与地理标志的内在联系

地理标志产品有助于实现乡村产业升级，实现农产品由低质向高质转变，由低附加值向高附加值的产业转型，实现一、二、三产业融合发展；农产品价值及附加值的提高，使得乡村产业的平均利润得以提高，既重现了乡村经济活力，又提高了农民的收入水平。一、二、三产业的融合发展激发乡村生态循环经济，改善乡村人居环境，保护乡村民俗等非物质文化遗产，能够实现乡村的政治、经济、文化、环境等全面振兴。

（一）乡村振兴与地理标志相互作用

乡村振兴为地理标志产业发展提供路径指导，地理标志产业符合国家乡村振兴战略的要求，是综合天时地利人和于一体的农业特色产业，其产品的品质和特色具有其他农产品所不具备的天然优势。乡村振兴战略为地理标志产业的发展提供了政策支持和外生驱动力，反过来地理标志产业也能够推动乡村振兴战略的实施。

1. 产业兴旺与地理标志

乡村产业兴旺应以农业为基础，产业振兴，不仅要五谷丰登、六畜兴旺，更要产业融合、百业兴旺。地理标志农产品是产自特定地域、显示地区独特优良的自然生态环境、历史人文因素等特征的产品，具有优秀品质、特殊价值、良好声誉等特点，这一独特优势使其成为助力农业高质量发展和推动乡村振兴的重要力量。党的十九大报告明确指出，加快构建现代农业产业体系、

B.11 贵州省地理标志与乡村振兴研究

生产体系、经营体系。这不仅是实施乡村振兴战略的重要抓手,也是由农业大国向农业强国转变的重要支撑。构建现代农业产业体系也是推动地理标志产业发展的重要途径,地理标志产业发展又是助推产业兴旺的助燃器,地理标志与产业兴旺相得益彰,共同助力乡村振兴的实施。现代农业体系主要包括以下三个方面的内容。一是现代农业产业体系,现代农业产业体系是集食物保障、原料供给、资源开发、生态保护、经济发展、文化传承、市场服务等产业于一体的综合系统,是多层次、复合型的产业体系。这一体系能推动农业产业转型升级,形成独具特色的农业产业品牌,同时积极开发新业态,推动三产融合发展,为农业特色产业提供新发展模式。二是现代农业生产体系,强化农业设备转型升级,大力发展科学技术,提高农业生产的科技化与信息化,将物联网、大数据、云计算等新兴科技赋能农业生产,培育发展智慧农业和数字农业。三是现代农业经营体系,大力培育发展新型农业经营主体,逐步形成以家庭承包经营为基础,专业大户、家庭农场、农民合作社、农业产业化龙头企业为骨干,其他组织形式为补充的新型农业经营体系。壮大各类农业经营主体,充分调动农民的生产积极性,又能为产业注入新的活力,提高农业生产经营效率。

2. 生态宜居与地理标志

生态宜居强调农业绿色发展、农村环境高效治理和生态保护,地理标志产业发展助推美丽乡村建设。

地理标志产品对生长环境有着严苛的要求,高度依赖优越的自然环境,发展地理标志产业与生态宜居的理念不谋而合,发展绿色高效生态农业、品牌农业是当前农业发展的一大趋势。地理标志产品天然自带品牌效应,发展地理标志产业也是推动我国农业产业转型的重要途径之一。因此,在推进地理标志产业发展的过程中,积极探索科学绿色的发展方式,自觉提高生态文明素养,将生态文明理念融入产业发展中去。依托当地农业资源禀赋,以绿色发展理念为引领,将科技因素融入地理标志产业,推动地理标志发展与生态建设同步进行,依托地理标志产品,将单一的产业发展方式变成"生态+"的复合产业发展模式,以此推动"农民富、产业强、乡村美"的现代农业产业新面貌的发展。

3. 乡风文明与地理标志

地理标志产品是产自某一区域，极具当地地域特点的特色产品，这种产品不仅受到生产区域性带来的地理环境、自然因素、种质资源等方面的影响，还凝聚着该区域的历史文化和独特的生产工艺，承载了深厚的文化底蕴与独具特色的地域文化，这些因素都赋予了该产品特殊的人文价值。历史人文因素是评判一个地理标志产品的重要标志，地理标志产品大多具有长期的种植养殖历史，短则数十年，长则上百年、千年，在这一种植养殖历史发展进程中，形成了独具特色的生产文化脉络，是一区域历史文化长期沉淀的产物，彰显了该地理原产地的历史文化优势，为当地发展特色农业产业奠定了良好的文化基础，也是发展文化旅游的一种重要的基础文化资源。因此，要获得基于地理标志产品所蕴含的独特人文价值和由其独特效用所获取的经济效益、生态效益及其他综合效益，就必须对地理标志产品赖以生存和发展的原产地传统历史文化和独特的生产工艺进行传承与保护，使地理标志产品生产发展与传统优秀文化相辅相成、相得益彰。以地域文化色彩构筑的农产品精神附加值才能真正体现现代农产品的独特品位，有利于实现农村文化振兴。

4. 乡村治理有效与地理标志

实现乡村治理有效，是国家有效治理的基石，也是我国社会建设的基石。乡村治理与地理标志产业发展存在直接关系，治理有效是推动地理标志产业高质量发展的奠基石。地理标志产品的资源优势承载于有生态元素背书的生态农业、生态环境以及与之密切相关的科技资源、信息资源、组织资源之中。首先，加强基层党组织党建引领作用，通过党建引领乡村基层自治组织建设，加强基层自治能力，在地理标志产业发展所需要的资金、人才、技术等方面提供强有力的保障，同时通过政策等方式为地理标志的发展指明方向。其次，地理标志产业发展有利于生态环境保护治理，推动绿色高效生态农业的发展。一方面，地域内的自然环境、气候和土壤等条件决定了地理标志产品的特殊品质，发展地理标志产品有利于减少化肥农药的使用，保护土壤安全，提高耕地质量。另一方面，通过研发创新，使用新兴科学技术，健全完善生产工艺，确保实现在改善生态环境的同时提高产出、效益，积极培育发展可持续的高质量生态农业。让治理为地理标志产业发展保驾护航，地理标志产业带动产业兴旺，产业兴旺助推乡村振兴，让基层治理更加有效。

5. 生活富裕与地理标志

经济效益是地理标志产业最直接的价值体现，大部分产品成为地理标志产品后，其市场知名度和销售价格都得到了明显的提高。乡村振兴最直接的效果是看农民的钱包鼓不鼓，也是衡量地理标志产业发展好坏最直观的指标。首先，地理标志产业发展既带动乡村生活富裕，又在发展过程中逐渐完善农业基础设施，反过来基础设施的完善也进一步推动了地理标志产业的高质量发展。其次，为了实现乡村振兴，各种资源要素都呈现出不断向农村地区倾斜的趋势，在产业发展方面，为了推动产业兴旺，促进地理标志产业发展，各级地方政府出台各种扶持优惠性政策，各类电商平台对地理标志产品的帮扶也有所强化，越来越多的资金、人才、技术等要素被源源不断地投入地理标志产业发展中去。其中，各种公共基础设施诸如交通、水电、物流等及各种农业发展所需的机耕道、机械设备等的不断健全与完善，既促进了地理标志产业的发展，也让民众享受到更便捷的公共服务，让百姓实实在在地共享发展成果。

（二）地理标志加快乡村振兴的顺利实施

因地理标志产品独特的作用，其已经成为新时期我国农业产业发展的新名片。地理标志产业在乡村振兴中的作用越来越大，是推动乡村振兴重要的助燃器之一，对激活乡村活力，激发其自身的"造血"功能有着重要的作用，对于实现共同富裕也发挥出重要的作用，是实现农业产业绿色、高效、安全、高质发展的途径。弘扬区域优势农特产品，以产业为桥梁，搭建人与自然和谐共生的新格局，推动乡村振兴的顺利实施。

1. 地理标志产业助力乡村现代化发展

一方面，地理标志产业的发展最显著、最直接的表现就是其经济效益，能够带动农民增收，促进区域经济发展。此外，发展地理标志产业带来的其他社会效益也是不容忽视的，通过科技引领，树立生态文明观念，形成以生态保护为前提，将经济、生态、文化、社会发展集于一体的科学产业发展模式，可以促进农村产业现代化，推动乡村振兴的实现。另一方面，地理标志产业在生产及经营过程中通过依托当地资源，不断挖掘特色资源优势，推进传统产业实现优化升级，带动农业生产经营朝着现代化方向发展，为实现乡村振兴提供了新的发展思路。

2. 地理标志产业的发展为乡村振兴提供源源不断的动力

地理标志产业是集聚生态资源、组织资源、科技资源、人力资源等资源整合形成的资源优势产业，是一种高质量的产业可持续发展模式。这种发展模式的优点在于可以通过对农民进行专业知识和技能的培训，转变传统种植方式，提高农民的农业技术水平，既能保障地理标志产业的高质量发展，又能带动经济效益的提升和推动农业产业提档升级，促进农业产业科学化发展，也是一种实现绿水青山的产业发展模式。地理标志产业的发展不仅有利于提升经济效益、促进生态宜居，而且为弘扬地域文化、改善乡村文明、巩固乡村治理、打造共生格局，实现农业农村现代化注入强大的生机活力。

三、贵州省地理标志推动乡村振兴路径分析

（一）贵州省地理标志产业发展现状

贵州省位于云贵高原，境内地势西高东低，自中部向北、东、南三面倾斜，平均海拔 1100 米左右。贵州高原山地居多，素有"八山一水一分田"之说，地貌可概括分为高原山地、丘陵和盆地三种基本类型。贵州气候温暖湿润，属亚热带温湿季风气候区，有冬无严寒、夏无酷暑，降水丰富、雨热同季等特点。由于特定的地理位置和复杂的地形地貌，贵州的气候和生态条件复杂多样，立体农业特征明显，农业生产的地域性、区域性较强，适宜于进行农业的整体综合开发，适宜于发展特色农业。全省各地突出独特自然资源优势，注重挖掘历史农耕文化和多元民族文化，一批特色鲜明的地理标志农产品获得登记和发展。截至 2022 年底，贵州省地理标志产品保护基本情况：地理标志产品总数达到 415 件（不重复统计 356 件），其中地理标志保护产品 142 件，地理标志证明商标产品 119 件，农产品地理标志产品 154 件。

2004年，从江椪柑获原国家质检总局"原产地标记注册"认证，成为贵州省第一个获得地理标志认证的产品。经过十多年的发展，贵州省地理标志产业发展在脱贫攻坚和乡村振兴中的作用日益凸显。

（二）地理标志推动产业兴旺

茶叶是贵州的传统优势产业，省委省政府把茶产业定位为全省的绿色生态产业、特色优势产业、脱贫攻坚主导产业、乡村振兴重点产业。2017年1月10日，农业部批准对"贵州绿茶"实施国家农产品地理标志登记保护（全国首个茶叶类省域农产品地理标志），2019年被授予"国家级农产品地理标志示范样板"称号，2021年入选《中欧地理标志协定》保护名录，2021年，贵州茶产业发展逆势上扬，茶园面积有700万亩，稳居全国第一；茶叶产量46.99万吨、产值570.9亿元，产量、产值同比分别增长7.7%、13.3%。茶叶产品积极对标欧美、日韩、中东等国际市场，2021年，贵阳海关共检验检疫出口茶叶金额19.21亿元、数量7583吨，同比分别增长34.9%和22.83%，主要销往东南亚、巴基斯坦、加拿大等30多个国家和地区。已成为我省第一大出口农产品。截至2021年底，在全省茶叶总产量46.99万吨中，贵州绿茶占比75.8%；在茶叶出口金额19.5亿元中，贵州绿茶占比超80%。在全国范围内已开设"贵州绿茶"品牌形象店、专卖店1000余家，省外贵州茶营销网点达10000余家，京东、天猫、拼多多等电商平台均能购买到授权经销的贵州绿茶产品。地理标志产品出口比其他散茶出口价格提升15%以上，市场零售价格较以前普遍提高10%以上，零售价格超过同类产品20%以上。贵州绿茶成为贵州茶产业高质量发展中名副其实的"金字招牌"。2022年，2022中国品牌价值评价信息发布，贵州绿茶在地理标志区域品牌价值中位列第21位。

都匀毛尖是中国十大名茶之一。2005年，"都匀毛尖"获地理标志证明商标认证；2010年，"都匀毛尖茶"获国家地理标志产品认证，2011年获地理标志证明商标，2017年获农业部农产品地理标志认证；为了推动都匀毛尖品牌建设，都匀成立了"都匀毛尖品牌管理委员会"，采取"公用品牌+企业品牌"的母子品牌模式，构建了统一品牌、统一包装、统一质量、统一宣传、统一价格、统一标准的"六统一"品牌管理体系，提升"都匀毛尖"品牌竞争力。2021年，都匀毛尖进入中欧地理标志互认保护清单。2021年，"都匀毛尖"品牌价值提升至40.2亿元，位居"2021中国茶叶区域公用品牌价值"第12位，2021年都匀县进入"2021年度中国茶叶百强县"。2021年，"都匀毛尖"产品出口达1000吨，出口额达6900万元。

（三）地理标志促进农民生活富裕

贵州地理标志资源丰富，大多数地理标志产品成为"一县一业"的主导产业，这些极具地域特色的产品发展成为当地的特色产业，成为促进我省区域特色经济发展的重要资源，也是传承和保护贵州传统人文的重要载体，在推进乡村振兴和促进共同富裕中的作用日益显现。"十三五"期间，全省投入资金2260万元，制定137个地理标志管理制度，发布地理标志产品标准180个，推动地理标志用标13亿枚，地理标志产业化项目新申请专利1265项，带动农民增收32.28亿元，新增就业人数119.56万人。

威宁苹果是威宁县特产，近年来，威宁坚持把苹果产业发展作为调整产业结构、促进农民增收、推动农村经济发展的一项重要举措，作为实现"百姓富、生态美"有机统一的重要抓手。2009年，威宁全县苹果种植面积不足百亩；2022年，威宁苹果挂果面积约21万亩，栽培面积快速扩大，并已形成一批优势区域产业基地和产业带。建立完善农业市场主体和农民利益联结机制是促进农民增收致富的重要任务之一。为巩固脱贫攻坚成果、加快以产业振兴推动乡村振兴，近年来，威宁县围绕苹果产业发展，以加快苹果产业发展工作领导小组和特色经果林产业发展中心为组织牵引，加大招商引资力度，引进威宁超越农业有限公司等一批优秀苹果产业龙头企业，培育一批本土苹果产业大户、农民专业合作社等微观经营主体，采用"龙头企业+基地+农户""龙头企业+合作社+农户""公司+合作社+村集体+农户+基地"等运营模式，全面构建以家庭经营为基础，集体经营、合作经营、企业经营等共同发展的农业经营体系。据统计，2021年威宁苹果产业总产值约12亿元，占全县GDP总产值的3.88%。2022年，威宁苹果挂果面积约21.36万亩，带动农户37958户17.84万人（脱贫户9551户4.45万人），带动务工约 4000 人。

2017 年，水城区将"水城猕猴桃"作为水城区"一县一业"主导产业，水城猕猴桃已经成为推动农民增收，促进乡村振兴的重要推动力。为了增强水城猕猴桃的综合效益，水城区以"三变"改革为抓手，建立健全利益联结机制，把公司、村级组织和农户打造成利益共同体，让老百姓从"旁观者"变成"参与者"，实实在在地通过产业结构调整受益。按照"1+N"模式运作，村级组建合作社，农户（贫困户）以土地、劳动力、技术、财政扶贫资金量化股份入股，合作社代表农户（贫困户）与公司、民营企业合作开发猕猴桃全产业链项目，农户（贫困户）从入股当月起，就享受每年 500 元/亩的预分红，务工收入日清月结，项目见效后按股比享受利润分红。农户稳定获得订单生产、劳动务工、反租倒包、政策红利、资产扶贫、入股分红等收益。实现以股权为纽带，把村集体、企业、农民连成一个共同体，形成村企联合、产业连片、基地连户、股份连心、责任连体的"五连机制"。全区 11.2 万亩猕猴桃产业覆盖农户 3.73 万户 14.22 万人（其中：贫困户 5056 户 18754 人）。共有 2590 名贫困人口享受财政扶贫资金量化股份分红，年分红 390.87 万元；共有 1420 户 4493 名贫困人口通过"脱贫贷"入股发展产业，年分红有 780 万元。

（四）地理标志促进农村生态文明振兴

地理标志产品作为某一地域的特色产品，对自然环境具有很强的依赖性。因此，为了保证和提升地理标志产品天然生态的品质，就要保护和建设好地理标志产品赖以生存的原产地自然生态环境，必须维持好山地、林地、江河湖泊之间的生态平衡，让地理标志产业的发展与乡村生态环境保护形成一个良性循环的产业系统，使得产业和环境保护相得益彰，相互促进。

石漠化是制约贵州省经济社会发展最严重的生态问题之一。为了治理石漠化，贵州探索出一条"增绿"又"增收"、"治石"又"治贫"的贵州路径。

B.12 贵州省地理标志与山地经济高质量发展路径研究

李春艳[*]

摘　要： 山地经济是基于山地载体，农业、矿业、林业、畜牧业、渔业等作为主要生产部门的经济系统，该系统通常蕴藏着丰富的资源，具有巨大的开发潜力，但囿于交通闭塞、劳动力素质较低且基础设施条件落后等原因，经济发展落后。贵州省拥有典型的山地地形，对于地方经济的发展存在很大的制约与影响。贵州省要实现经济快速发展，就必须力争解决山地经济难题，而推动地理标志产业的发展，可以将山地资源优势有效转化为竞争优势，增强山地经济发展质量与市场竞争力。依托山地地区的优势，培育出优质的地理标志产品，对增加山地地区农民收入，增强产业竞争力，促进山地经济的高质量发展都具有重要意义。

关键词： 山地经济；地理标志发展路径

一、山地经济的内涵、特点与分类

山地经济属于区域经济学领域的一个概念，意指基于山地载体，农业、矿业、林业、畜牧业、渔业等作为主要生产部门的经济系统。山地经济作为一个独立的系统，依存于山地地区，山地经济系统与工业经济、农业经济不同但又和二者存在交叉，是国民经济的关键组成部分，也是实现我国山区可

---

[*] 李春艳，同济大学上海国际知识产权学院博士研究生，研究方向：地理标志。

B.12 贵州省地理标志与山地经济高质量发展路径研究

持续发展的重要支撑[1]。我国关于山地经济的研究开始于20世纪80年代，目前学术界关于山地经济的研究主要涉及政府干预[2]、发展路径[3]、发展模式[4]、科学属性[5]等方面。也有部分学者通过分析贵州省山地经济发展的现状，对发展环境[6]、发展路径[7]、发展体系[8]、发展驱动力[9]等方面进行了分析。这些研究成果对助推山地经济发展有一定的指导价值，可以为深入分析贵州省山地经济发展路径提供理论参考。

山地经济系统通常蕴藏着丰富的资源，具有巨大的开发潜力，然而闭塞的交通造成信息交流的困难，劳动力素质较低且基础设施条件落后等原因，使经济发展产生封闭性，这种封闭特征受环境因素限制较大[10]。我国的山地面积占陆地面积的三分之一。但是这种以山地为主要地形的山区曾经一度是落后、贫穷的"代名词"。而贵州省作为丘陵与山地面积占全国总国土面积超过90%的山区省份，其经济社会发展水平曾在很长一段时间里严重滞后于全国发展水平，山地经济发展低效、封闭，对可持续发展能力造成严峻挑战[11]。自党的十八大以来，这一状况逐渐开始改观，贵州省严守生态与发展底线，严守"绿水青山就是金山银山"的发展思想，借助山地资源的优势突出发展山地特色优势产业，使得山地经济的发展成效显著，这为贵州省闯出了新时代西部大开发的新路子，也为贵州省打赢脱贫攻坚和实现全面建成小康社会的目标作出了突出贡献[12]。2022年，国务院明确提出打造贵州"四区一高地"的发展定位。立足于省情特点，带动贵州省山地经济实现高质量发展是实现新发展定位的本质要求。面对国际环境多变复杂、新冠病毒感染疫情冲击的形势，抓住地理标志发展机遇，推动山地经济与地理标志的融合发展，促进贵州省转换发展动力，实现发展效率提升、发展结构优化，是促进贵州省实现高质量山地经济发展的必然选择[13]。

贵州省拥有典型的山地地形，对于地方经济的发展存在很大的制约与影响。贵州省要实现经济快速发展，就必须力争解决山地经济难题，创造出一条基于山地地形的经济发展新路子。贵州省的山地经济虽然面临发展难题，但是该省自然资源十分丰富，拥有丰富的生物、矿产、能源等资源，蕴藏着无限的开发潜力[14]。其中，水能资源位居全国第六，煤炭资源位居全国第五，富含上百种矿产资源和上千种野生动物资源，还有将近4000种药用植物资源。而且，该省生态条件与气候条件复杂多样，适合发展富有特色的农业产业。

然而，囿于自然与历史的原因，贵州省的公路发展水平较低，交通闭塞、山水阻隔使贵州与国内其他地区的沟通成本较高，经济发展较为封闭。长久以来，贵州省山区的经营方式依然较为单一，农业生产方式仍然较为落后，缺乏现代化的农业基础设施，与此同时，山区囿于地形限制，劳动人口以本区域为主，大多数劳动人口受教育水平低，很难掌握较为先进的经济发展技能，限制了山区经济的发展[15]。

贵州省山地地形不仅较多，而且山地坡度较为陡峭，农业生产总量较少，以家庭农业为主，城乡二元结构突出，"三农"问题较为明显，是非常典型的山地贫困区。相比于平原，山地缺乏经济发展的地形支撑，而且缺乏资本资源。开放程度较低，开发强度偏低，导致经济发展滞后严重，人民生活贫困。山地地区的生活质量、人均收入和平原地区差距较大，这从相当程度上限制着贵州省山地经济的发展。另外，山区基础设施落后，交通条件较差，制约着山地经济的发展，阻碍山地的资源转化为效益，即使想要增加发展所需投入，也很难促进生产发展。而且，山区农村人口素质较低，思想较为保守落后，从事经济生产的相关技能相对缺乏，导致经济发展难度加大[16]。

山地经济的发展路径受到各地资源环境与社会文化因素的影响，虽然各地区的发展条件相异，但山地经济的发展具有以下共性：第一，山地经济的发展立足于山地农林牧渔经济的基础，所以发展山地经济必须打破传统的自给式、封闭性模式，构建横向拓展、纵向延伸、纵横交织的市场产业链，融合促进一、二、三产业的发展。第二，山地经济的发展以该地区的环境资源为发展基础，具有十分显著的多样化发展与区域特色，所以山地经济的发展需要依托山地资源因地制宜地构建具有特色与优势的山地特色体系。第三，山地的生态系统较为复杂且环境较为脆弱，山地经济发展的可持续能力主要受到发展模式的生态安全性与环境友好性的影响。所以山地经济的发展必须实现绿色发展、生态优先，实现保护生态环境与促进经济发展的双向统一。

第四，山地经济的发展依附于山地，该区域拥有其他区域无可比拟的资源优势。富有独特的动物与植物群落组合，文化多元、生物多样且资源丰富[17]。

二、运用地理标志推动贵州山地经济高质量发展的重要意义

在贵州省第十三次党代会上，谌贻琴曾说道，高质量发展是现代化建设踏上新征程的重要主题。作为全国仅有的一个不依靠平原作为支撑的山区省份，贵州省通过推动山地经济发展效率提升、发展结构优化、发展动力转换，加快实现山地经济高质量发展，这是提高贵州省发展质量的重要途径[18]。地理标志产品相较于普通产品而言，具有保留乡土风味、地方特色的鲜明特征，推动地理标志产业的发展，可以将山地资源优势有效转化为竞争优势，提升山地经济发展质量与市场竞争力。贵州山地地区气候与生态环境复杂多样，地理标志产品开发潜力较大，侗族、苗族、布依族等少数民族创造了有深厚底蕴的特色文化，独特的自然条件和人文历史条件都为地理标志产品的发展奠定了坚实的基础。依托山地地区的优势，培育出优质的地理标志产品，对增加山地地区农民收入，增强产业竞争力，促进山地经济的高质量发展都具有重要意义[19]。

第一，推动地理标志发展是实现贵州省山地经济高质量发展、统筹城乡发展的需要。党的十九大报告指出，"我国社会主要矛盾已转化为人民日益增长的美好生活需要和不平衡不充分的发展之间的矛盾"[20]。目前城乡间发展不平衡问题是我国现代化建设进程中最大的不平衡问题，农村的发展不充分问题是最主要的发展不充分，这种现象在贵州省十分突出。发挥贵州民族文化丰富多彩、生态环境良好、山地资源多样等组合优势，壮大富有山地特色的优势产业，将山地资源优势转化为区域经济优势，提高山地经济发展质量，振兴山区经济，正是补齐发展短板，统筹城乡发展的必然要求。

第二，运用地理标志推动山地经济发展是巩固脱贫攻坚成果，实施乡村振兴战略的现实需求。2020年，贵州省取得了全面脱贫攻坚的胜利。在未来贵州省现代化发展的新征程中，巩固脱贫攻坚成果，持续推进乡村振兴和脱

贫地区快速发展是重要任务。对于贵州省来说，完成任务的难点与重点主要在于以山地地形为主的众多山区。充分开发山地地区潜在的发展资源，创造更多的就业机会与就业岗位，提高山地地区的经济发展质量，夯实促进山区人口致富的基础，提高山区经济发展质量，是扎实推进乡村振兴、拓展脱贫攻坚成果的必然要求[21]。

第三，运用地理标志推动贵州省山地经济发展是实现生态文明建设、恪守生态与发展底线的需要。贵州省位于"两江"的上游区域，其生态保护至关重要，所以坚持以山地资源环境为基础，以创新驱动、绿色发展为理念，依托"大数据+""互联网+"的发展平台，整合优化山地经济发展结构，统筹"两江"上游的环境安全与山地经济发展质量两大发展任务，才可以体现贵州省恪守生态与发展底线，才能实现"绿水青山就是金山银山"的发展理念[22]。

三、地理标志赋能贵州山地经济高质量发展的主要路径

地理标志产业的发展需要政府发挥主导作用才能形成产业聚合力，产业协会、龙头企业、职能部门、政府发挥同步协作能力，才能带动地理标志产业发展壮大。

（一）促进山地经济特色化、差异化发展

政府可以通过强化公共服务职能，将地理标志产业发展工作纳入贵州省社会经济发展目标规划当中，从资金、项目、政策等方面给予支持。通过建立健全地理标志相关组织机构，加强相关制度建设和规划引领，对地理标志产业发展过程中的相关问题与事项进行协调处理。

山地经济的发展需要彰显特色、因地制宜。作为一种发挥地方特色的绿色发展模式，地理标志赋能贵州省山地经济的发展，改造山地经济的全链条、全方位发展模式，持续催生出符合地理标志保护标准的新产业、新产品和新模式，拓展贵州省山地经济发展的深度，开发贵州省山地经济的生态服务能

力，促进山地经济的发展结构优化和一、二、三产业融合发展，打造出以富有山地特色的地理标志产业、山地特色的旅游休闲和户外运动为核心，推动山地经济发展质量提高的特色化地理标志产业体系。地理标志产业的发展有助于运用政府、行业协会、企业等搭建跨行业、跨区域的山地经济信息互通、共享平台，推动山地地区以自身资源特色为基础，高效对接持续变化的市场需求，进而助推各个山地地区传统产业实现转型升级和经济实现特色化、差异化发展，提高山地地区资源要素的跨区配置效率，促进山地资源的高效、合理开发与保护，并减少山地资源的同质利用与过度开发，提升贵州省山地经济的经济力和发展效率[23]。

（二）推动生产要素向山地经济发展中倾斜

山地经济的发展基于山地基础，以农林牧渔为载体，而且受到山地农林牧渔业水平的制约与影响。虽然贵州省近年来山地经济的发展获得了成效，但仍然存在技术、资金等现代化投入要素不足等问题。究其原因，首先是各山区信息较为闭塞，农村劳动力外流严重且各山区的生产情况差异较大，客观上加大了要素供需对接的困难；其次，山地经济的生产经营主体较为多元，发展地域分散且小农户的生产较为广泛，传统的要素供需信息渠道具有天然梗阻，增加了要素供需的成本。地理标志赋能山地经济，助推生产要素向山地经济领域倾斜，实现生产要素和山地经济的发展融合，不仅有助于运用现代化技术创新生产要素与山地经济的发展融合模式，运用地理标志的发展完成技术、金融等生产要素供给和山地经济高质量发展需求的高效对接，并通过减少成本的方式促进现代化生产要素不断向山地经济领域倾斜，促进山地经济的发展质量提高。而且随着地理标志在山地经济领域的发展及其山地经济融合发展、转型发展速度加快，从客观上可以刺激山地地区农户主动学习，适应现代生产要素的需求，吸引部分农村外流的高素质劳动力重返山区，带动山地经济的整体经营能力提升[24]。

（三）提高山地经济发展水平

将地理标志产品的保护和标准化工作进行有机结合，促进贵州省山地地区地理标志产品的规范建设。通过制定标准化管控方案，加强对地理标志的规范运用。而且，随着信息、交通等基础设施的逐渐完善，山区物流、电商等不断发展，曾经自给率高、长期封闭、发展低效的传统山地经济格局不断被打破，山地经济市场化、商品化程度大幅提高。然而贵州山地经济产品流通损耗大、流通成本高、流通时间长、中间环节过多、产销信息不对称等问题比较突出，限制了山地经济效益的提高，制约了山地经济的竞争力。地理标志赋能山地经济，有助于将大数据、互联网等融合于山地经济的发展当中，为助推山地经济改革、加快产销对接提供依据与技术支撑，开辟山地经济发展的市场快速通道，并为扩大山地经济市场规模和范围创造条件，可以推动山地经济依托信息共享平台，通过现代信息技术拓展市场空间、打破时空限制、开发消费市场，完成地理标志产品、服务供给和市场需求的高效对接与精准匹配，尽可能满足消费者对地理标志产品的品质化、个性化需求，并减少交易成本，提升山地经济发展的整体效率和市场化水平[25]。

（四）增强山地经济品牌影响力

贵州省山地特色突出且资源富集，地理标志产品在近几年的山地经济发展过程当中不断涌现，然而在国内外影响大的产品却并不多，品牌效应尚未转化为经济优势、竞争优势。这种状况不仅和产品品牌积淀不够、宣传推介不足紧密相关，而且和贵州省山区资源的发展条件复杂、山地经济标准化、规模化水平较低、中小微经营主体存在广泛等相关。地理标志赋能山地经济，可以促进资源与山地经济的密切融合，实现地理标志产品的市场经营方式、生产方式和管理组织方式创新。这不仅有助于充分发挥地理标志的作用与优势，借助大数据、互联网把诸多微小经营主体融合为规模化网络经营，为扩大山地经济市场占有率、提高地理标志产品的品牌效应创造条件，而且可以实现山地经济发展过程当中地理标志产品的标准化生产，提高山地经济标准化发展水平，助力"黔货出山"和打造山地经济品牌，提高地理标志产品的美誉度与影响力[26]。

四、运用地理标志提高山地经济发展质量的对策建议

运用相关法律制度对地理标志产品进行保护，充分发挥地理标志产品所蕴含的人文及地理条件优势以促进贵州省山地地区的经济发展无疑是正确的选择战略。贵州省政府、农户、企业需把握住机会，培育具有优势的地理标志产品，以提高贵州省山地经济的发展质量。

（一）广泛开展地理标志宣传工作，切实加强山地地区基础设施建设

贵州省山地地区拥有很多具有地理标志属性但有待开发的名优特产品，政府需要积极鼓励有开发潜力的产品并积极进行地理标志注册申请，运用地理标志带动山地经济的高质量发展。对已成为地理标志的产品，需要广泛开展地理标志产品的宣传工作，增加地理标志产品的知名度，促进地理标志产品的品牌化发展。与此同时，完善山地地区的基础设施是运用地理标志提高贵州省山地经济发展质量的基础与前提。尽管近年来山地地区的基础设施发展水平显著提高，但城乡之间仍然存在很大的发展差距，农村尤其是山地地区的基础设施依旧较为薄弱。为了适应山地经济的发展要求，坚持政府主导和市场运作双管齐下，继续加大山地地区发展投入力度，不断加强已有基础设施的改造和建设，加快填补山地地区经济发展过程中的不足，完善山地经济发展过程中地理标志产品开发和发展的基础条件。并结合山地经济的发展要求，加强富有山地特色的地理标志产品的仓储、冷链、包装、加工、物流网点等相应基础设施建设，打造涵盖生产、流通等各个环节的山地经济发展平台，增强山地地区公共服务水平和服务能力，助推"黔货出山"，助力山地经济实现高质量发展[27]。

（二）建设地理标志规范化生产体系，促进山地经济实现标准化发展

地理标志的特点是地理标志的生产者和管理者是分离的，如果某地域范围内的该类产品达到相应的要求与条件，那么该地域范围内的生产者就可以

使用地理标志。所以什么样的产品符合地理标志条件与需求，需要一个获得公认的标准。换言之，地理标志不属于单个地理标志的生产者，也不属于地理标志的管理者，而是属于位于相应地域范围内的所有人民。维护地理标志产品的声誉，关系到全体地理区域内人民的共同利益。故此，标准化地理标志产品的质量是地理标志的生产者和管理者需要首先解决的问题。通过制定相应的质量标准与生产标准，完善地理标志的标准体系，规范生产秩序，严格实施地理标志产品的标准，严格监控地理标志产品的实施标准与生产技术工艺，才可以确保地理标志产品的质量达到相应要求，做好维护地理标志声誉的工作，进而提高地理标志产品的市场竞争力[28]。

（三）促进地理标志产业化发展，着力做好人才队伍建设

山地经济的发展以山地农林牧渔业的发展为基础，山地地区的农民是提高经济发展质量的主体。由于发展较为落后，山地地区的青壮年劳动力流失严重。山地地区的劳动力女性化、老龄化现象严重，而且发展意识淡薄、整体素质较低，这些问题限制了山地经济的发展。同时山地地区专业化人才的缺乏，进一步限制了地理标志在山地经济发展过程中的运用[29]。所以抓住地理标志发展契机，做好地理标志专业人才队伍建设，已成为提高贵州省山地经济发展质量的必然要求。为适应地理标志赋能贵州省山地经济发展需要，需要做好以下三个方面的工作：第一，加强山地地区人才队伍建设，努力培养出一支地理标志产业发展的本土人才队伍，提高山地经济发展主体的专业素养与知识应用技能，提高山地经济发展中发展地理标志的能力。第二，积极吸引外流劳动力返乡和城镇人力资源参与山地经济发展，提高山地地区人力资源发展水平，为地理标志赋能山地经济提供源源不断的发展动力。第三，加强与企业、高等院校的联系，积极培育、引进地理标志发展专业化人才，扩充符合山地经济发展需求的专业人才队伍[30]。

五、结论与展望

山地地区作为落后地区,对地方经济的发展产生严重的影响与制约,贵州省作为典型的山地地形地区,想要实现经济高质量发展,就必须从突破山地经济发展这一难题入手,从落后中寻找发展机遇与条件。山地地区拥有独特的自然资源与人文历史条件,可以为发展地理标志创造条件。通过发展地理标志,可以将山地地区的资源转化为市场竞争力,运用山地资源优势,培育高品质的地理标志产品,可以为提高贵州省山地经济发展质量作出突出贡献。

本报告针对贵州省山地地区的总体情况,对运用地理标志赋能山地经济发展的重要意义与主要路径进行了分析,也针对贵州省运用地理标志提高山地经济发展质量给出了相应的对策与建议。在后续的相关研究当中,有必要继续在区域经济发展的研究中探讨山地地区这一落后区域的经济发展问题,还可以针对不同发展与不同环境的山地地区作出分类分析,并为山地经济的发展给出详细的理论知识,提供完备、详细的发展对策与相关路径。

参考文献:

[1] 王哲捷,徐十,王永平. 数字赋能贵州山地经济高质量发展路径研究[J]. 贵州商学院学报,2022,35(2):10-18.

[2] 尹铎,朱竑. 云南典型山地乡村农业扶贫的机制与效应研究——以特色经济作物种植为例[J]. 地理学报,2022,77(4):888-899.

[3] 刘安乐,杨承玥,明庆忠. 山地旅游省区旅游经济时空分异及其驱动力演化——以贵州省为例[J]. 华中师范大学学报(自然科学版),2021,55(3):494-504.

[4] 陈俎宇. "山地"之魅黔西南[J]. 当代贵州,2019,(41):4-5.

[5] 唐思蓉. 山地经济是解开"贵州现象"的一把钥匙[J]. 广西质量监督导报,2019,(5):132-133.

[6] 李红香. 贵州历史植物地名与山地经济发展研究 [J]. 贵州大学学报（社会科学版），2018，36（3）：97-106.

[7] 况培颖. 贵州发展山地经济的 swot 分析 [J]. 当代经济，2018，(4)：74-75.

[8] 李洁. 贵州创建中瑞自由贸易协定示范区思路与对策 [J]. 贵州社会科学，2015，(9)：121-125.

[9] 谢春芳，张宇. 瑞士"绿色山地经济模式"对贵州的启示 [J]. 晋中学院学报，2014，31（1）：42-47.

[10] 秦成逊，王杰. 西部地区基于生态文明的山地经济发展研究 [J]. 生态经济，2012，(10)：62-65，71.

[11] 赵普. 贵州立足山地经济发展工业的路径选择及对策研究 [J]. 学术论坛，2012，35（9）：118-122.

[12] 丰凤，廖小东. 贵州省山地经济发展的路径选择 [J]. 安徽农业科学，2012，40（12）：7525-7526.

[13] 冯佺光，钟远平，杨俊玲. 山地生态经济集群开发特征与路径分析 [J]. 地域研究与开发，2012，31（2）：26-31+53.

[14] 贺菊莲. 饮食文化资源开发利用与贵州新农村建设 [J]. 安徽农业科学，2011，39（13）：8154-8156.

[15] 冯佺光. 现代山地经济系统开发及发展模式——以重庆市三峡库区为例 [J]. 西南师范大学学报（自然科学版），2010，35（4）：190-202.

[16] 冯佺光. 山区的山地经济协同开发研究——以重庆市三峡库区为例 [J]. 地域研究与开发，2010，29（1）：23-28，37.

[17] 冯佺光，赖景生. 山地化民俗生态旅游经济协同开发研究——以三峡库区生态经济区重庆市东南翼的少数民族聚居地为例 [J]. 农业现代化研究，2009，30（5）：557-561.

[18] 刘云，熊康宁. 贵州喀斯特山地生态退化与生态经济重建研究 [J]. 山西煤炭管理干部学院学报，2009，22（1）：120-122，125.

[19] 龚晓莺，王朝科，倪沪平. 基于资源互补理论的山地经济发展初探 [J]. 生产力研究，2007，(22)：9-11.

[20] 代玉明. 制度变迁与山地经济发展 [J]. 贵州商业高等专科学校学报, 2004, (4): 25-28.

[21] 蒋立松. 山地生境与贵州少数民族物质文化的形成及其特征 [J]. 贵州民族研究, 1999, (3): 91-97.

[22] 陈钊. 山地文化特性及其对山地区域经济发展的影响 [J]. 山地学报, 1999, (2): 84-87.

[23] 丁宇. 中国山地城镇化的发展路径研究 [D]. 北京交通大学, 2021.

[24] 熊珍. 清至民国贵州民族图志研究 [D]. 贵州大学, 2019.

[25] 曾凡玉. 清至民国贵州柞蚕业经营及其影响研究 [D]. 贵州大学, 2018.

[26] 杨海波. 山地地区城乡发展一体化研究 [D]. 中共中央党校, 2017.

[27] 席春红. 贵州省金融发展对经济增长影响渠道实证研究 [D]. 贵州财经大学, 2015.

[28] 杨丽莎. 山地农业发展中农民合作制约因素及促进路径研究 [D]. 西南大学, 2014.

[29] 刘辉. 贵州工业发展与山地经济模式转变的相关性研究 [D]. 贵州财经大学, 2014.

[30] 刘万霞. 山地经济发展的条件分析及路径选择 [D]. 贵州大学, 2006.

B.13
贵州省中欧地理标志互认产品保护研究

李发耀*

摘　要：2021年3月1日，《中华人民共和国政府与欧洲联盟地理标志保护与合作协定》正式生效。根据该协定，贵州省共15个地理标志产品被纳入互认保护清单：贵州茅台酒、凤冈锌硒茶、朵贝茶、惠水黑糯米酒、大方漆器、都匀毛尖、织金竹荪、兴仁薏仁米、盘县火腿、麻江蓝莓、从江香禾糯、水城猕猴桃、修文猕猴桃、安顺山药、贵州绿茶。被纳入协定保护的地理标志产品不仅可在对方获得法律保护，还可使用对方的地理标志官方标志，有利于相关产品有效开拓海外市场，协定涉及的地理标志产品，不仅受到法律保护，遇到问题还可以通过条约建立的双边机制来解决，使相关地理标志持有人的合法权利受到双重保障。本报告探讨建立技术层面的统一保护、提升互认产品质量安全和特色品质、推进地理标志区域公共品牌建设、利用和发挥省政府知识产权办公会议作用、建立15个中欧地理标志互认产品的重点保护清单。

关键词：中欧地理标志；互认产品保护

一、协调和建立技术层面上中欧地理标志互认产品的统一保护

贵州省15个地理标志产品被纳入《中欧地理标志协定》，根据批准部门

---

* 李发耀，贵州省地理标志研究会会长，贵州省社会科学院研究员，研究方向：地理标志产业发展。

B.13 贵州省中欧地理标志互认产品保护研究

的不同，地理标志产品的申报分为三个渠道，2018年国家机构合并后，分别为：国家知识产权局保护处的地理标志保护产品，国家知识产权局商标局的地理标志证明商标，农业农村部的农产品地理标志。贵州省被纳入中欧互认保护清单的地理标志产品，三个渠道的认证都涵盖，其中还有产品三个渠道的地理标志产品都进行了认证，也有产品仅为单一渠道的地理标志产品。其中，只进行单一渠道地理标志产品认证的产品有6个，分别为：茅台酒（贵州茅台酒）、朵贝茶、惠水黑糯米酒、从江香禾糯、安顺山药、贵州绿茶；进行了两个渠道地理标志产品认证的产品有5个，分别为：大方漆器、织金竹荪、盘县火腿、麻江蓝莓、水城猕猴桃；进行了三个渠道地理标志产品认证的产品有4个，分别为：凤冈锌硒茶（凤冈富锌富硒茶）、都匀毛尖（茶）、兴仁薏（苡）仁米、修文猕猴桃。其中，从江香禾糯、安顺山药、贵州绿茶3个产品由农产品地理标志被核定为中欧互认地理标志产品。不同部门的地理标志保护实施，由于标准不一样，相互出现冲突的也有，这给保护工作推进带来了一定的困难。

不同地理标志渠道保护有一定的技术冲突，究其原因，一是当前地理标志工作体制的设计有缺陷。目前，我国地理标志产品保护在国家层面的三个渠道并没有随着机构的改革合并而出现地理标志职能整合，原国家质检总局＋国家知识产权局渠道，原国家工商总局渠道和农业农村部渠道主导的三种地理标志保护仍然并行，国家知识产权局在一定程度上无法协调和整合农业农村部渠道地理标志职能资源。二是地理标志三个渠道的不同主体选择，导致地理标志重叠保护和权利冲突。三是地理标志三个渠道各自独立的审查标准和审查程序，形成同一区域同一地理标志产品不同的保护内容、保护范围、保护时间、保护标准。

当前建立技术层面的统一保护，需要协调地理标志后续管理，规定地理标志产品的后续地方标准的制定和地理标识应用（地理标志产品包装），尤其在证明商标和地理标志保护产品标识目前已经统一的情况下，更是需要农产品地理标志的规范和标准。针对专用标志进行规范，包括下列情况：采取直接贴附、刻印、烙印或者编织等方式将地理标志专用标志附着在产品本身、产品包装、容器、标签等上面；使用在产品附加标牌、产品说明书、介绍手册等上面；使用在广播、电视、公开发行的出版物等媒体上，包括以广告牌、邮寄广告或者其他广告方式为地理标志进行的广告宣传；使用在展览会、博览会上，包括在展览会、博览会上提供的使用地理标志专用标志的印刷品及其他资料；使用于电子商务网站、微信、微信公众号、微博、二维码、手机应用程序等互联网载体上；其他合乎法律法规规定的标示方法。

二、统筹提升中欧地理标志互认产品质量安全和特色品质的保护水平

（一）加快推动地理标志绿色品质与绿色经济的融合

地理标志本质上是一种成熟的绿色经济制度。地理标志保护内容包括：名称、种源、范围、立地条件、种植、管理、采收、加工、感官指标、理化指标等，该制度以保护产品的质量特点和产地环境安全为特征，能够对产地的土壤利用、环境污染、重金属控制、农药残留控制、生物种群及群落保护起到极大的促进作用，其保护方式主要以质量技术要求、地方标准、地方政府行政管理为主展开强制执行。地理标志对生态环境主要有几方面的作用。一是合理利用自然资源，通过质量技术要求推进优势种植业可持续发展。以划定保护区范围的方式，防止盲目开垦荒地、滥伐森林、过度放牧、掠夺性捕捞、乱采滥挖、不适当地兴修水利工程或不合理灌溉等。二是政府强力推动产地环境安全，制止城市化和工农业高度发展而引起的"三废"（废水、废气、废渣）污染、噪声污染、农药污染等环境污染。以地理标志产品质量技术要求和地方标准为核心，地理标志经济将成为一种资源节约型和环境友好型的新型经济形态。推进资源消耗低、环境污染少、产品附加值高、生产方式集约的地理标志绿色经济政策转变，实现地理标志产品保护范围绿色经济集约式发展和可持续增长。技术路线：地理标志制度功能—地理标志绿色经济原理—地理标志产品保护功能—产地环境污染要素—产地环境影响因子—绿色经济体系构架—绿色经济技术保护—地理标

志质量技术要求—绿色经济标准制定—技术支撑体系—保护效益分析—政策选择建议。

（二）有步骤推动地理标志产品安全品质的可追溯质量管理工作

地理标志制度是一整套质量管理制度，在当前贵州省委省政府大力提倡绿色优质农产品的背景下，可以快速有步骤地推动地理标志产品可追溯质量管理，帮助实现绿色农产品风行天下。可追溯质量管理要求：生产有记录，信息可查询，流向可追踪，责任可追溯。启动可追溯的记录管理，标识管理，查询管理和监督管理功能，构建县、乡、村三级地理标志质量安全可追溯管理网络。可追溯质量管理的目标是：实现地理标志产品美山、美水、美人文、美产品的一体化，建立全天候的地理标志质量管理控制机制，向市场即时展示地理标志产品的原生态、原产地、高质量的产品动态，全面建立地理标志产品溯源管理系统，联网管理，展示气象信息及墒情，信息自动采集，多媒体视频监控，推进多媒体触控展示系统建设等。以品质控制为特点、以标准执行为核心开展可追溯质量管理建设。

全面加快建设地理标志资源数据库，内容包括：地理标志产品介绍、产业介绍、地理电子地图、质量控制、标准执行情况、产品检测、产地出口管理、市场入口管理、市场流通管理等。推进多家地理标志平台的端口对接建设。紧密结合当前社会最为关心的食品生产安全信息与食品管理安全信息，跟进农产品质量安全与食品安全的全程化管理。同时，建立地理标志产品安全信息的评估制度，建立地理标志产业风险隐患的控制分析制度，建立地理标志公共事件的处理机制等。

针对不同互认的地理标志产品，加强质量特色的控制与保护。为保护地理标志产品独特的品质特点，必须通过检测体系，全面开展对地理标志产品品种和品质的普查与检测工作，通过对各地区生态条件和资源优势的监测分析，对地理标志产品的感官特性、理化指标中的一些重要指标进行检测、细化与规定，并制定与规定具体的检测指标，以在生产地理标志产品的过程中保障地理标志产品的质量。

三、大力推进地理标志公共区域品牌建设，助力产业兴旺和乡村振兴

地理标志是天然的公共区域品牌，这是由地理标志的属性特征决定的，地理标志属于区域传统资源，主体权利属于地方人民政府，主体权利的执行人是集体组织，因而开展地理标志的公共区域品牌建设不仅是一项产业品牌建设，更是一项民生工程建设，被纳入中欧地理标志互认保护清单的地理标志产品是贵州产品的代表，推进地理标志公共区域品牌建设，非常重要。

（一）整理地理标志产品保护现状问题并提出解决方案

2021 年 3 月 1 日，《中华人民共和国政府与欧洲联盟地理标志保护与合作协定》正式生效。根据该协定，中欧双方各 275 个地理标志保护产品将开展互保互认。通过协定，相关地理标志产品即可获得欧盟的保护，被纳入协定保护的地理标志产品不仅可在对方获得法律保护，还可使用对方的地理标志官方标志，这有利于相关产品有效开拓海外市场，协定涉及的地理标志产品，不仅受到法律保护，遇到问题还可以通过条约建立的双边机制来解决，使相关地理标志持有人的合法权利受到双重保障。可以结合《中欧地理标志协定》，开展如下具体工作，整理保护现状问题并提出解决方案。具体内容：①结合欧盟食品安全要求清理产品质量安全隐患（产地环境安全、投入品控制）；②质量技术要求实施情况（种植技术、管理方式、采收标准、感官指标、理化指标等）；③产品加工、储运、流通安全（加工工艺、储运技术、流通管理）。④标识运用问题，具体内容：A. 地理标志专用标识使用；B. 保护标准制定与实施情况（地方标准、团体标准、企业标准）；C. 授权用标企业纳入追溯平台总比率，再分析未纳入原因，解决办法。⑤相关认证与控制问题。具体内容：产业政策、公共技术、公共宣传、公共服务，地理标志不同渠道的复合保护实施情况，绿色食品产地控制与投入品控制情况，有机产品环境控制与产品控制情况，合格农产品检测情况，"名、特、优"产品推

B.13 贵州省中欧地理标志互认产品保护研究

进与控制。⑥综合知识产权保护问题,具体内容:相关的商标、专利(技术发明专利、产品外观专利、实用新型专利)、版权、技术与商业秘密、不正当竞争等保护与建议。

(二)推进中欧地理标志互认产品的公共区域品牌建设

政府制定系列公共政策。包括《地理标志公共品牌运用标准及实施细则》(地方政府统一发布实施)、《地理标志公共品牌激励机制与办法》(地方政府统一发布实施)、《地理标志公共标识LOGO使用及管理细则》(政府职能部门)、《地理标志公共品牌Ⅵ系统应用设计及制作》(宣传系统、办公系统、包装系统,形式上覆盖纸质媒体、电子媒体、网络、广告设计与发布、新闻发布会设计等,政府职能部门为牵头单位)。依据一系列的地理标志公共政策,通过标准、技术规程及质量控制来保障产品的质量,从而更好地促进贵州地理标志产品品牌的保护。产品质量的保障有利于增加中欧地理标志互认产品的知名度、认可度与美誉度,促进一县一业公共区域品牌的形成。同时,通过公共政策中规定的禁止使用与专用标志相近、易产生误解的名称、标示内容以及可能误导消费者的文字或图案标志,可以有效促进地理标志产品公共区域品牌的保护。同时,相关政府公共部门出台《公共区域品牌建立及激励机制与办法》,更是可以有效地促进贵州区域内公共区域品牌示范效应的形成。

具体措施主要包括两个方面,一是制定地理标志产品全产业链综合标准体系及应用。标准类型包括地理标志产品地方标准、区域内行业引导产业发展的团体标准、品质与安全全面保障的企业标准。具体标准内容:地理标志产品产地环境条件,地理标志产品种植/养殖技术规程(包括基础种源确定),地理标志产品病虫害/疾病防治规程,地理标志产品投入品控制规范,地理标志产品采收等级标准,地理标志产品加工(产地初加工+深加工)技术规程,地理标志产品贮运技术规程,地理标志产品包装标识规范,地理标志产品LOGO标识使用规范,地理标志产品管理办法与激励机制,地理标志产品品牌实施细则。二是建立地理标志产品"标识+二维码+数码"品质安全追溯体系。标识包括当前社会普遍认知并接受的地理标识、绿色食品标识、有机食品标识、合格农产品标识、中国环境保护产品标识等。总体来说，可追溯技术从最初的针对农产品真实性识别及溯源技术（包括电子标签溯源系统），发展到现在追溯平台的多功能插件，把产地编码，产地环境信息、产品质量、可证实证据、异地通查通识、农产品商品流通、农业保险、农产品生产档案查询等，各项技术方案已成熟可用、可推广。通过地理标志产品大数据中心建设及相应管理，实现全省地理标志大数据的整合集成、编辑管理、共享服务与统计分析等；启动互认地理标志产品"一张图"平台建设，为各类应用系统提供基础地理信息服务平台，实现地理标志数据资源基于地理信息系统的集成与空间可视化分析。贵州在农业化信息建设方面，已经有了完整的行动方案，总体架构是：一个框架（农业云）、两大支撑（大数据中心、一张图平台）、三个统一（统一标准、统一数据、统一管理）、四大体系（农情监测预警体系、农业生产管理体系、农产品经营网络体系、农业监管服务体系）、N个应用（在农业云框架下，基于农业大数据中心、一张图平台，利用物联网、移动互联网等，构建各类农业应用系统，支撑农业提质增效，转变农业发展方式，促进农村发展、农民增收）。按照省委省政府数据"聚通用"工作要求，开展三方面的工作。组织开展数据资源目录梳理，进一步摸清地理标志产品信息资源家底，开展地理标志产品数据资源汇交、整合集成、清洗与建库等工作。

大力促进互认地理标志产品公共品牌与一县一业结合发展。注重农业品牌建设，编制地理标志公共区域品牌实施方案；研究制定各区县市地理标志公共激励政策、公共指导技术、公共宣传规范、公共服务指南，发布各区县市地理标志产业发展蓝皮书，筛选一批地理标志示范企业、地理标志示范基地，形成地标品牌示范观摩格局，建设地理标志产品交易市场、检测中心、品牌基地、示范小镇，形成地理标志公共区域品牌农文旅商一体化发展格局。通过LOGO公共标识（全县公共母品牌）+地理标志公共品牌（区域品牌）+企业品牌（子品牌）+公共品牌运行管理的品牌建设模式，推动公共品牌管理（政府推动+行业管理）+企业使用管理（公共标准+企业内部管理）+产品市场管理（政府职能部门管理）相结合的品牌运行，做好地理标志公共品牌+绿色食品认证+有机认证+公共技术与标准生产+可追溯管理（产地准出管理+市场准入管理）的品牌保障。

四、发挥省政府知识产权办公会议作用，协调成员单位职能和职源，提升中欧地理标志互保互认产品的立体保护

省委宣传部：地理标志相关的著作权作品管理和使用工作。

省发展改革委：推动地理标志创造和运用，加强地理标志领域失信行为的协同监管和联合惩戒。

省教育厅：提升地理标志产品认知，在各级各类学校组织开展地理标志普及教育。在高校科研单位推动设立中欧地理标志互认产品保护研究。

省科技厅：加强地理标志科技创新、创造、运用和管理，配合相关部门开展地理标志普及工作。

省工业和信息化厅：贯彻落实地理标志行业知识产权的政策规定，推进企业地理标志品牌建设，提高企业地理标志品牌培育能力，指导企业将技术创新活动与地理标志工作相结合，推行企业地理标志管理规范，加强企业能力建设。

省民宗委：推动地理标志相关的民族文化资源开发利用，在少数民族地区开展地理标志知识产权宣传教育。

省公安厅：依法开展打击地理标志违法犯罪，协调处置重大地理标志知识产权犯罪案件侦办工作。

省司法厅：按照"谁执法谁普法""谁主管谁普法""谁服务谁普法"的普法责任制原则，指导相关部门开展地理标志法治宣传教育，引导律师事务所、公证机构积极参与地理标志知识产权维权援助法律服务工作。

省财政厅：会同相关部门研究提出中欧地理标志互认产品的财政支持事业发展政策，在可能的情况下，安排相关专项资金。

省人力资源社会保障厅：将地理标志人才发展纳入人才发展专项规划统筹。将地理标志纳入人才培训内容。

省农业农村厅：配合协调农产品地理标志、地理标志产品、地理标志证明商标统一技术路线制定，开展农业植物新品种的培育、管理和保护工作，开展农业植物新品种、地理标志宣传执法活动。

省商务厅：会同市场监管（知识产权）、版权等部门加强地理标志展会知识产权保护工作，引导企业开展境外地理标志申请、注册、认证、维权等活动，研究提出促进我省在出口贸易中地理标志知识产权保护的政策措施。

省文化和旅游厅：开展对地理标志相关的非物质文化遗产、民间文艺、传统知识的开发利用，推进文化领域地理标志相关产业融合发展，加强旅游产业的地理标志知识产权运用。

省卫生健康委：在医疗卫生系统开展中药材地理标志宣传，指导医疗卫生机构建立健全中药材地理标志保护工作机制。

省国资委：在国有企业开展地理标志知识产权宣传培训，推行企业地理标志知识产权管理规范。

省市场监管局（省知识产权局）：协调全省中欧地理标志互认保护工作，组织实施黔货地理标志产品出山的政策措施和发展计划，组织开展地理标志保护和监管，组织开展地理标志宣传普及。

省广电局：配合知识产权各职能部门开展地理标志知识产权宣传工作，对广播电视节目的地理标志保护进行管理。

省大数据局：推进地理标志大数据工作，加强互认产品大数据布局，促进地理标志大数据融合应用。

省地方金融监管局：研究和提出促进地理标志知识产权运用的金融政策措施。组织开展中欧地理标志互认产品投融资工作。

省林业和草原局：开展与地理标志直接相关的植物新品种的管理和保护工作。

贵阳海关：实施地理标志产品海关保护，调查分析中欧地理标志互认产品进出口货物中的知识产权情况和动态。

五、贵州省中欧地理标志互认产品重点保护清单

贵州省有 15 件产品被纳入中欧地理标志互认产品清单，其中部分产品的具体情况见表 13-1。

表 13-1 贵州省 15 个中欧地理标志互认产品重点保护清单（部分）

序号	产品名称	申请人	获批地理标志渠道	存在问题	重点任务清单
1	凤冈锌硒茶（凤冈富锌富硒茶）	—	地理标志保护产品	1. 保护范围方面有差异：地理标志产品范围是凤冈县现辖行政区域。农产品地理标志保护范围是 12 个乡镇，证明商标保护范围是 14 个乡镇。2. 理化指标有差异：地理标志产品：硒 0.25~3.50 毫克/千克，证明商标和农产品地理标志的硒含量：0.05~2.5 毫克/千克	1. 协调和处理凤冈锌硒茶保护范围；2. 建立硒含量标准的协调机制；3. 制定凤冈锌硒茶不同品质的保护机制和标识应用管理机制
		凤冈县茶叶协会	农产品地理标志		
		凤冈县茶叶协会	地理标志证明商标		
2	朵贝茶	—	地理标志保护产品	根据国家质检总局 2013 年第 26 号公告，朵贝茶种源主要是以安顺竹叶青及适宜制作朵贝茶的中、小叶茶树良种。但近年来茶苗引种范围不断扩大，制作工艺也从传统工艺不断调整为现代制茶工艺	1. 朵贝茶以古茶树得名，应该建立古茶树和不同茶种之间的质量比较；2. 对传统制茶作坊和现代茶厂工艺的加工质量作标准安排
		普定县茶叶生产管理站	地理标志证明商标		
3	惠水黑糯米酒	—	地理标志保护产品	地理标志产品保护范围是全县 25 个乡镇。原料惠水黑糯米农产品地理标志地域保护范围 10 个乡镇（街道）行政区域。酒的原料和农产品地理标志不配套	1. 建立惠水县境内地理标志产品原料评价指标，制定黔糯米原料的产地环境条件；2. 惠水黑糯米酒因当地产的黑糯米和传统冷发酵工艺得名，惠水黑糯米由于高原环境，花青素≥0.2 毫克/千克

续表

序号	产品名称	申请人	获批地理标志渠道	存在问题	重点任务清单
4	大方漆器	—	地理标志保护产品	大方漆器已有600余年历史，其漆制品采用牛、羊等皮革和棉、麻、绸、木等做胎，用当地的优质生漆作原料，2008年，"彝族漆器髹饰技艺"被列入国家级非物质文化遗产名录。大方漆器制作工艺独特，制作要求高，工艺流程繁杂，主要有制漆、胎胚、灰地、漆地、装饰五大工艺，50多道工序，82道生产环节，产品做工精细，品种齐全，造型生动	1. 传统生产技法传承人日益减少，地理标志产品质量需要政府、企业、社会多方互动保护； 2. 建立从原料标准到产品的质量标准体系
		大方县特色产业发展中心	地理标志证明商标		
5	都匀毛尖（茶）	—	地理标志保护产品	不同地理标志渠道保护范围不同，地理标志产品和证明商标是11个市县，农产品地理标志是12个县（增加贵定县），各渠道保护标准不一样	1. 协调并建立统一的质量标准和安全标准； 2. 统筹建立规范的地理标志标识使用机制
		黔南州茶叶产业化发展管理办公室	农产品地理标志		
		黔南州茶叶产业化发展中心	地理标志证明商标		
6	织金竹荪	—	地理标志保护产品	由于市场利益驱动，竹荪存在野生、仿野生两种产品，品质和安全有明显差异	1. 建立全产业链质量标准评价； 2. 建立绿色投入品标准
		织金县果蔬协会	地理标志证明商标		

B.13 贵州省中欧地理标志互认产品保护研究

续表

序号	产品名称	申请人	获批地理标志渠道	存在问题	重点任务清单
7	兴仁薏（苡）仁米	—	地理标志保护产品	1. 不同渠道保护范围有差异，地理标志产品保护范围是黔西南州8个县，证明商标和农产品地理标志保护范围是兴仁县。2. 兴仁薏仁米2012年申报地理标志产品保护，近年来政府不断加大品种提纯，"小"的质量特点更加突出，原产品粒径4~7毫米不适用	1. 建立单双标识保护系统，双标识地理标志（农产品地理标志+地理标志产品）是兴仁的"兴仁薏仁米"，单标识地理标志是黔西南州的"兴仁薏仁米"； 2. 修改地方标准，根据标准从严从高原则，兴仁薏仁米的产品粒径4~7毫米，调整为3~7毫米即可，而且更进一步反映兴仁薏仁米"小"的特点
		兴仁市薏仁专业协会	地理标志证明商标		
		兴仁市农业技术推广中心	农产品地理标志		
8	盘县火腿	—	地理标志保护产品	盘县火腿因种猪"坪地猪"高原环境养殖条件，传统火腿工艺得名。但近年来由于产业发展，"坪地猪"供应量远远不能满足要求，传统工艺也被现代工艺取代，虽然安全品质可以保证，但传统品质不能保持	1. 建立"坪地猪"品质评价和扩大养殖； 2. 制定盘县火腿加工技术规范； 3. 加快盘县火腿"分割腿"产品保护，国内其他火腿产品保护中，基本都是"原腿"保护，由于盘县火腿质量特点鲜明，原国家质检总局的审查专家对盘县火腿"分割腿"产品质量认可
		盘州市畜牧兽医学会	地理标志证明商标		
9	麻江蓝莓	—	地理标志保护产品	1. 不同渠道保护范围有差异，地理标志产品保护范围是黔东南州16个县市。证明商标保护范围是麻江县境内。2. 黔东南州各县产地环境条件差异较大，所种植的蓝莓有品质差异	1. 建立单双标识保护系统，双标识地理标志（农产品地理标志+地理标志产品+证明商标）是麻江的"麻江蓝莓"，单标识地理标志是黔东南州的"麻江蓝莓"； 2. 建立全州蓝莓品质分析与评价参数。3. 制定麻江蓝莓从产地环境条件到包装标识的标准体系
		麻江县果品办公室	地理标志证明商标		

续表

序号	产品名称	申请人	获批地理标志渠道	存在问题	重点任务清单
10	从江香禾糯	从江县农产品质量安全监督管理检测站	农产品地理标志	香禾糯是传统糯稻的总称，从江香禾糯品系较多，据调查，从江地区有多达27个传统品种目前不再种植，不同香禾糯之间质量差异很大，特别是"香"的评价很大	1. 建立从江香禾糯种质资源保护与评价； 2. 制定"稻鱼鸭生态"标准及安全评价； 3. 制定从江香禾糯"香"的品质评价及保护
11	水城猕猴桃	—	地理标志保护产品	1. 水城猕猴桃以红芯为主。近年来病害不断严重，以"溃疡病"为主的病害对产品质量形成威胁。 2. 水城猕猴桃"维C"指标规定较高，影响水城猕猴桃产品质量市场监督与控制，也影响地理标志标识使用	1. 加大水城猕猴桃病害防治。 2. 建立猕猴桃采收标准，控制贮运条件和上市标准。 3. 维C是一个质量变量，容易受条件变化而变化，可以考虑建立综合质量评价
		水城县绿色产业服务中心	农产品地理标志		
12	修文猕猴桃	—	地理标志保护产品	1. 修文猕猴桃以黄芯为主。近年来病害不断出现，以"溃疡病"为主的病害对产品质量形成威胁。 2. "修文猕猴桃"由于离贵阳较近，产业发展迅速，但品质评价仍然需要建立	1. 加大修文猕猴桃病害防治； 2. 建立质量评价体系
		修文县猕猴桃协会	地理标志证明商标		
		修文县猕猴桃产业发展局	农产品地理标志		
13	安顺山药	安顺市西秀区蔬菜果树技术推广站	农产品地理标志	1. 安顺山药质量稳定，但受到云南山药和省内其他地方山药产品的市场价格影响，地理标志品牌需要提高。2. 地理标志标识使用规范程度需要提高	1. 加大地理标志品牌宣传； 2. 提高地理标志标识使用规范

B.13 贵州省中欧地理标志互认产品保护研究

续表

序号	产品名称	申请人	获批地理标志渠道	存在问题	重点任务清单
14	贵州绿茶	贵州省绿茶品牌发展促进会	农产品地理标志	贵州绿茶是全省为数不多的省级公共品牌，但由于保护范围过宽，各地茶叶品质与评价千差万别，地理标志标识使用与监督管理存在很多障碍	1. 建议以农产品地理标志控制技术规范为基础，制定整套"贵州绿茶"的品质评价，包括茶青、工艺、产品、香型、冲泡等基础标准和管理； 2. "贵州绿茶"不能是贵州茶叶的总称

B.14 贵州省地理标志公共品牌建设分析

谭贵艳*

摘 要： 品牌化建设是农业现代化的标志，是地区经济发展的重要引擎，是全面推进乡村振兴战略、助力城乡一体化发展的重要举措。贵州高度重视地理标志品牌化发展，在长期的实践中形成了政府主导型、核心企业型与行业协会型三种类型的地理标志品牌塑造模式。贵州地理标志的品牌化塑造为贵州经济发展带来了区域认知趋同光环效应、区域规模经济效应与区域范围经济效应。对贵州地理标志品牌建设进行研究后发现，当地在地理标志品牌建设过程中还存在公共品牌知名度参差不齐、宣传手段单一、保障手段不足与监管实施乏力等问题，应通过优化顶层设计、加大品牌宣传力度、挖掘贵州文化与历史底蕴、构建质量安全追溯体系四个维度完善贵州地理标志品牌建设与提升品牌知名度。

关键词： 贵州地理标志；公共品牌

一、贵州地理标志公共品牌

品牌化发展是我国地理标志及现代农业的重要内容之一。作为典型的公共品牌，现实中地理标志多以农业产业集群形式存在，因而地理标志公共品牌建设也多以农产品品牌化建设为主。从国际视野来看，全球农产品已经进入品牌

---

* 谭贵艳，贵州大学公共管理学院研究生，研究方向：地理标志、公共政策。

B.14 贵州省地理标志公共品牌建设分析

竞争时代。美国、日本等农业强国已经确保了自己农产品原产国和农产品来源地的市场地位，均在各自的农产品区域品牌建设方面下足功夫。如美国的"加州阳光橙"、日本的"红富士苹果"等农产品区域。从国内发展来看，早期具有良好口碑的地理标志形成了较强的市场竞争优势，如"西湖龙井""盘锦大米""五常大米"等耳熟能详的品牌使地理标志的产品生产者和经营者获得了巨大的经济收益，同时也带动了我国更多产业的品牌建设。在当前竞争日益激烈的市场环境中，具有明显资源优势、技术优势、产地优势与人文优势的地理标志产品更能在激烈的市场竞争中占据份额，体现出巨大的市场价值潜力。通过区域公共品牌建设与发展，将诸多具有竞争优势因素的有效信息传递给目标消费群体，塑造稳定的、可持续的市场供需关系，成为我国地理标志发展的关键任务之一。

地理标志区域公共品牌建设不仅是当前经济发展潮流中的大势所趋，也是当前我国政府努力推动的重点发展政策。2008年3月，农业部办公厅在《关于加强品牌农产品监督管理工作的通知》中，提出无公害农产品、绿色食品、有机农产品、地理标志农产品和品牌农产品作为品牌农产品的主体，在高产、优质、高效、生态、安全农业发展过程中，得到了快速发展[1]。这表明我国地理标志品牌建设开始进入有序竞争和管理阶段。2021年，国家知识产权局颁发《关于组织开展地理标志助力乡村振兴行动的通知》，提出要加强地理标志品牌培育指导；加快地理标志产品标准引领；加强地理标志品牌宣传推广和加速地理标志品牌价值提升[2]。贵州省作为少数民族聚集地，拥有深厚的少数民族文化和丰富的自然环境，为地理标志的产生和培育提供了天然土壤。2017年，贵州省农业委员会颁发《贵州省农业委员会关于开展2017年农产品地理标志品牌价值评价工作的通知》，提出为推动农产品地理标志品牌建设，培育一批具有竞争力的地理标志农产品，将开展2017年农产品地理标志评价工作[3]。近年来，在贵州省政府的政策推动下，贵州培育了如"贵州茅台""贵州黄牛""水城猕猴桃"等公共品牌。目前，贵州省收录具有活力的农产品区域公用品牌114个。

---

[1] 2008年3月《农业部办公厅关于加强品牌农产品监督管理工作的通知》
[2] 2021年7月《国家知识产权局关于组织开展地理标志助力乡村振兴行动的通知》
[3] 2017年8月《贵州省农业委员会关于开展2017年农产品地理标志品牌价值评价工作的通知》

二、贵州地理标志公共品牌建设现状

(一) 贵州地理标志公共品牌塑造模式分析

地理标志品牌的塑造能够充分发挥公共品牌的效应，提升区域内企业品牌的核心竞争力。地理标志品牌的塑造依赖于品牌利益相关者间的合作、监督、激励与约束，构建多方利益相关者参与模式，以满足利益相关者诉求并保证地理标志品牌的可持续发展。对贵州地理标志公共品牌建设主体进行考察可知，在地理标志品牌塑造过程中发挥主要作用的为地方政府、企业、与行业协会。因此，根据建设主体的不同，可将贵州地理标志品牌塑造的模式分为政府主导型塑造模式、核心企业型塑造模式与行业协会型塑造模式，原产地品牌塑造模式比较见表 14 - 1。

表 14 - 1　原产地品牌塑造模式比较

	政府主导型	核心企业型	行业协会型
品牌产权归属者	政府机构	企业集体所有	行业协会
塑造主体	政府机构主导	政府引导、企业主导	政府监管、行业主导
塑造机构	混合交叉	水平协调	水平协调
塑造方式	行政权威治理	自组织治理	自组织治理
企业品牌间关系	公平竞争	无战略合作	战略性合作
协调手段	行政指令	社会规范	行政手段为主、社会规范为辅

1. 政府主导型地理标志品牌塑造模式

政府主导型品牌塑造主要有"都匀毛尖""镇宁蜂糖李""黔东南小香鸡"等。地理标志公共品牌在塑造过程中，政府具有强制性、外部性和动态性特征。强制性主要表现为对假冒伪劣产品进行市场监督和行政处罚，外部性是公共品牌公共性特征的展现，动态性即为治理模式与治理手段随着市场的变化而不断优化调整。在公共品牌塑造过程中，政府主要以直接参与的方式介入，这就意味着政府往往是以产权主体的形式参与，扮演着地理标志品

B.14　贵州省地理标志公共品牌建设分析

牌资源供给的角色。借助政府的积极介入和战略性调节，农户和企业的力量能够得到有效汇聚，形成集体行动的规范。在通常情况下，政府常常以各项法律法规来规范企业主体对地理标志品牌的使用。政府机构直接主导原产地品牌发展，往往是提供公共性的原产地品牌要素，最初目的并不在营利，如为了降低企业品牌的营销成本等。以"都匀毛尖"为例，其位列黔南州委、州政府明确重点打造的四大农业产业之首，也是全省主打的"三绿一红"首推品牌。全州12县（市）均产茶，现有茶园面积161.8万亩，投产茶园118.2万亩（其中已创建国家级出口茶叶质量安全示范区10万亩），2021年茶叶产量4.95万吨、产值达84.88亿元①。2020年，都匀毛尖区域公共品牌价值评估35.28亿元，首次进入中国茶叶区域公用品牌价值十强，位列榜单第九名，并被评选为"最具品牌经营力品牌"。

2. 核心企业型地理标志品牌塑造模式

核心企业型塑造模式有"贵州黄牛""凉都弥你红"等。核心企业通过先入为主的方式将企业与地方特色联系在一起。在这样的模式下，地理标志产品的知名度和美誉度借助企业本身的知名度和销售体系得到快速提升，使得地理标志与企业自身品牌相互促进，相得益彰。与此同时，在企业质量控制体系下，地理标志品牌能有效降低消费者的风险感知，从而提高消费者的满意度。同时核心企业塑造模式会将大批农户纳入企业系统中，将碎片化的资源整合为"链式"布局，即按照企业经营价值链的要求布局地理标志生产资源。在核心企业品牌塑造模式下，地理标志品牌产权归企业品牌所有，对于地理标志品牌的使用主要采取互惠和集体利益最大化的原则。地方政府对区域公共品牌塑造和发展有较少的实质性干预。以"贵州黄牛"为例，其是贵州黄牛产业集团有限责任公司打造的省级区域公共品牌。黄牛产业集团致力于构建以"平台引领、统筹资源、加工提升、外联销售、配套物流"为核心的贵州黄牛产业链生态体系，使贵州黄牛养殖、加工、销售、物流等环节有机衔接，降低产业链综合运营成本，努力把贵州打造成富有特色的全国优

---

① 黔南州茶产业持续向好发展［EB/OL］．（2021-10-21）．http：//gz.cnr.cn/yaowen/20211021/t20211021_525638849.shtml.

质牛肉供应基地；其通过集聚各方优质资源，为广大消费者提供优质黄牛产品，创建"贵州黄牛——中国和牛"的"1+N+X"品牌体系，助推"黔牛出山"。

3. 行业协会型地理标志品牌塑造模式

行业协会型塑造模式有"黔菌""兴仁薏仁米""修文猕猴桃"等。地理标志行业协会是在区域内，企业、政府及其他相关利益相关者围绕地理标志所建立的管理组织模式，其中最为典型的模式为行业协会。地理标志行业协会具有政府和市场的双重属性，为地理标志品牌的塑造和维护发挥品牌作用。地理标志行业协会主要以两类形式为主，一类是政府主导型，另一类是非政府主导型。通过对贵州地理标志行业协会考察可知，贵州多以政府主导型行业协会为主，即由政府部门主导成立，政府职能转型机构直接参与原产地品牌治理，维护品牌相关者利益，保障原产地品牌的可持续发展，功能定位于服务企业品牌，兼有引导作用[1]。以"黔菌"为例，其是由贵州省果蔬行业协会建立的省级食用菌区域公用品牌。自2020年贵州省发布了食用菌省级公用品牌"黔菌"以来，品牌逐步形成以"黔菌"为统领，包括毕节"乌蒙山宝·毕节珍好"、铜仁"梵净山珍·健康养生"、黔西南"万峰林"等区域品牌及"织金竹荪""大方冬荪""黎平茯苓"等地理标志构成的品牌体系。建成了以贵阳市农产品物流园食用菌交易市场和菌需物资交易市场为主的现代物流市场，入驻企业140余家，年销量达3万余吨。

（二）贵州地理标志公共品牌效益分析

与其他产品品牌相比，拥有地理标志品牌使用权的企业具有产品差异化的特征，因而具有一定的垄断性质。基于地理标志区域性与公共性的特征，区域内众多企业对地理标志公共品牌具有使用权，应运而生的便是地理标志品牌垄断市场竞争的特性。因此，基于地理标志的市场垄断性特征，地理标志品牌可以对价格与质量进行双向调节，进而实现利润最大化。贵州地理标志公共品牌效益可以从区域认知趋同光环效应、区域规模经济效应与区域范

---

[1] 王兴元，朱强. 原产地品牌塑造及治理博弈模型分析——公共品牌效应视角 [J]. 经济管理，2017, 39 (8)：133-145.

B.14 贵州省地理标志公共品牌建设分析

围经济效应三方面进行分析。

1. 区域认知趋同光环效应

地理标志品牌一旦形成，便可形成区域内产品的"保护伞"。源于其具有统一的名称与相似的特征，使消费者的认知具有趋同性。优秀的地理标志品牌是其高质量的象征，同时口碑良好的品牌具有形象光环，提升地理标志的产品和企业在消费者心中的形象。在技术与管理外溢、行业产品标志的双重作用下，地理标志产品质量趋于稳定一致，在地方政府、行业协会等持续宣传后，逐步在消费者心中形成地理标志光环趋同效应。就目前贵州所培育的地理标志品牌而言，地理标志品牌塑造主体都对地理标志产品做出了相应的行业标准，如"贵州绿茶"品牌塑造主体贵州省绿茶品牌促进会先后颁发了T/GZTPA 005—2022《贵州茶叶中草甘膦的快速检测方法 胶体金法》、DB5206/T 128—2022《梵净山抹茶 加工技术规程》、T/GZTPA 0003—2020《茶青中多种农药残留测定》等标准，以规范贵州绿茶产品质量。如"兴仁薏仁米"区域公共品牌，兴仁市薏仁专业协会先后颁发DB52/T 1067—2015《地理标志产品 兴仁薏（苡）仁米》、T/GGI 004—2020《兴仁薏仁米良种繁育技术规程》、T/GGI 003—2020《兴仁薏苡种质资源描述规范》等十多个标准，不断规范兴仁薏仁产业的发展，为企业的种植、生产加工、销售起到了有效规范的指导作用。地理标志品牌以多项行业标准规范地理标志产品的生产、加工、销售等，在消费者心中树立良好的品牌形象，从而愿意承担由品牌带来的溢价效应。

2. 区域规模经济效应

地理标志品牌机制对地区产业发展产生影响，进而对区域内企业品牌产生影响，这种影响表现为地理标志品牌虹吸效应，吸引产地内同类型生产企业及农户聚集，形成区域规模经济效应。农户自营自销的模式与单个企业的品牌规模较小，无法实现内部规模效应，但通过规模聚集的方式可以实现区域内产品产量放大，形成区域规模经济。典型的如"贵州绿茶"，自"贵州绿茶"公共品牌确立以来，吸引了一大批如湄潭翠芽、梵净山翠峰茶、石阡苔茶等品质优良的茶叶品牌经营者聚集，在贵州绿茶品牌发展协会的战略经营下，抱团出山，形成了较为明显的外部效益，形成了区域规模经济。2018

年以来,"贵州绿茶"先后被纳入农业农村部农产品地理标志保护工程、全省地理标志产业化促进项目,入选中欧地理标志协定保护名录,获评大湾区最受消费者喜爱茶叶区域公用品牌。截至 2021 年底,在全省茶叶总产量 46.99 万吨中,贵州绿茶占比 75.8%;在茶叶出口金额 19.5 亿元中,贵州绿茶占比超 80%。真正发挥了"培育一个品牌,做好一个保护,带动一个产业,搞活一方经济,富裕一方百姓"的作用。

3. 区域范围经济效应

地理标志品牌不仅可以带来规模经济,还能有效促进产业聚集,使原材料和服务供应商、零售商及物流企业在地理标志生产区域聚集,同时使得技术和信息等共享,最终形成以地理标志品牌为核心竞争力的区域范围经济。范围经济通过区域内企业之间的合作联盟,组成区域性的互补性生产系统,进而降低企业的生产运营成本[1]。地理标志的范围经济主要体现在地理标志品牌对整个供应链的品牌拉力,即围绕地理标志品牌所形成的供应商、零售商以及物流行业等区域性聚集。典型的如"修文猕猴桃",修文县是贵州猕猴桃种植中心,每当金秋猕猴桃成熟之际,不少市民前往修文猕猴桃种植园区观光与采摘果实,形成了农产品贸易与旅游相结合的新型农业模式。同时,随着"修文猕猴桃"品牌知名度的不断提升,全国各地的销量不断增加,由此带来了修文县物流行业的迅速发展。随着猕猴桃产业的发展,猕猴桃在促进修文地区经济发展的价值效能愈加凸显。为提升产品附加值,修文县培育了深加工企业 3 家,开发了猕猴桃果汁、果脯、脆片等养生健康产品。

三、贵州地理标志公共品牌建设梗阻

(一) 公共品牌知名度参差不齐,品牌效应有所差异

贵州地理标志种类丰富,但不同类型的公共品牌知名度参差不齐,由此

---

[1] 何红见. 范围经济研究的文献综述 [J]. 现代商贸工业, 2011 (15):112.

带来的品牌效应也不尽相同。作者通过对贵州部门区域公共品牌效应进行梳理对比后发现，以都匀毛尖为代表的茶叶类品牌取得了明显的收益，消费者对"贵州绿茶"的区域品牌给予高度认可和认知，2022年，"贵州绿茶"品牌价值评估达129亿元，切实发挥了公共品牌的区域经济规模效应。其次是以兴仁薏仁米为代表的粮食作物，2018年，其位列区域品牌（地理标志产品）百强第19位，品牌价值约105亿元。果蔬类地理标志产品以修文猕猴桃为例，2021年，其公共品牌价值为23.35亿元。畜禽类地理标志产品以贵州黄牛为例，其每年肉牛产业综合产值在20亿元以上。虽然贵州区域公共品牌效应明显，但各地区、各品类品牌内涵、宣传深度、影响力差距较大，对实现农户的增收作用各不相同。

（二）公共品牌宣传模式单一，推广力度有待加强

虽然贵州农业生产经营主体积极投身于共同建造贵州地理标志区域公共品牌建设的队伍中，但由于自身生产经营转化的局限，对品牌的宣传、推广、统一管理和协调生产的核心力量尚未形成，区域公共品牌的宣传力度薄弱、模式较为单一，都尚有待加强。通过对贵州省范围内多家农业经营主体进行调研走访后发现，大多经营主体对区域公共品牌建设的意识薄弱，获取信息的渠道仍停留在传统方式。对区域公共品牌持有主体进行走访调查后发现，农业服务机构和行业协会在公共品牌宣传中所发挥的功能并未达到预期，有较大的提升空间。

（三）公共品牌保障手段不足，信息流通未能对称

贵州地理标志区域公共品牌虽然已经具备一定的知名度，但是相关持有主体如行业协会在其品牌管理和保障方面手段单一，导致因为信息不对称而存在大量的"柠檬市场"，即各类劣等品、假冒产品以次充好，逐步占领市场，对品质优良的产品产生威胁。尤其是具有时令性、季节性和周期性的产品，在其产品上市期间，由于相关产品品质、特征信息没有及时、有效地传递给消费者，导致供需双方存在信息壁垒，彼此间的信息不对称导致有效供给不足。地理标志公共品牌属于公用品牌，不能对其产权边界像企业品牌那样进行清晰的界定，其所具备的"经济活动外部性"的特征带来了大量"搭便车"现象。地理标志生产主体使用公共品牌，对其品牌形象和内涵进行维护，严格执行品质标准，然而对公共品牌冒用甚至滥用现象却没有进行及时的监管。贵州在地理标志公共品牌的保障和维护手段方面，对消费者信任问题没有进行及时解决，在优质地理标志产品和消费者需求两者对接方面存在明显的缝隙。

（四）公共品牌实施监管乏力，协调机制仍需完善

自中欧地理标志互认开始后，国外农产品准入逐步放开，大量国外农产品开始涌入中国，国外农产品的进入开始让消费者明白绿色食品和食品安全问题。由此带来了消费者对国外农产品的信任远高于国内农产品的信任危机，贵州地理标志产品也面临着同样的问题。在地理标志区域公共品牌外部性特征及信任危机的双重困境下，要求区域公共品牌建设以完善的协调机制与实时监管来解决上述问题。当前，贵州区域公共品牌监管主要由行业协会完成，缺乏公平公正的机制，且目前的监管多集中于农产品的食品安全和防范方面，对区域公共品牌统一标准、统一管理平台打造、订单接收和生产安排等方面尚缺乏统一的门槛和规范。

四、贵州地理标志公共品牌建设优化建议

（一）优化顶层设计，实施品牌塑造工程

农产品区域公共品牌的建设离不开政府的统一组织和政策支持，地方政府良好的顶层设计是区域公共品牌建设的关键所在。优化顶层设计，应从以下两个维度入手。一方面，持续加强顶层设计与服务体系。强化顶层设计，即需要在政策设计时明确品牌创建的发展目标与重点任务。综合运用政策工具补齐品牌建设短板，将乡村振兴、产业融合等与地理标志公共品牌建设相结合，为品牌创建提供内生动力。优化服务体系，即需要建立健全公共品牌

B.14 贵州省地理标志公共品牌建设分析

发展的服务体系和营销宣传水平，完善公共品牌培育保护机制，对其进行动态管理，严厉打击假冒伪劣事件，营造良好的市场营销环境。另一方面，应建设多元主体合力共推公共品牌建设格局。从公共品牌的实质出发，其属于公共资源，其使用权隶属于政府机构，在目前贵州公共品牌的建设中，政府机构将部分公共品牌的建设持有权赋能于相关行业协会，或通过国有企业的方式运营本地区公共品牌。在之后的公共品牌建设过程中，地方政府应持续赋能行业协会，吸引社会资本共同组建混合所有制企业的形式。同时，实施品牌塑造工程，打造"贵州"品牌体系，提升地理标志相关产品产业发展层次。

（二）加大公共品牌宣传力度，构建公共品牌营销体系

为有效提升公共品牌知名度与占据更高的市场份额，应从加大公共品牌宣传力度和构建品牌营销体系两个维度出发，以更好地发挥公共品牌在促进地区经济发展方面的作用。在加大宣传力度方面，首先应通过召开由涉农企业、行业协会、农户参加的农产品区域公共品牌工作培训会，多层次多角度宣传区域公共品牌建设的意义，提高人们对公共品牌建设的认知度，培育人们公共品牌建设的意识。其次，认真学习总结近年来区内外知名农产品区域公共品牌的创建经验，通过搭建农产品区域公共品牌交流推介平台，举办品牌相关活动，力争每年推出一批具有影响力的品牌农产品。最后，贵州相关宣传部门应组织力量，以贵州农产品区域公共品牌建设为主题，总结相关建设经验，讲好贵州故事。在品牌营销构建方面，一方面，应清楚地看到农产品区域公共品牌与其他品牌的不同，因此在建设时，应构建企业、行业协会、政府组织相互联系、彼此交织的营销体系，以满足品牌内涵协调、价值观一致的要求。另一方面，应拓宽销售渠道，丰富营销方式。一是大力开展品牌展销营销。利用各类博览会、交易会、展销会，积极组织企业参加集中展示和销售"贵州绿茶""贵州黄牛"等区域公用品牌产品，加大推介力度。二是充分利用互联网平台，对生产端和消费端、展销和展示以及线上和线下资源进行整合，将电商、微商与实体店商相结合，形成"三商融合"的营销模式。

（三）挖掘贵州文化与历史底蕴，建立地理标志品牌形象

文化是公共品牌的核心所在，是公共品牌的核心价值的重要体现。因此，在推进贵州公共品牌建设中，应对贵州的深厚历史文化进行深入挖掘。自古以来，贵州拥有丰富的历史文化底蕴与绚丽多彩的少数民族文化资源，通过将贵州独特的文化底蕴贯穿在公共品牌建设过程中，从而讲好区域公共品牌故事，提升品牌形象。例如，千户苗寨是中国乃至世界最大的苗族聚居村寨，完整的苗族文化和原始的生活方式在这里世代相传。依托苗族文化，可将传统苗族文化融入区域公共品牌建设中，努力做好苗族文化的研究与挖掘工作。与此同时，通过组织举办公共品牌文化故事研究、摄影绘画、品牌知识大赛与展览等活动，可以有效传播品牌文化内涵，提升消费者对区域公共品牌的认知和认同。

（四）构建质量安全追溯体系，加强市场监管保护力度

良好的品质是地理标志公共品牌效能发挥的基础，保障地理标志质量体系，应从以下两个维度出发。其一，构建质量安全追溯体系。构建质量安全体系，应做到严格把控合作企业标准，提高加入"贵州绿茶"等农产品区域公共品牌的门槛与规范相关标准和程序。按照"产地直供、标准准入、全程追溯"的要求，企业提出合作申请后，主管业务部门现场审查，建立产品质量追溯体系。与此同时，建立产品溯源信息库，定期更新并完善溯源信息，以确保溯源信息的真实性与时效性。其二，加强市场监管保护力度。结合贵州产业发展情况，加快制定地理标志地方标准，建立有效的激励与约束机制。市场监管部门与相关执法部门依法依规打击假冒伪劣产品，有效维护市场秩序。同时，完善农产品综合执法体系，建立常态化监管制度，防止农产品区域公共品牌"搭便车"与"公地悲剧"现象的产生。

贵州省地理标志和"黔货出山"问题研究

刘梦妮[*]

摘　要：近年来，贵州省推动地理标志保护工作和"黔货出山"战略取得阶段性成效，贵州省地理标志产品在省外的知名度和影响力不断提升。与此同时，"黔货出山"也面临着产品规模化和标准化水平低、产品附加价值低、从业人员文化素质不足、黔货品牌认可度较低等问题，上述问题的产生与贵州省经济发展水平、加工设备配置、人才队伍建设以及产品宣传方式等存在密切关联，需要通过落实产销对接、创造顾客需求、打造智慧物流、加快人才培养以及应用数字技术等手段，扫除"黔货出山"过程中的障碍因素，让黔货产品能够进一步为贵州省经济发展提供助益。

关键词：贵州地理标志；黔货出山

一、贵州省地理标志和"黔货出山"发展现状

（一）贵州省地理标志发展现状概述

地理标志是一项国际通行的知识产权保护制度，是专门针对区域性特色产品的产地名称保护与质量保护。目前，按照地理标志保护方面的法律法规以及部门规章提出的相关要求，根据中央国家机关职能设置状况，贵州省已

---

[*] 刘梦妮，贵州大学公共管理学院硕士研究生，研究方向：公共管理。

形成了较为全面的地理标志保护体制：从省级层面来看，由省政府知识产权办公会议办公室和省知识产权局负责全省地理标志相关工作的综合性协调，省工商行政管理局、省质量技术监督局和省出入境检验检疫局以及省农业委员会等部门分别依据各自职能负责地理标志产品相关工作的业务指导和管理工作；从地（市州）级和县（市、区）级层面来看，基本上实现统筹协调和业务指导管理部门均比照省级相关部门的职能进行地理标志保护工作的体制设置。贵州省地理标志保护工作的机制建设取得了长足的进步：首先，在全国范围内率先建立了地理标志工作统筹协调机制，从高屋建瓴的角度对工作调度进行部署；其次，完善了地理标志保护工作相关激励机制，从后续发展的角度为相关工作提供了持久动力。通过一系列工作的开展，贵州省地理标志产品相关工作取得了显著的成效，近年来贵州全省国家地理标志产品大幅增加，2009年2月，省知识产权局、省农委、省工商局、省质量技术监督局、贵州出入境检验检疫局等5部门联合发布了《贵州省地理标志产品保护建议目录》，为全省地理标志申报和利用工作提供了资源储备和指导；2009年12月，贵州省地理标志信息平台——"贵州地理标志信息网"建成开通，该网站的开通为全省地理标志工作统筹协调机制提供了具体的电子信息平台以及统一的对外宣传网络平台，消除了以往多口管理的弊端；在理论研究方面，推动了贵州省地理标志研究广度和深度的进一步拓展。

截至2022年，贵州已有415个产品获地理标志产品保护，产品来源涵盖贵州全省九个地州市。从地理标志产品数量上来看，遵义市以77个地理标志产品的数量位居榜首，毕节市和黔西南州以61个标志的数量分列第二，黔东南州则以53个标志的数量位列第三，黔南州、六盘水市、安顺市、铜仁市、贵阳市的地理标志产品数量分别为43个、35个、36个、34个和14个，以贵州省为单位的标志共有1个。从产业分布上来看，共包括茶叶、刺梨、辣椒、牛羊、生态家禽、生态渔业、生猪、食用菌、蔬菜、水果、特色林业以及中药材12大产业，其中水果、茶叶以及中药材产业位居前三；从产品类别上来看，包括茶、畜禽蛋和水产品、传统食品、调味品、加工食品、酒、粮油、民族民间工艺品、蔬菜、水果、中药材以及其他产品共12类，其中畜禽蛋和水产品、水果和蔬菜位居前三。通过对贵州省地理标志产品工商渠道、

B.15 贵州省地理标志和"黔货出山"问题研究

质监渠道以及农业渠道等三个渠道产品批准时间的梳理，可以发现贵州省地理标志产品的发展经历了由平缓起步到迅速发展的过程，自2004年黔东南州申请将从江香猪和从江椪柑作为地理标志产品后，贵州省各地逐渐开始将本地特色产品申请为地理标志产品。从2010年开始，贵州全省地理标志产品年均批准通过数量开始迅速提升。综合来看，贵州省地理标志产品从农业渠道批准通过的数量最多，共154个，而质监渠道和工商渠道批准通过的产品则分别有142个和119个。

2022年5月20日，由省农业农村厅组织的2022年全省农产品地理标志工作推进会召开。此次会议对全省农产品地理标志工作推进情况进行了通报，指出2021年贵州全省地理标志农产品高质量发展取得了登记保护数量、登记保护质量、证后服务理念、证后管理能力、证后监管成效、宣传推介效果以及部门联动能力七方面的大幅度提升。经过会上的评比筛选，"黔北麻羊"地理标志作为典型案例入选农业农村部第一批"地理标志农产品保护与发展典型案例"，并安排部署下一阶段的工作，抓好产品证书变更登记、强化生产技术指导服务、巩固发展授权用标企业、推进地理标志产品全部进入质量追溯系统以及争取加大地理标志保护工程等项目支持力度，通过多渠道宣传推介实现促农增收的目标。

（二）贵州省推动地理标志"黔货出山"的举措及成效

作为一个农业大省，贵州省多年以来都依靠着自给自足的小农经济，自种自用、自产自销，由于地理交通因素，过去很长时间贵州省与其他各省的经济交流相较其他省之间的交流都极为有限。随着国民文化水平的进步、社会经济的发展以及数字化技术及其应用的普及，一条条交通要道被打通，一座座沟通合作的桥梁被搭起，贵州与外界的联系频率及交流深度也在不断加强，贵州省推动地理标志产品"黔货出山"的举措为贵州省各地向省外输出本土特色产品提供了便利的平台和良好的契机，不仅为贵州省经济发展提供了助益，也为外省获取到贵州本地纯天然培育或养殖的特色产品提供了更为直接可靠的渠道。

贵州省通过全面发力、高位推动、立体宣传，为"黔货出山"创造条件。贵州省持续聚焦线上服务体系，不断完善农村电商运营中心和服务站点建设，通过打通无形的"信息高速路"和有形的"交通路网"，实现线上线下信息和产品的互联互通，截至2022年8月，全省已创建国家级和省级电子商务进农村示范县79个，建成县级电商运营服务中心79个，建成村级电商服务站点4306个，快递和物流实现了乡镇全覆盖。贵州省采取创新产销对接机制，构建稳定的长期销售渠道，完善农村设施短板，推动流通加工体系建设，提升标准做强品质，打响绿色优质公共品牌，农商互联以销促产。近年来，贵州省电子商务交流平台的建立，让更多的企业商家关注到贵州的地理标志产品，电子商务渠道的打通，逐渐形成了"黔货网上营销—黔货品牌—黔货运输"的一体化销售模式，为加快绿色优质农产品走向全国的步伐，贵州还和各大电商平台深度对接，通过与阿里巴巴、京东、苏宁等合作，借助线上平台加强营销攻势，重点农产品电子商务交易额年均增长50%以上。2021年，贵州农产品网络销售额同比增长54%，累计在京东、阿里巴巴等开设106个特色电商馆，"一码贵州"平台交易额110.9亿元。[①] 随着阿里巴巴产地仓模式、京东直采模式、苏宁窗口采购模式进一步扩大黔货采购数量，贵州电商云、地标商城等地方平台不断加大产品推介力度，有力带动了绿色优质农产品的宣传推介和展示销售。

二、贵州省地理标志"黔货出山"存在问题分析

（一）产品规模化程度较低，标准化水平有待提升

贵州省地理标志产品数量从全国范围内来看，具有较强的竞争力，尤其是农产品占全省所有产品数量比例在全国范围来看都是较高的。然而，从市场占有率上来看，"黔货"在全国同类产品中市场占有率却相对较低，具体而言，"黔货"产品的规模化程度、标准化水平以及市场化水平相对较低，

---

① ［贵州省］从源头上培养供应能力　生鲜电商迭代升级助力"黔货出山"［EB/OL］. (2022-03-21). https://dzswgf.mofcom.gov.cn/news/29/2022/3/1647831107523.html.

B.15 贵州省地理标志和"黔货出山"问题研究

贵州省推动"黔货出山"的目的之一即是帮助贵州经济落后地区实现产品增销,从而达到脱贫致富的目标。然而由于既有的小农经济自给自足的特征,黔货产品生产较为分散,例如,贵州全省多个市州均有种植刺梨,也有不少刺梨企业分布,产品品类繁多,但真正具有代表性的屈指可数,并没有形成合力,很多种植基地、加工园区的分布都较为分散,尽管覆盖面积较大,但综合来看集中度较低,没有形成规模优势;标准化生产水平不足,精深加工规模小、层次低;黔茶也面临着相似的困境,目前贵州全省茶叶种植面积达到约700万亩,与国内其他省份相比具有显著的规模优势,全省茶叶总产值约500亿元,全省茶叶主产区主要集中在湄潭、凤冈、石阡和普安等县,大部分茶企、合作社和茶农也都集中在以上地区,茶企之间竞争十分激烈,但大都难以独占鳌头,龙头茶企数量极为稀少。茶叶产区的分散、区域之间的竞争以及地方的利益保护,导致产业集群化程度低,与大范围的种植规模形成对比的是分散的产业特征,阻碍了产业的进一步发展。总的来说,黔货产品中仍然有很多属于分散化生产,难以实现大部分产品大批量统一规模化生产,部分产品的标准化水平无法得到保证,产品的质量等级、价格策略、目标市场、宣传途径、售后流程等诸多方面都有悬而未决的问题。而对于黔货的未来发展,要在市场上众多产品中取得甚至维持长期的优势,黔货就必须在未来的规划中将产业规模化、标准化及市场化发展置于发展战略中极为重要的地位,为"黔货出山"扩大影响力奠定坚实的产业基础。

(二)产品附加价值较低,总体销售利润不佳

产品的附加价值是指在产品原有价值的基础上,通过生产过程中的有效劳动新创造的价值,也就是附加在产品原有价值上的新价值,可以说,产品的附加价值同样也是产品的营销策略。对于天然具有高度同质化特征的农产品市场来说,产品的附加价值很难得到进一步提升。贵州地理标志产品主要以农产品为主,通过"黔货出山"的推动,基于产品本身具有的独特的地理价值,能够在一定程度上实现附加价值的提升;然而,由于缺乏深度加工、产品文化包装以及广告宣传手段等种种原因的限制,导致黔货的附加价值相比市场其他同类产品而言并不具有明显的优势。从销售流程来看,一些黔货

产品经过粗加工流向东南部沿海经济发达省份后，省外企业通过深加工对产品进行了精制，结合产品包装和品牌宣传实现了超过原本价格数倍的溢价，即相比于在省内对产品贴牌和代工的竞争，沿海发达省份对于深加工的重视实现了产品的大幅溢价，而产品溢价带来的高附加值利润被转移给省外企业，无法为初级产品的生产者带来更多利润。因此，尽管近几年来，随着黔货出山相关扶持政策的落地实施，已经为黔货在国内外的销售实现了数量的迅速提升，但由于上述原因的限制，这种量的提升很难在长期发展中为贵州带来销售利润的大幅增长。

（三）从业人员文化素质较低，黔货开发深度不足

我国幅员辽阔，各地地形地貌也有所区别，贵州省地处西南，位于云贵高原，连绵的山峦以及较为偏远的地理位置使得贵州的经济发展多年来一直较为滞后，近年来，贵州省大力推动地理标志产品"黔货出山""云上贵州""大数据战略"等多个发展战略，以期推动贵州全省经济的增长，实现"弯道超车"。总的来说，"黔货出山"为贵州省产品走出去，促进省内经济发展起到了良好的示范作用，但综合黔货产品产地来看，很多贵州省特色黔货产地主要分布于一些经济发展较为落后、基础设施建设相对欠缺的地区，这些地区的地理标志产品的开发和推广往往依托于少数几种渠道和手段，除当地政府和行业企业的推广以外，主要依靠当地从业者的自行开发和推广。经济发展的滞后也导致了教育资源的稀缺，而教育资源的优质与否与从业者文化素质的高低存在密切的联系，因此很多相关从业人员的文化素质仍有待提升。文化素质的局限不利于从业人员利用已有文化资源，遵循历史文化脉络，挖掘文化潜能，将历史和文化价值赋值于产品，提升产品的文化价值，且不管是从产业发展的长远性还是对市场信息的揣度上，这些从业人员普遍都不具备较为全面的战略思维。除了产品的深入开发以外，从业人员文化素质的不足也对黔货产品的包装、宣传以及售前售后服务质量的提升等各方面存在不利的影响，因此一套规范的从业人员培训体系的建立也是十分必要的。

（四）品牌认可度较低，省外影响力有限

尽管地理标志产品"黔货出山"的口号喊出已有几年之久，推行"黔货出山"的多项举措也取得了丰富的成果，为贵州省经济的进一步提速提供了助益，但综合现实情况来看，大多数黔货品牌在省外市场还不具有较高的认可度。能在市场上打出名气的产品不仅应该具备较好的产品品质，还应具有不同于其他同类型产品的独特优势。销往省外的黔货产品品质能够得到最基本的保证，但面对省外市场上琳琅满目的各地特色产品，黔货想要突出重围还需另辟蹊径。结合现实情况来看，除了茅台、老干妈等已在国内外打出名气的知名品牌以外，贵州省其他本土产品和品牌相对并不具有较大的影响力，绝大多数产品对省外从未购买过相关产品的顾客来说并不具有较强的吸引力，市场的品牌认可度较低。对于很多对黔货有兴趣甚至乐于花钱购买的顾客来说，往往是通过亲朋好友推荐或是基于个人的旅游经历，对于从未接触过黔货的顾客来说，可能会因为从未在个人交际圈有过耳闻以及从未接触到相关宣传而选择放弃购买。产品只有通过消费者的成功购买才能实现自身的价值，品牌影响力的不足让消费者望而却步，对于黔货的风行来说明显有着不利的影响，因此，在未来的发展中，企业商家也应将品牌建设作为推广产品的重要一环。

三、贵州省"黔货出山"问题的成因分析

（一）经济发展水平落后，产业升级速度较慢

贵州位于我国西南地区，自然资源丰富、少数民族众多，近年来逐渐凭借旅游产业吸引外地游客不断提升全国影响力。但贵州山地众多、地势崎岖不平，地形条件和地理位置的限制导致了交通上的不便，平原地区的匮乏决定了其耕地面积与其他诸多省份相比都较为稀缺，因此贵州的农业、工业发展都比较落后。加之此前缺乏政策的扶持，导致贵州的经济发展在全国范围

内来看都处于较为落后的位置。尽管近年来贵州的经济发展速度在全国范围来看都位居前列，自 2011 年以来，贵州经济增速连续 10 年位居全国前三，被誉为经济发展的"黄金十年"，但长久以来的积贫积弱导致贵州经济落后的实然状态很难在较短时间内实现逆转，必须通过长期的经济提速实现经济发展的根本性提升。经济发展水平的滞后对贵州省产业的升级也产生了限制。产业内结构优化升级，即某一产业内部的加工和再加工程度逐步向纵深化发展、实现技术集约化、不断提高生产效率，这不仅需要政府行政法规的指导，还需要大量的财政资金和相关的政策支持。对于政府而言，必须对财政资金进行科学规划、按照本省发展需求合理分配财政资金。黔货相关产业所能够获得的扶持也是有限的，产业升级所需的技术、资金、设备、人才等关键要素配置水平都与经济发达省份存在明显差距，对产业升级步伐的加快产生了一定的阻碍。

（二）精深加工设备较少，难以匹配高端需求

"黔货出山"要想取得进一步的发展，需要在满足顾客的基本需求上，定位顾客更高级别的需求，从产品品质、产地文化、产品包装等各方面下功夫。其中，对产品品质进行提升势必需要精深加工设备的加持，但结合贵州省既往小农经济的特征以及基本的经济条件，精深加工设备的持有量和相关人才都很难与其他省份相提并论。例如，贵州省大力推进刺梨精深加工，小小的刺梨果如今被发展出刺梨原汁、饮料、发酵酒、果酒、茶、果脯、刺梨干、软糖、刺梨酥等 10 余种产品，新开发出刺梨果冻、刺梨罐头、刺梨泡腾片、刺梨化妆品、复合型口服液等产品，刺梨的产品品类和业态得到极大扩展；但除了刺梨等政府高位推动的地理标志产品，很多产品仍然处于初步加工售卖的阶段，如少数民族刺绣工艺，主要是通过手工缝制的方式进行产出，不仅很难快速提升产品数量，也很难通过精密加工设备实现刺绣运用的升级。同理，其他很多黔货产品也同样缺乏深度加工设备，难以实现产品类型、样态的转化升级并满足顾客多样化的需求。在高品质黔货的生产上，贵州省政府、行业协会、龙头企业等主体需要发挥主导性作用，进一步加大资金投入的力度，为产品品质和口碑的提升所必需的硬件设施提供资金。

（三）人才队伍建设较差，商品化意识需提升

专业人才队伍的建设对地理标志产品能否成功出山具有极为重要的作用，除政府的财政资金和项目扶持外，优质的人才队伍能够在"黔货出山"的过程中为产品的开发、宣传、推广和其他服务提供更为多元的方式方法和有内涵、有深度的见解和建议。但结合贵州省黔货推广的人才队伍的现实情况来看，目前仍然存在以下几个方面的问题：首先，专业人才队伍规模较小。在从事黔货开发及推广的从业人员中，仅有很少一部分人具有专业才能。没有资金和能力建设专业化的人才队伍；其次，人才队伍培养体系不完善。专业人才的发展除了自身对于知识技能的熟练运用和掌握，还需要通过规范化、流程化的人才培养体系为人才的发展和成长提供条件，但现阶段贵州省地理标志产业还未形成业内一致认可的专业人才培养体系，无法进一步从规范化发展层面培养出大量优质人才；最后，人才队伍建设观念较为滞后。观念的更新是方式方法更新的前提和基础，但由于经济、文化、社会等诸多因素的影响，相较于经济发达地区普遍较为开放和创新化的人才队伍建设发展观念，贵州省政府、行业协会及其他主体对于专业人才队伍建设观念的认识并未进行及时更新，对如何聚才、育才、用才的认识不够清晰，对于专业人才队伍作用的重视程度也有待提升。

（四）产品宣传力度较弱，资金投入规模有限

产品和品牌知名度与企业商家所投入的资金、所选择的宣传手段和方式关联密切，可以说，资金投入的多少能够在很大程度上决定产品的知名度。几年来，贵州已有很多地理标志产品经过"黔货出山"举措的推广在市场占有率上有了明显进步，但通过与在国内市场上畅销的其他省份的特色产品的对比可以发现，由于产品宣传力度在一定程度上有所欠缺，导致产品的市场认可度相对较低，真正愿意购买产品的顾客往往会因为对产品不够了解而却步。在当今的数字化传媒时代，产品的广告宣传逐渐脱离传统纸媒的宣传载体，主要以电视广告、短视频推广、公众号分享、朋友圈及公交地铁广告牌等形式为主，宣传渠道和方式丰富多样，但产品名气的打响不能仅靠一朝一

夕的宣传，而是日积月累地对公众"熏陶"，为了实现上述效果同样需要较多资金的长期投入，很多小微企业或商家无力承担高昂的宣传费用，而政府所能给予的支持也有限，因此在广告宣传上也就有几分"捉襟见肘"。对此，必须拓宽资金筹措的渠道，创新资金募集的方式，提升资金运用的效率，使有限的资金在多元化的宣传手段中实现效益的最大化。

四、贵州省"黔货出山"问题的对策研究

（一）做实产销对接，拓宽黔货销路

产业兴旺发展，销售途径的顺畅尤为重要，对于以农产品为主的贵州地理标志产品来说更是如此。"黔货出山"战略在贵州省已经提出较长时间，在战略实施过程中，必须思考黔货究竟卖什么？怎么卖？以及往哪里卖？等几个首要问题，往哪里卖的问题要求从业人员必须清楚地了解黔货出山的目标和方向，使战略能够落到实处。推进"黔货出山"，贵州省应围绕市场需求做好产销对接，建立长期稳定的产销对接机制，基于全省各地地理标志产品产业结构调整的状况，对各地产品原材料种植养殖规模、数量、主要产品、问题短板等情况进行调查，对产品类型、规格有基本的了解，以此为基础进行产品优化，并根据市场需求状况，组织产品多品种、多层次推介及产销对接，一头连接农户，一头连接销售企业，对省外市场进行"菜单式"开拓，切实做好黔货产品的生产输送以及销售问题。建立稳定的产供销渠道，精准帮扶促销贫困地区地理标志农产品，组织产业化龙头企业、大型连锁超市、电商平台等市场主体与生产方积极对接，拓宽产品销售渠道。应积极创新产销对接形式，通过已取得经验的产销对接体验店、产销对接会以及产销对接活动等多项不同的产销对接形式，做实产销对接的"最后一公里"，真正实现有货有渠道。通过产销对接的推进，已经有很多黔货产品从中受益，例如，2020年6月在上海举办的贵州省特色农产品上海产销对接活动中，面对30余个贵州本地出产的农产品，现场意向交易量达1.3万吨，金额达1.5亿元，

为黔货出山的实现提供了助益。

（二）瞄准需求变化，发掘市场需求

从本质上来说，市场并不是由产品组成的，而是由需求组成的，产品的价值定位与消费者需求之间的衔接，是企业营销过程中具有重要战略意义的"惊险一跃"。消费者需求是决定商品生产成功与否的关键性因素，企业商家在研发或生产产品前，必须对产品所要满足的消费者层次如何以及真正的需求为何有清楚的认知。由于消费者需求变化的动态性，贵州省地理标志产品相关从业者需要保持对消费者需求变化动向的及时体察、理解、体认和追随，时刻把握其变化规律，在此基础上对产品进行调整和创新，以满足消费者的需求；在适当的时候，还应当把握机会创造需求，即挖掘消费者潜在的需求并加以满足，综合既有经验来看，消费者的需求往往不是凭空产生的，而是通过人为因素被创造出来的，现阶段企业商家可以通过不断开发新产品、改良产品包装、调整产品定位、激发消费者情感需求等多元化的方式循序渐进地培养消费者新的消费习惯。贵州刺梨在省内外的畅销就是一个创造需求的经典例证，从多年前在深山中无人问津的野果到如今公认的"维 C 之王"，对于刺梨产品的需求就是在贵州经济发展的过程中被创造出来的。总而言之，如何让消费者感受到自己实实在在需要该产品，并在消费中对产品做出实际购买行为是企业将产品变现至关重要的一步，也是企业提升产品市场占有率的关键。

（三）打造智慧物流，开辟数字新路

智慧物流是指通过智能软硬件、物联网、大数据等智慧化技术手段，实现物流各环节精细化、动态化、可视化管理，提高物流系统智能化分析决策和自动化操作执行能力，提升物流运作效率的现代化物流模式。智慧物流的建设能够大大降低物流成本，提高企业利润，加速当地物流产业的发展，打破行业限制，协调部门利益，实现集约化高效经营，优化社会物流资源配置。通过对5G技术、移动互联网、大数据、人工智能等技术的深度应用，推动物流基础设施改造升级，加快物联网相关设施建设，建构智慧物流枢纽、智

慧物流园区、智慧仓储物流基地、智慧港口、数字仓库等新型物流基础设施。通过智慧物流建设，实现对地理标志产品在运输过程中的情况进行更为精确和可控化的掌握，对运输过程中出现的问题进行及时的处理，从而有效提升物流效率。作为现代物流服务的重要组成部分，智慧物流的建设已成为贵州省服务业新业态的重要支撑，如何通过智慧物流的发展为贵州省地理标志产品实现"黔货出山"开辟数字新路，这一问题需要进一步思考和探索。

（四）加快人才培养，提升专业水平

人是"黔货出山"发展过程中最重要的一环，加快专业人才培养的步伐，从人才培养、培训、评价、选拔、激励、服务多个维度打造人才培养的流程和体系，通过线上统一授课培训和线下各地组织实践两种方式的结合，为人才知识技能和实践经验的掌握奠定基础。要建立和完善地理标志产品推广的人才培训体系，对选拔出的优秀人才进行专业技能岗前培训、在岗培训和转岗转业培训的全流程培训，增强产业工人技能素质；指导支持职业培训机构推行"技能培训＋就业服务"全链条模式，提升衍生服务能力；在部分院校开设相关专业，开设专业课程，积极承担就业技能培训、岗位技能提升培训和创业培训等多样化任务，并提供人才定向定岗就业渠道。实施"互联网＋职业技能培训计划"，开展线上职业技能培训，遴选推荐一批优质线上平台，推出优质技能培训课程资源，每年开展线上培训次数达到每周一次以上。支持地方政府、行业协会、龙头企业等组织开展"黔货出山"人才培养案例大赛，通过案例大赛进一步提升专业人才的能力和实践水平，并通过完善的人才激励制度对人才的发展予以保障。

（五）应用数字技术，创新宣传手段

数字技术的应用为传统的第一产业带来了崭新的发展契机，近年来，我国数字乡村建设迈出历史性步伐、取得了阶段性成效，成为世界第一大农产品电子商务国，随着数字化、信息化的逐渐普及，数字技术早已开始探索乡村的发展之道，与乡村的致富之路紧密相连。贵州省应乘借数字技术高速发展的"东风"，凭借5G、大数据、物联网、区块链等现代信息技术的发展，

B.15 贵州省地理标志和"黔货出山"问题研究

破除原有的空间壁垒，积极建立健全包括网络基础设施、农业生产和物流等传统基础设施数字化升级在内的城乡信息基础设施，以数字赋能地理标志产品产业振兴。以数字经济不断重塑传统的生产模式，不断发展"新业态"，现阶段，通过以电商、社交和直播带货为代表的网络销售渠道，为地理标志产品真正实现以销定产、以销优产提供了前提条件。携手数字传媒，通过主流媒体和行业媒体的专业性聚焦，以全媒体的传播策略在全国范围内展开广泛宣传，刷新社会尤其是省外民众对"黔货出山"的认知，真正为黔货闯出新路铺垫媒体力量。通过数字赋能，农产品的宣传、输送以及销售环节的问题能够在很大程度上得到解决，产地和消费市场得以迅速链接，省内的产品能够迅速到达省外消费者的手中，实现循环畅通的发展。

B.16 我国地理标志研究进程与热点分析

张 燕[*]

摘 要: 地理标志蕴含的经济价值、文化价值以及生态价值决定了其在社会经济发展中的独特地位。地理标志既是一种成熟的知识产权制度,也是一种原产地公共品牌的建设制度,近年来逐渐成为建设公共品牌的一种制度选择而得到各地的积极推动。地理标志在国外有100多年的历史,在国内有20余年的历史,是近年来学术界关注的一个焦点。

关键词: 地理标志;研究进程;热点分析

一、地理标志的源起

地理标志起源于欧洲,1883年3月,以保护工业产权为对象的《保护工业产权巴黎公约》(Paris Convention for the Protection of Industrial Property,以下简称《巴黎公约》)在巴黎签订,对产地标志的保护问题进行了规定,内容包括发明专利权、实用新型、工业品外观设计、商标权、服务标记、厂商名称、制止不正当竞争,还有货物标记或原产地名称。1958年10月,一个专门保护原产地名称的国际条约《保护原产地名称及其国际注册里斯本协定》(以下简称《里斯本协定》)签订,明确了原产地名称的定义、保护方式

---

[*] 张燕,贵州省社科院图书信息中心副主任、副研究馆员,研究方向:地理标志、知识信息服务研究。

以及保护途径；1994年4月签署的《与贸易有关的知识产权协议》（以下简称《TRIPS协议》）确定了"地理标志"的定义，明确"地理标志"是表明某一货物来源于一成员的领土或该领土内的一个地区或地方的标记，而该货物所具有的质量、声誉或其他特性实质上归因于其地理来源。该协议将地理标志列为知识产权的一种形式，详列出对其保护的若干问题。

二、国外学界对地理标志的关注

在国外学术界，针对地理标志展开的探讨主要集中在地理标志的作用与价值、地理标志产品的影响因素、地理标志保护制度研究以及地理标志保护模式等方面。

（一）地理标志的作用与价值

通过政府协助研发、产业链合作者与合作种植者之间加强沟通交流这两种方式，有效提升原产地地理标志价值，促进地理标志产业化，注重培育产品创新能力，增强产品的国际竞争力。地理标志保护可以使特色产品在国内与国际市场畅销。地理标志在实现经济价值的同时，也能够带动地方发展，更能增强地方公共品牌的美誉。

（二）地理标志产品的影响因素

地理标志产品由自然条件与人文环境共同造就，自然因素是影响地理标志产品分布的重要原因。地理标志可以使产品在国际竞争中处于优势地位，地理标志产品的品牌建设、产品质量均会对购买意愿产生影响。地理标志产品是重要的经济和社会资源，政策导向、服务平台、产业空间集聚都是影响地理标志产品产业发展的重要因素。

（三）地理标志保护制度研究

从中美洲原产地地理标志制度出发，中美洲的学者讨论了建立一个范围广、标准统一且国际互认的地理标志制度更有利于中美洲各国的发展。立足于欧盟视角，欧洲学者认为地理标志制度可以保护欧盟成员国各具特色的生态与文化，也会带来经济效益，保护地方产业。美国的地理标志制度研究者认为美国是在消费者认知程度的基础上，在商标法保护范围内进行地理标志保护。地理标志制度可以帮助产品得到市场认可，从而获得消费者对产品的认同与推崇，也有助于保护当地的人文历史特色与自然资源，促进产品特色化发展。不同地区的自然资源条件各具特色，人文资源风格各异，但是地方所有的公民都会受到原产地公共品牌制度的保护。

（四）地理标志保护模式

各成员国在《TRIPS 协议》框架下的保护模式划分为以欧洲国家为代表的罗马法式注册保护模式与以美国为代表的盎格鲁式商标保护模式。WTO、美国、欧盟对原产地地理标志所采取的保护模式各具特色，但是 WTO 与欧盟的专门法保护模式要强于美国的商标法保护模式。

三、我国地理标志研究进程

1985 年 3 月 19 日中国成为《保护工业产权巴黎公约》成员国，我国开始对地理标志实施保护。20 世纪 90 年代初，国内学术界开始对关于原产地名称保护的基本问题进行讨论，主要涉及原产地名称的定义，以及国内、国际的法律保护情况，中国知网 1990—2022 年发表篇名包含"地理标志"的论文统计概况见图 16 - 1。学者们开始介绍各国法学界对地理标志的不同认识，研究出较为公认的一个定义是"被用来标示产于其境内的某种或某些产品的地理名称，而这些产品的质量和其他特征完全地或主要地取决于该地区的地理环境"。

1994 年《TRIPS 协议》在国际上达成以后，国内学界出现一波介绍《TRIPS 协议》、介绍 WTO 中的商标、《TRIPS 协议》中关于地理标志的规定，"世界贸易组织"成员国或成员地区的地理标志保护权利，以及《TRIPS 协

B.16 我国地理标志研究进程与热点分析

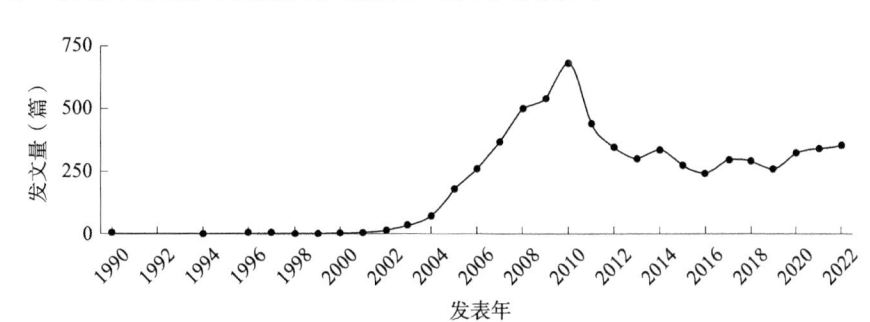

议》对我国地理标志立法保护的启示与引导等成果。

图 16-1 中国知网篇名包含"地理标志"的论文统计

注：数据来自 CNKI 篇名"地理标志"的期刊、硕博论文。

2001 年 10 月由中华人民共和国第九届全国人民代表大会常务委员会第二十四次会议通过《全国人民代表大会常务委员会关于修改〈中华人民共和国商标法〉的决定》。在原有《商标法》基础上增加了一条："商标中有商品的地理标志，而该商品并非来源于该标志所标示的地区，误导公众的，不予注册并禁止使用；但是，已经善意取得注册的继续有效。"并且对"地理标志"作了明确定义，指标示某商品来源于某地区，该商品的特定质量、信誉或者其他特征，主要由该地区的自然因素或者人文因素所决定的标志。自此，我国《商标法》《商标法实施条例》相关规定从国家法律层面把对原产地、地理标志的保护纳入了商标法的保护体系。

2005 年 5 月 16 日原国家质量监督检验检疫总局出台《地理标志产品保护规定》，适用于对地理标志产品的申请受理、审核批准、地理标志专用标志注册登记和监督管理工作。

2007 年 12 月，农业部又出台《农产品地理标志管理办法》，国家对农产品地理标志开始实行登记制度。经登记的农产品地理标志受法律保护。党的十六大报告指出："积极推进农业产业化经营，提高农民进入市场的组织化程度和农业综合效益"。相关部门加大对地理标志类商标的宣传及保护工作，鼓励更多符合条件的地理标志申请注册。

2005—2007 年，伴随着学界对地理标志保护规定与办法的解读阐释，研究成果的数据也呈现出急速增加的势态。地理标志的保护与注册成为那个阶段知识产权领域的重要议题之一，同时也促进了国人对其的认知。随着受保护的地理标志产品数量规模不断扩大，探讨、介绍各地独具特色的优质地理标志产品的文章也越来越多，主要集中在河南、河北、湖南、四川、陕西、山西等省。在众多研究成果中，像湖北省这样具有独特气候、历史悠久的地区，已呈现比较突出的势头，开展了大量相关领域的研究，孕育了很多丰富多彩的地方特色产品，荆楚大地刮起一股农产品品牌建设风，对促进农业发展、扩大农产品出口、增加农民收入起到明显的作用。相关领域学者和专家也在积极总结经验，促进地理标志对农产品的赋能。截至2022年，从地域分布来看，研究"地理标志"的专家学者以湖北省的最多。

2006年陕西省为了促进地理标志产品的发展，保证地理标志产品的质量特色，维护经营者、消费者的合法权益，根据《中华人民共和国产品质量法》等法律、法规，结合实际，制定了《陕西省地理标志产品保护办法》，成为第一个出台的针对全省地理标志产品保护的地方规章。同年，陕西省教育厅科研计划支持了相关课题的立项，随后陕西省哲学社会科学规划课题、陕西省软科学研究计划也积极支持地理标志领域项目研究，几乎每年都有相关课题获得立项。

国家质检中心和国家级重点实验室为地理标志产品的检测提供强大的技术支撑，在保证地理标志产品质量的技术层面的探讨也在进行，地理标志登记保护技术规范促使传统生产工艺与现代农业标准化生产技术进行有机结合，涉及产品外在感官特征、内在品质指标、生产和结果安全要求以及包装标识等方面。

在经历了一个时期地理标志申报使用实践——产品市场认可——产品价值体现的过程后，2008—2010年，学者们开始关注地理标志在增加产品附加值基础上提升地方经济发展形象的重要作用，一方面是地理标志能显著提高产品的成本纯收益率，另一方面就是对提高地区特定产业经济效益的作用。除地理标志产品生产带来的直接收入效益，分配理论视角还关注到这种农业产业细分带来的影响。

学者们也注意到，在地理标志经济发展的过程中政府作用的发挥。2009年1月，贵州省人民政府出台《关于加强农特产品地理标志管理工作大力促进我省农特经济发展的意见》，率先在全国建立了统一的地理标志管理工作

B.16 我国地理标志研究进程与热点分析

体制和机制。有效解决地方地理标志主管部门多、监管混乱等难点问题。

2010年,"地理标志"主题文献成果达到一个峰值,从内容上看,这得益于介绍地理标志产品申报成功的文献,也就是说这一阶段我国地理标志申报处于一个高峰期。

接下来的一段时间,地理标志领域研究逐渐倾向技术研讨。例如各种关系地理标志产品质量的理化指标、感官特性、安全卫生指标或其他特异性指标。明白地理标志对产品的保护最终会体现在严苛的内在外在各项指标中,标准对地理标志产品的保护起到十分重要的作用。我国在2000年就成立全国原产地域产品标准化工作组,开始组织原产地域产品国家标准的制定。对特定地理范围内产品的保护,是每一项地理标志产品标准的一项重要内容。地理标志产品标准除具有同类产品标准的共性特征外,还不能与同类产品的通用标准雷同。

2020年9月,经过八年谈判,中国和欧盟签署《中欧地理标志协定》。2021年3月1日,该协定正式生效。《中欧地理标志协定》是中国对外商签的第一个全面的、高水平的地理标志双边协定。协定生效后,中欧消费者都能更方便地享受到对方数百种特色和实惠,并且一定是"正版"的本地农产品和手工艺品,比如波尔多红酒、帕马尔火腿,或是库尔勒香梨、武夷岩茶等。有学者认为,《中欧地理标志协定》的签署有利于中国地理标志品牌进入国际市场;助推双方的优质产品在国际范围内的循环与流动;中欧经贸关系将继续高质发展;中欧在知识产权合作方面取得了积极进展;还将推动整个世界范围内对地理标志的重视。

近年来,随着地理标志逐渐被人熟知,地理标志研究被放到一个区域综合经济发展目标与规划中统筹考量,将其作为一个地区的重要资源,充分分析其典型的文化属性和历史价值,或将其融入文旅产业的开发宣传中,或将其融入餐饮文化的缔造开发中,传承发扬地方优秀传统文化,为活跃地方文化内涵,增进地方独具魅力的文化旅游吸引力增添活力、提供动力。

2021年,农业农村部办公厅印发《农业生产"三品一标"提升行动实施方案》,提出开展农业品种培优、品质提升、品牌打造和标准化生产提升行动。地理标志发展逐渐成熟,学者们对其作为推进乡村振兴发展的一大动力给予肯定。

四、我国地理标志研究热点

（一）对地理标志相关法规的解读

地理标志相关法规是地理标志发展的重要保障。学界一直通过解读国际法规等形式呼吁国内增强保护。2002年12月，中华人民共和国第九届全国人民代表大会常务委员会第三十一次会议对1993年7月颁布的《中华人民共和国农业法》进行修订，提出"国家支持依法建立健全优质农产品认证和标志制度。国家鼓励和扶持发展优质农产品生产。""符合规定产地及生产规范要求的农产品可以依照有关法律或者行政法规的规定申请使用农产品地理标志。""国家保护植物新品种、农产品地理标志等知识产权。"

2005年5月，《地理标志产品保护规定》公布实施，次年发布了《地理标志产品保护规定实施细则》，用于对地理标志产品的申请受理、审核批准、地理标志专用标志注册登记和监督管理工作。

为了继承和弘扬我国各民族医药和中医药文化，保障和促进中医药事业发展，保护人民健康，2016年12月《中华人民共和国中医药法》公布，其中第二十三条提出，"国家建立道地中药材评价体系，支持道地中药材品种选育，扶持道地中药材生产基地建设，加强道地中药材生产基地生态环境保护，鼓励采取地理标志产品保护等措施保护道地中药材。"对地理标志体系保护传统文明与文化、保护本土特色产业表示认可。

为规范农产品地理标志的使用，保证地理标志农产品的品质和特色，提升农产品市场竞争力，农业部2007年12月出台《农产品地理标志管理办法》，2019年4月，对该办法进行修订。

2022年9月，中华人民共和国第十三届全国人民代表大会常务委员会第三十六次会议修订通过《中华人民共和国农产品质量安全法》，在第四十二条处对2018版《中华人民共和国农产品质量安全法》第三十二条进行修订，指明"农产品质量符合国家规定的有关优质农产品标准的，农产品生产经营者可以申请使用农产品质量标志。禁止冒用农产品质量标志。"增加了"国家加强地理标志农产品保护和管理"这一内容。该法于2023年1月1日起施行。

(二)地理标志保护制度

地理标志保护制度主要集中在以下四个方面:一是地理标志制度价值,探讨地理标志制度如何提升地方形象,如何增加农产品附加值。二是基于"三农"角度探讨农产品地理标志的定义、农产品地理标志保护主体、特点以及加强农产品地理标志保护制度的意义。三是地理标志应该促进经济更快发展,积极响应"一带一路"倡议,应以《里斯本协定日内瓦文本》为根据,立足于实践与法律,进一步完善原产地理标志保护制度。四是地理标志加强对特产的保护至关重要,各地的特产都是独一无二的宝贵资源。

(三)政府与地理标志保护

政府与地理标志保护主要集中在以下四个方面:一是政府应通过立法与监管规范地理标志制度,应该规范多头管理地理标志的局面。二是地理标志保护方面最大的问题就是管理地理标志的部门过多,应该明确分工,统一部门负责,运用商标法保护模式加强对产品的保护。三是关于原产地地理标志的定义,梳理我国政府在地理标志保护方面所做的工作。四是政府推动地理标志保护的合理制度建设,行业协会应负责开发与保护原产地地理标志产品。

(四)地理标志保护策略

地理标志保护策略主要集中在以下四个方面:一是基于知识产权分析我国地理标志产品保护,多数学者主张采用混合保护模式,通过商标法与反不正当竞争法辅助专门法的方式加强对原产地地理标志的保护。二是探讨在以商标法和专门法模式对原产地地理标志保护的基础上划定范围,专门法用于保护国际市场上的优势产品,商标法保护其他普通产品。三是分析地理标志保护的策略,主张从产品监管、部门合作、组织专项监督等各方面加强保护。四是探讨保护策略个案,如地理标志对茶叶的保护个案,分析茶叶的产权特性以及资源特点,指明现阶段地理标志对茶叶的保护现状及存在的问题,并在分析问题的基础上总结出企业、政府合作加强对茶叶的地理标志保护。又如对枣类产品的地理标志保护工作，分析我国地理标志对枣类产品的保护，提出加强对枣类产品地理标志保护的相关策略。

（五）地理标志对区域经济发展的价值

学者们认为地理标志在助力农业产业化（发挥品牌效应，聚集农业生产资源，促进生产经营产业化和规模化），助力农业国际竞争力提升（促进国际贸易和文化交流），保障生产者的利益（通过技术投入带来产品附加值提升，从而稳定收益，增加就业机会），增强消费市场活力（高品质高信誉产品刺激高层次消费需求）等方面发挥积极作用。

（六）地理标志公共品牌产业发展

2018年10月，国务院印发的《乡村振兴战略规划（2018—2022年）》提出，加快形成以区域公用品牌为核心的农业品牌格局，推进区域农产品公共品牌建设，努力打造一批国际知名的农业品牌和国际品牌展会。2019年2月，中央一号文件《中共中央 国务院关于坚持农业农村优先发展做好"三农"工作的若干意见》专门指出：强化农产品地理标志和商标保护，创响一批"土字号""乡字号"特色产品品牌。

李涛、王思明、高芳（2018）主编的《中国地理标志品牌发展报告》中提出，在日趋激烈的市场竞争中，地理标志公共品牌建设是地方特色产业发展的关键，发掘与运用地理标志资源，树立地理标志品牌，是中国品牌发展的可行道路。李发耀、黄其松（2017）主编的《贵州地理标志产业发展报告》提出：地理标志制度契合公共品牌保护，从保护范围、保护主体、质量特色、品牌许可、产业发展等方面认为原产地公共品牌建设势在必行。还有一些学者选取中欧地理标志100＋100中的典型案例进行实证分析，主要分析地理标志公共品牌机制建设、地理标志公共品牌内容架构、地理标志建设公共品牌的技术路线以及建设效益分析等。国内关于品牌的研究主要是集中在营销领域，国内学者对于公共品牌的研究还在起步阶段，公共品牌的内涵较为复杂，国内还未形成统一定论，部分学者研究原产地品牌，但是文献成果较少，有待进一步深入。

（七）中欧地理标志互认背景下地理标志保护内容研究

在中欧地理标志进入互认时，学者们就开始关注中欧地理标志互认内容，地理标志保护清单与保护门槛，中国与欧盟地理标志市场准入制度，双方地理标志质量品质与质量安全制度建设，互认的地理标志产品市场监督管理以及清单备案制度，互认地理标志产品标识使用准则等。

主要有以下几方面：（1）《中欧地理标志协定》保护水平与清单式保护解读。包括：欧盟原产地法律保护与行政保护、相关国际公约、政府间地理标志约定、地理标志互认制度与互认门槛、地理标志保护文书、相关产品保护指标。（2）中欧地理标志互认产品保护问题。包括：产品质量安全（产地环境安全、投入品控制）；质量技术要求实施情况；产品加工、储运、流通安全。保护标准制定与实施。中欧地理标志相关的商标、专利、版权、技术与商业秘密、不正当竞争等知识产权问题。（3）中欧地理标志产品保护体系建设问题。包括：完善特色质量保证体系。建立健全技术标准体系。强化检验检测体系。（4）中欧地理标志互认产品的行政保护。包括：严厉打击地理标志侵权假冒行为；强化涉及地理标志的企业名称登记管理；加强地理标志专用标志使用日常监管。（5）构建中欧地理标志互认产品协同保护工作格局。包括：加强地理标志快速协同保护；加强组织领导和保护资源投入。加强学术研究和宣传培训。

Ⅳ 附 录

附录 1
贵州省地理标志产业发展大事记（2017—2022 年）

李发耀* 叶 娇**

2016 年

12 月 23 日，贵州省地理标志研究会正式成立。

2017 年

1 月，原国家质检总局发布上一年度贵州参评的地理标志品牌价值评估结果，贵州茅台酒 2755.90 亿元，都匀毛尖茶 211.49 亿元，德江天麻 18.09 亿元，朵贝茶 15.83 亿元，盘县火腿 10.23 亿元，修文猕猴桃 6.42 亿元。

1 月，贵州省地理标志研究会通过全国团体标准信息化平台注册审查，研究会修改相关章程，确定与地理标志标准相关的内容列入章程范围。

1 月，国家知识产权局第 1535 期商标公告，贵州新增证明商标 1 件：大方漆器，注册人：大方县特色产业发展中心。

2 月，国家知识产权局第 1540 期商标公告，贵州新增证明商标 1 件：道真洛党，注册人：道真仡佬族苗族自治县特色产业发展中心。

5 月，农业部在北京召开威宁苹果、威宁黄梨、毕节椪柑、沿河白山羊、瑯川锌硒米、兴义黄草坝石斛、清镇酥李、镇宁蜂糖李、镇宁樱桃地理标志保护技术审查，贵州新增 8 个农产品地理标志保护。

5 月，毕节椪柑、清镇酥李、威宁黄梨、威宁苹果、镇宁蜂糖李、镇宁樱桃、兴义黄草坝石斛、沿河白山羊被农业农村部公示为"2017 年第一批农

---

* 李发耀，贵州省地理标志研究会会长，贵州省社会科学院研究员，研究方向：地理标志产业发展。
** 叶娇，贵州省地理标志研究中心助理研究员，研究方向：品牌设计与地理标志。

附录 1　贵州省地理标志产业发展大事记（2017—2022 年）

产品地理标志登记产品"。

6 月，原国家质检总局批准遵义红茶（遵义红）、湄潭翠芽、桐梓蜂蜜、花秋土鸡、习水红茶、习水麻羊、核桃箐核桃、普定高脚鸡等产品实施地理标志产品保护的公告（第 39 号），贵州新增 8 个地理标志保护产品。

6 月，黔南州申报筹建的贵州省第一个国家地理标志产品保护示范区（都匀毛尖茶）获原国家质检总局批准成立。

7 月，贵州地理标志产业化促进工程再掀高潮，省知识产权局启动都匀毛尖茶、黔东南小香鸡、罗甸火龙果、正安白茶、丹寨硒锌米、铜仁珍珠花生、麻江蓝莓、雷山银球茶 8 个地理标志产品产业化促进工程，每个产品 40 万元。

7 月，贵州省质量技术监督局标准化处组织安顺蜡染、白果贡米、金沙回沙酒、六枝龙胆草、落别樱桃等 17 个地理标志产品省级地方标准评审，贵州新增 17 个地理标志产品省级地方标准。

7 月，贵州省工商局加快推动非物质文化遗产地理标志保护工作。

7 月，贵州省质量技术监督局在都匀召开地理标志示范区观摩与推进会议。

8 月，全国第一本地理标志产业发展蓝皮书"2017 贵州地理标志产业发展报告"由社会科学文献出版社出版，在北京召开新闻发布会。

9 月，惠水金钱橘、绥阳子弹头辣椒、遵义朝天椒、惠水黑糯米、珧川贡米、播州乌江鱼被农业农村部公示为"2017 年第二批农产品地理标志登记产品"。

9 月，地理标志产品保护被列为贵州省社会科学三年创新工程。

10 月，国家知识产权局第 1572 期商标公告，贵州新增证明商标 1 件：石阡矿泉水，注册人：石阡县地热矿泉水协会。

11 月，修文猕猴桃、赫章樱桃、凯里平良贡米、务川白山羊被农业农村部公示为"2017 年第三批农产品地理标志登记产品"。

12 月，原国家质检总局批准钟山葡萄、岱瓮杨梅、威宁芸豆、锦屏腌鱼、七舍茶、九层山茶、晴隆绿茶等产品实施地理标志产品保护的公告（第 108 号），贵州新增 7 个地理标志保护产品。

11月，国家知识产权局第1576期商标公告，贵州新增证明商标2件：正安娃娃鱼，注册人：正安县畜牧渔业发展中心；赤水晒醋，注册人：赤水市特色产业发展中心。

12月，国家知识产权局第1581期商标公告，贵州新增证明商标3件：赤水金钗石斛，注册人：赤水市特色产业发展中心；普安四球茶，注册人：普安县茶叶协会；普安红茶，注册人：普安县茶叶协会。

12月，贵州省地理标志研究会会长李发耀入选中国农业品牌十大个人贡献奖，颁奖典礼在杭州举行。

2018年

1月，原国家质检总局批准清池茶、安龙白及、安龙石斛、威宁苹果、锦屏茶油等产品实施地理标志产品保护的公告（第117号），贵州新增5个地理标志保护产品。

1月，茅坪香橘、安龙白及、织金白鹅、丹寨黑猪、六盘水乌蒙凤鸡被农业农村部公示为"2017年第五批农产品地理标志登记产品"。

1月，国家知识产权局第1584期商标公告，贵州新增证明商标1件：普安薄壳核桃，注册人：普安县薄壳核桃协会。

2月，国家知识产权局第1587期商标公告，贵州新增证明商标5件：贵定刺梨，注册人：贵定县林业科技推广中心；金谷福梨，注册人：福泉市农业技术推广站；玉屏黄桃，注册人：玉屏侗族自治县皇桃种植协会；纳雍玛瑙红樱桃，注册人：纳雍县农业技术推广站；普安白及，注册人：普安县白及协会。

3月，原国家质检总局批准望谟板栗、威宁白萝卜、荔波蜜柚、郎岱猕猴桃、六枝魔芋等产品实施地理标志产品保护的公告（第33号），贵州新增5个地理标志保护产品。

4月，国家知识产权局第1595期商标公告，贵州新增证明商标1件：黎平雀舌，注册人：黎平县农业产业协会。

5月，2018年全国地理标志产品区域品牌价值发布会在上海发布，贵州茅台酒（第1名）、都匀毛尖（第17名）、兴仁薏仁米（第19名）入围品牌

附录1 贵州省地理标志产业发展大事记（2017—2022年）

全国20强。其中贵州茅台酒品牌价值超过1000亿元。

5月，国家知识产权局第1598期商标公告，贵州新增证明商标1件：金沙贡茶，注册人：金沙县农产品质量安全监督检验站。

5月，国家知识产权局第1600期商标公告，贵州新增证明商标2件：黎平山茶油，注册人：黎平县农业产业协会；兴仁无籽刺梨，注册人：兴仁县无籽刺梨专业协会。

6月，国家知识产权局第1602期商标公告，贵州新增证明商标1件：瓮安白茶，注册人：瓮安县茶产业发展中心。

7月，国家知识产权局批准回龙蕌头、阿藏李子、大方豆干（大方手撕豆腐）等产品实施地理标志产品保护的公告（第277号），贵州新增3个地理标志保护产品。

7月，省知识产权局启动15个地理标志产品产业化促进项目：贵州绿茶、仁怀酱香酒、三穗鸭、惠水黑糯米、紫云红芯红薯、水城猕猴桃、龙里刺梨干、雷山乌杆天麻、正安野木瓜、镇宁蜂糖李、锦屏茶油、印江苕粉、白旗韭黄（普定）、桐梓方竹笋、荔波蜜柚。其中，贵州绿茶、仁怀酱香酒等2个地理标志产品被列入贵州省地理标志产品产业化促进重点项目，每个产品40万元。

8月，中国社科院皮书委员会在青岛颁发皮书奖，《2017贵州地理标志产业发展蓝皮书》获全国皮书一等奖。

8月，贵州省知识产权局下发通知，确定"贵州绿茶"等15个地理标志产品为2018年贵州省地理标志产品产业化促进项目，每个产品40万元。

8月，国家知识产权局第1613期商标公告，贵州新增证明商标1件：纳雍高山茶，注册人：纳雍县农业技术推广站。

8月，省农业农村厅组织全省农产品地理标志大调研，省农产品质量安全监督管理站分组前往各地州开展调研，全面了解农产品地理标志资源及产业发展。

9月，贵州省农产品地理标志登记保护系统上线仪式暨2018年全省农产品地理标志登记保护培训班在贵阳举行，宣布贵州省农产品地理标志登记保护系统正式上线。

9月，国家知识产权局第 1615 期商标公告，贵州新增证明商标 2 件：威宁甜荞，注册人：威宁彝族回族苗族自治县农业区划中心；威宁苦荞，注册人：威宁彝族回族苗族自治县农业区划中心。

9月，安龙莲藕、学孔黄花、板贵花椒、郭家湾贡米、安龙红谷、仁怀糯高粱、思南黄牛、黄果树黄果、龙宫桃子被农业农村部公示为"2018年第二批农产品地理标志登记产品"。

9月，国家知识产权局第 1616 期商标公告，贵州新增证明商标 1 件：毕节烤烟，注册人：毕节市烟草协会。

10 月，国家知识产权局第 1621 期商标公告，贵州新增证明商标 2 件：瓮安黄金芽，注册人：瓮安县黄金芽茶业协会；思南晏茶，注册人：思南县茶桑局。

11 月，第十六届中国国际农产品交易会在湖南省长沙国际会展中心举办，贵州共有 22 家企业的贵州绿茶、遵义朝天椒、安顺山药、修文猕猴桃、关岭火龙果、水城猕猴桃、威宁苹果、大方皱椒等 16 个地理标志农产品亮相展馆。贵州绿茶获得了中国绿色食品发展中心授予的"国家级农产品地理标志示范样板"称号。

12 月，凯里香葱、黔东南小香鸡被农业农村部公示为"2018 年第三批农产品地理标志登记产品"。

12 月，由长沙金芒果地理标志产品国际博览会组委会颁发贵州省地理标志研究会为金芒果地理标志扶贫英雄榜——先进机构荣誉，贵州省地理标志研究会会长李发耀入选地理标志英雄榜。

2019 年

2 月，国家知识产权局第 1637 期商标公告，贵州新增证明商标 1 件：威宁火腿，注册人：威宁彝族回族苗族自治县农业区划中心。

3 月，国家知识产权局第 1641 期商标公告，贵州新增证明商标 1 件：毕节刺梨，注册人：毕节市七星关区果蔬技术推广站。

5 月，国家知识产权局第 1649 期商标公告，贵州新增证明商标 1 件：毕节椪柑，注册人：毕节市七星关区果蔬技术推广站。

附录 1 贵州省地理标志产业发展大事记（2017—2022 年）

6月，国家知识产权局第1650期商标公告，贵州新增证明商标1件：威宁苹果，注册人：威宁彝族回族苗族自治县农业区划中心。

7月，兴义大红袍、晴隆脐橙、水城核桃、册亨糯米蕉、赤水龙眼、织金皂角精、桐梓团芸豆、幺铺莲藕、赤水楠竹笋、六枝毛坡大蒜、兴义芭蕉芋、盘州小米、保田薏仁、平坝大米、晴隆糯薏仁、坡柳娘娘茶、普安红茶、天柱茶油、务川蜂蜜、习水岩蜂蜜、印江绿壳鸡蛋、德江复兴猪、兴义矮脚鸡、安龙黄牛、晴隆羊、桐梓黄牛被农业农村部公示为"2018年第四批农产品地理标志登记产品"。

7月，省知识产权局启动12个地理标志产品产业化促进项目：修文猕猴桃、思南晏茶、大方冬荪、大方皱椒、黎平山茶油、毕节白萝卜、关岭牛、安龙白及、紫云花猪、玉屏箫笛、锦屏腌鱼、赤水金钗石斛，每个产品40万元。

7月，省农业农村厅启动2019年8个农产品地理标志提升工程：贵州绿茶、水城猕猴桃、安顺山药、从江香禾糯、大方皱椒、梵净山茶、关岭牛、安龙白及，每个农产品地理标志500万元。

8月，国家知识产权局第1658期商标公告，贵州新增证明商标1件：威宁白萝卜，注册人：威宁彝族回族苗族自治县农业区划中心。

8月，国家知识产权局第1661期商标公告，贵州新增证明商标4件：纳雍土鸡（活鸡），注册人：纳雍县农业技术推广站；纳雍土鸡（鸡肉），注册人：纳雍县农业技术推广站；纳雍乌骨鸡（活鸡），注册人：纳雍县农业技术推广站；纳雍乌骨鸡（鸡肉），注册人：纳雍县农业技术推广站；

11月，2019金芒果地理标志产品国际博览会在长沙举行，首个以"地理标志"为主题的国家级专业博览会，贵州有茅台酒、七舍茶等多个产品参展并受到展会嘉宾的高度赞誉。

11月，国家知识产权局第1661期商标公告，贵州新增证明商标2件：纳雍糯谷猪（猪肉），注册人：纳雍县农业技术推广站；纳雍糯谷猪（活猪），注册人：纳雍县农业技术推广站。

12月，板当苡仁米、紫云红芯红薯、兴义甘蔗、桐梓魔芋、兴义白杆青菜、黄杨小米辣、兴义红皮大蒜、兴义生姜、习水仙人掌、兴义山银花、兴仁猕猴桃、湄潭红肉蜜柚、凤冈红心柚、兴义黑山羊、剑河白香猪、剑河稻花鲤被农业农村部公示为"2019 年第一批农产品地理标志登记产品"。

12 月，国家知识产权局第 1677 期商标公告，贵州新增证明商标 2 件：剑河小香鸡（第 29 类非活），注册人：剑河县畜牧渔业管理办公室；剑河小香鸡（第 31 类活鸡），注册人：剑河县畜牧渔业管理办公室。

2020 年

2 月，国家知识产权局第 1683 期商标公告，贵州新增证明商标 1 件：普安天麻，注册人：普安县林下天麻种植繁育专业技术协会。

3 月，国家知识产权局第 1689 期商标公告，贵州新增证明商标 1 件：盘县火腿，注册号：盘州市畜牧兽医学会。

5 月，农业农村部发布公告，对贵州省紫云红芯红薯、紫云蓝莓、镇宁小黄姜、兴仁猕猴桃、沿河金竹贡米等 31 个农产品实施国家农产品地理标志登记保护。

7 月，国家知识产权局第 1714 期商标公告，贵州新增证明商标 1 件：普安蜜柚，注册人：普安县水果蔬菜协会。

7 月，省农业农村厅启动 2020 年 10 个农产品地理标志提升工程：贵州绿茶（安顺市农业农村局 200 万元，水城区农业农村局 110 万元，贵州绿茶品牌发展促进会 90 万元）、威宁苹果、毕节可乐猪、黔东南小香鸡、从江香猪、晴隆脐橙、紫云红芯红薯、沿河白山羊、赫章黑马羊、毕节椪柑，每个农产品地理标志 400 万元。

7 月，省知识产权局启动 2020 年 10 个地理标志产品产业化促进项目：凤冈锌硒茶，黎平雀舌，威宁苦荞，岩脚面，梵净山茶，施秉太子参，盘州红米，晴隆糯薏仁，兴仁薏仁米，安龙石斛，每个产品 50 万元。

9 月，中欧正式签署《中欧地理标志协定》，第一批 100 个中国地理标志产品，其中贵州有凤冈锌硒茶、朵贝茶、惠水黑糯米酒、茅台酒（贵州茅台酒）4 个产品入选。增补的 175 个中国地理标志产品，贵州有大方漆器、都匀毛尖、织金竹荪、兴仁薏仁米、盘县火腿、麻江蓝莓、从江香禾糯、水城猕猴桃、修文猕猴桃、安顺山药、贵州绿茶 11 个产品入选。

附录1 贵州省地理标志产业发展大事记（2017—2022年）

9月，贵州省地理标志研究会会长李发耀研究员承担的国家知识产权局项目"我国原产地地理标志统一认定技术路线与指标体系研究"，在国家知识产权局完成项目验收。

10月，贵州省地理标志研究会会长李发耀研究员承担的国家知识产权局专项委托项目"西南地区地理标志精准扶贫工作情况调查"，在国家知识产权局完成项目验收。

10月，国家知识产权局第1714期商标公告，贵州新增证明商标4件：荔波瑶山鸡（第29类鸡肉），注册人：荔波县畜牧水产发展促进中心；荔波瑶山鸡（第31类活鸡），注册人：荔波县畜牧水产发展促进中心；黔东南小香鸡（第29类鸡肉），注册人：黔东南苗族侗族自治州畜牧技术推广站；黔东南小香鸡（第31类活鸡），注册人：黔东南苗族侗族自治州畜牧技术推广站。

10月，茅坝米、杠村米、贞丰四月李、石阡香柚、金沙黑山羊、荔波瑶山鸡被农业农村部公示为"2020年第二批农产品地理标志登记产品"。

12月，国家知识产权局批准水城红香蒜等产品实施地理标志产品保护的公告（第390号），贵州新增1个地理标志保护产品。

12月，国家知识产权局第1723期商标公告，贵州新增证明商标2件：黄平太子参，注册人：黄平县市场监督管理检验检测中心；黄平魔芋，注册人：黄平县市场监督管理检验检测中心。

2021年

1月，省农业农村厅组织全省农产品地理标志标识使用与产业发展深度调研，省农产品质量安全监督管理站分组前往各地州开展调研，全面准确了解农产品地理标志存在的各种问题，有针对性地提出有效解决措施。

1月，国家知识产权局第1727期商标公告，贵州新增证明商标1件：龙里豌豆尖，注册人：龙里县蔬果办公室。

3月，国家知识产权第1734期商标公告，贵州新增证明商标1件：威宁黄牛，注册人：威宁彝族回族苗族自治县农业区划中心。

4月，平塘乌骨鸡、兴仁牛干巴、石阡土鸡、黄平金黄鸡、八步茶、仁怀功夫红茶、兴仁薏仁米、天柱烤烟、平塘皱皮线椒、从江田鱼、贞丰火龙果、鲁容百香果、苟江脆红李、平塘百香果被农业农村部公示为"2021年第一批农产品地理标志登记产品"。

4月，国家知识产权局第1738期商标公告，贵州新增证明商标2件：威宁乌金猪，注册人：威宁彝族回族苗族自治县农业区划中心；威宁大白菜，注册人：威宁彝族回族苗族自治县农业区划中心。

4月，国家知识产权局批准赫章红花山茶油等产品实施地理标志产品保护的公告（第414号），贵州新增1个地理标志保护产品。

5月，贵州省人民政府发布关于同意贵州省种畜禽种质测定中心为"贵州生态禽"地理标志商标申请人和产品特定品质监督检测单位的批复。

5月，2021年全国地理标志产品区域品牌价值发布会在上海发布，贵州新增湄潭翠芽（第33名）入围品牌全国50强。

7月，省农业农村厅启动2021年10个农产品地理标志提升工程：修文猕猴桃、湄潭翠芽、贵州绿茶、凤冈锌硒茶、镇宁蜂糖李、铜仁白水贡米、都匀毛尖、兴仁薏仁米、剑河白香猪、龙里豌豆尖，每个农产品地理标志400万元。

7月，省知识产权局启动2021年12个地理标志产品产业化促进项目：威宁洋芋，绥阳子弹头辣椒，盘县火腿，瓮安黄金芽，册亨糯米蕉，顶坛花椒，玉屏茶油，朵贝茶，习酒，清镇黄粑，黎平香禾糯，赤水晒醋，每个产品50万元。

8月，国家知识产权局批准老厂竹根水等产品实施地理标志产品保护的公告（第444号），贵州新增1个地理标志保护产品。

11月，国家知识产权局批准比德大米等产品实施地理标志产品保护的公告（第459号），贵州新增1个地理标志保护产品。

11月，国家知识产权局第1768期商标公告，贵州新增证明商标1件：晴隆脐橙，注册人：晴隆县柑橘场。

12月，望谟芒果、黄平黑毛猪、普安盘江乌鸡被农业农村部公示为"2021年第二批农产品地理标志登记产品"。

附录1 贵州省地理标志产业发展大事记（2017—2022年）

2022年

2月，农业农村部关于2022年第一批农产品地理标志的公告（第532号），贵州有望谟杧果、黄平黑毛猪、普安盘江乌鸡3个产品获农产品地理标志产品。

3月，国家知识产权局第1782期商标公告，贵州新增证明商标1件：八步茶，注册人：望谟县八步古茶协会。

4月，国家知识产权局第1787期商标公告，贵州新增证明商标1件：山盆脆李，注册人：遵义市汇川区山盆镇农业服务中心。

4月，国家知识产权第1789期商标公告，贵州新增证明商标1件：洛龙大蒜，注册人：道真仡佬族苗族自治县农村专业技术协会联合会。

5月，在福州召开中国（福州）绿色农业博览会，贵州省地理标志产品亮相中国地理标志产品展区。

5月，2022年全省农产品地理标志工作推进会召开。会上对全省农产品地理标志工作推进情况进行了通报，总结了农产品地理标志工作取得的成绩，并对下一步工作进行了安排部署。就贵州绿茶、梵净山茶、镇宁蜂糖李等进行了交流发言。

7月，省农业农村厅启动2022年12个农产品地理标志提升工程：贵州绿茶（雷山）、修文猕猴桃、石阡苔茶、贵定云雾贡茶、黔北麻羊、茅坝米、金沙贡茶、凯里平良贡米、杠村米、平塘百香果、平坝大米、镇宁小黄姜，每个农产品地理标志330万~350万元。

7月，省知识产权局启动2022年14个地理标志产品产业化促进项目：白果贡米，威宁苹果，赤水乌骨鸡，长顺绿壳鸡蛋，册亨茶油，仁怀糯高粱，紫云蓝莓，余庆苦丁茶，开阳富硒茶，大方天麻，遵义朝天椒，石阡苔茶，兴义黄草坝石斛，织金竹荪，每个产品50万元。

7月，紫云春茶地理标志产品技术审查会在省知识产权局以线上形式召开，专家原则通过地理标志技术审查。

8月，镇远陈年道菜、印江苕粉地理标志产品技术审查会在省知识产权局以线上形式召开，专家原则通过地理标志技术审查。

8月，广东省知识产权保护中心/广东省地理标志协会一行7人到贵州省地理标志研究中心调研，双方交流黔粤两省地理标志产业发展。

10月，贵州省地理标志研究会被省社会科学联合会列为2022年优秀社会组织资助对象，资助项目为贵州地理标志产业发展蓝皮书。

11月，由贵州省地理标志研究会会长李发耀研究员承担的省知识产权战略项目"贵州省'中欧'地理标志互保互认产品保护体系研究"，在省知识产权局完成验收。

12月，国家知识产权第1818期商标公告，贵州新增证明商标1件：开阳枇杷，注册人：开阳县富硒产品协会。

附录 2
贵州省地理标志保护产品统计（质检渠道）

李发耀* 吴茜妮**

序号	产品名称	公告时间	受理公告号	批准时间	批准号	保护范围
1	茅台酒（贵州茅台酒）	2000.12.15	2012年第76号	2001.3.29	2001年第4号	仁怀市茅台镇内，延伸面积约7.53平方千米，总面积共约15.03平方千米
		2012.5.15		2013.3.28	2013年第44号	
2	余庆苦丁茶	2004.8.4	2004年第102号	2005.8.25	2005年第120号	余庆县现辖行政区域
3	梵净山翠峰茶	2005.1.11	2005年第16号	2005.12.9	2005年第175号	印江土家族苗族自治县17个乡镇
4	凤冈富锌富硒茶	2005.7.29	2005年第107号	2006.1.24	2006年第10号	凤冈县现辖行政区域
5	赤水金钗石斛	2005.7.29	2005年第107号	2006.3.23	2006年第39号	赤水市2个乡镇
6	沙子空心李	2005.10.21	2005年第149号	2006.7.12	2006年第95号	沿河土家族自治县2个乡镇
7	德江天麻	2007.1.12	2007年第7号	2007.5.29	2007年第81号	德江县11个乡镇
8	大方天麻	2008.3.19	2008年第33号	2008.10.31	2008年第122号	大方县36个乡镇
9	连环砂仁	2008.9.12	2008年第96号	2008.12.24	2008年第141号	贞丰县5个乡镇

---

* 李发耀，贵州省地理标志研究会会长，贵州省社会科学院研究员，研究方向：地理标志产业发展。
** 吴茜妮，贵州大学公共管理学院硕士研究生，研究方向：地理标志与公共政策。

续表

序号	产品名称	公告时间	受理公告号	批准时间	批准号	保护范围
10	顶坛花椒	2008.9.12	2008年第96号	2008.12.24	2008年第141号	贞丰县4个乡镇
11	石阡苔茶	2008.8.5	2008年第88号	2009.9.21	2009年第88号	石阡县现辖行政区域
12	清镇黄粑	2009.4.22	2009年第29号	2009.12.28	2009年第128号	清镇市11个乡镇街道办事处
13	黎平香禾糯	2009.2.10	2009年第12号	2009.12.28	2009年第128号	黎平县18个乡镇
14	虾子辣椒	2008.12.10	2008年第135号	2009.12.28	2009年第131号	贵州省遵义县31个乡镇
15	兴义饵块粑	2007.2.14	2007年第32号	2010.2.24	2010年第14号	贵州省黔西南布依族苗族自治州现辖行政区域
16	丹寨硒锌米	2009.12.28	2009年第130号	2010.7.13	2010年第70号	贵州省丹寨县现辖行政区域
17	清镇酥李	2010.2.14	2010年第13号	2010.9.3	2010年第93号	清镇市11个乡镇
18	织金竹荪	2009.11.19	2009年第106号	2010.9.30	2010年第100号	织金县20个乡镇
19	镇宁波波糖	2009.12.28	2009年第130号	2010.9.30	2010年第110号	镇宁布依族苗族自治县3个乡镇
20	大方漆器	2010.4.16	2010年第40号	2010.9.30	2010年第111号	大方县现辖行政区域
21	都匀毛尖茶	2010.5.18	2010年第51号	2010.11.23	2010年第133号	黔南布依族苗族自治州12个县（市）
22	茅贡米	2010.7.29	2010年第76号	2010.12.3	2010年第135号	湄潭县8个乡镇
23	正安白茶	2010.12.10	2010年第143号	2011.5.12	2011年第69号	正安县19个乡镇

附录2 贵州省地理标志保护产品统计（质检渠道）

续表

序号	产品名称	公告时间	受理公告号	批准时间	批准号	保护范围
24	正安野木瓜	2010.12.10	2010年第143号	2011.5.12	2011年第69号	正安县19个乡镇
25	剑河钩藤	2010.7.13	2010年第66号	2011.5.12	2011年第70号	剑河县12个乡镇
26	威宁党参	2010.12.10	2010年第143号	2011.8.18	2011年第121号	威宁县23个乡镇
27	黄果树毛峰	2011.9.5	2011年第128号	2012.3.13	2012年第37号	安顺市8个县（区）
28	罗甸艾纳香	2011.7.6	2011年第102号	2012.3.13	2012年第37号	罗甸县21个乡镇
29	龙里刺梨	2012.1.10	2012年第8号	2012.7.18	2012年第102号	龙里县14个乡镇
30	鸭溪窖酒	2011.11.30	2011年第171号	2012.7.18	2012年第102号	遵义县鸭溪镇
31	大方圆珠半夏	2011.11.30	2011年第171号	2012.7.18	2012年第102号	大方县现辖行政区域
32	铜仁红薯粉丝	2012.1.10	2012年第8号	2012.8.23	2012年第125号	铜仁市16个乡镇、街道办事处
33	惠水黑糯米酒	2012.1.10	2012年第8号	2012.8.23	2012年第125号	惠水县25个乡镇
34	盘县火腿	2012.1.10	2012年第8号	2012.9.13	2012年第135号	盘县32个乡镇
35	朵贝茶	2012.8.13	2012年第115号	2013.2.21	2013年第26号	普定县11个乡镇
36	赫章核桃	2012.8.13	2012年第115号	2013.2.21	2013年第26号	赫章县27个乡镇
37	赫章半夏	2012.8.13	2012年第115号	2013.2.21	2013年第26号	赫章县27个乡镇
38	三穗鸭	2012.4.25	2012年第68号	2013.2.21	2013年第26号	黔东南州8个县

续表

序号	产品名称	公告时间	受理公告号	批准时间	批准号	保护范围
39	锡利贡米	2012.8.13	2012年第115号	2013.2.21	2013年第26号	榕江县19个乡镇
40	开阳富硒茶	2013.2.20	2013年第27号	2013.12.10	2013年第167号	开阳县现辖行政区域
41	岩脚面	2012.9.20	2012年第142号	2013.12.10	2013年第167号	六枝特区19个乡镇
42	罗甸火龙果	2012.9.20	2012年第142号	2013.12.20	2013年第167号	罗甸县16个乡镇
43	独山盐酸菜	2012.12.12	2012年第203号	2013.12.10	2013年第167号	独山县18个乡镇
44	兴仁薏（苡）仁米	2012.9.20	2012年第142号	2013.12.10	2013年第167号	黔西南州8个县（市）现辖行政区域
45	凯里红酸汤	2013.2.20	2013年第27号	2013.12.10	2013年第167号	贵州省凯里市18个乡镇街道办
46	绥阳金银花	2012.9.20	2012年第142号	2013.12.11	2013年第167号	绥阳县15个乡镇
47	正安娃娃鱼	2013.2.20	2013年第27号	2013.12.11	2013年第167号	正安县现辖行政区域
48	正安白及	2013.2.20	2013年第27号	2013.12.11	2013年第167号	正安县现辖行政区域
49	织金续断	2013.7.31	2013年第108号	2014.4.8	2014年第39号	织金县现辖行政区域
50	织金头花蓼	2013.7.31	2013年第108号	2014.8	2014年第39号	织金县现辖行政区域
51	红岩葡萄	2013.7.31	2013年第108号	2014.4.8	2014年第39号	息烽县3个乡镇
52	习酒	2013.6.13	2013年第76号	2014.4.8	2014年第39号	习水县习酒镇
53	道真玄参	2013.7.31	2013年第108号	2014.4.8	2014年第39号	道真县现辖行政区域

附录2 贵州省地理标志保护产品统计（质检渠道）

续表

序号	产品名称	公告时间	受理公告号	批准时间	批准号	保护范围
54	道真洛党参	2013.7.31	2013年第108号	2014.4.8	2014年第39号	道真县现辖行政区域
55	白旗韭黄	2013.12.24	2013年第178号	2014.9.2	2014年第96号	普定县现辖行政区域
56	开阳富硒枇杷	2014.6.24	2014年第66号	2014.9.2	2014年第96号	开阳县现辖行政区域
57	玉屏茶油	2014.6.24	2014年第66号	2014.9.2	2014年第96号	玉屏县6个乡镇现辖行政区域
58	江口萝卜猪	2014.3.10	2014年第23号	2014.9.2	2014年第96号	江口县现辖行政区域
59	四格乌洋芋	2013.12.24	2013年第178号	2014.9.2	2014年第96号	盘县19个乡镇
60	水城猕猴桃	2013.12.24	2013年第178号	2014.9.2	2014年第96号	水城县15个乡镇
61	盘县刺梨果脯	2013.12.24	2013年第178号	2014.9.2	2014年第96号	盘县22个乡镇
62	黎平茯苓	2013.12.24	2013年第178号	2014.9.2	2014年第96号	黎平县17个乡镇
63	榕江小香鸡	2013.12.24	2013年第178号	2014.9.2	2014年第96号	榕江县19个乡镇
64	雷山银球茶	2014.3.10	2014年第23号	2014.9.2	2014年第96号	雷山县9个乡镇
65	长顺绿壳鸡蛋	2013.12.24	2013年第178号	2014.9.2	2014年第96号	长顺县现辖行政区域
66	桐梓方竹笋	2014.6.24	2014年第66号	2014.9.2	2014年第96号	桐梓县现辖行政区域
67	黄果树窖酒	2014.6.24	2014年第66号	2014.12.1	2014年第129号	镇宁布依族苗族自治县3个乡镇现辖行政区域
68	黄果树矿泉水	2014.6.24	2014年第66号	2014.12.1	2014年第129号	镇宁布依族苗族自治县

续表

序号	产品名称	公告时间	受理公告号	批准时间	批准号	保护范围
69	册亨茶油	2014.6.24	2014年第66号	2014.12.1	2014年第129号	册亨县14个乡镇
70	六盘水苦荞米	2014.6.24	2014年第66号	2014.12.1	2014年第129号	六盘水市4个县（区）
71	六盘水苦荞茶	2014.6.24	2014年第66号	2014.12.1	2014年第129号	六盘水市4个县（区）
72	雷山乌杆天麻	2014.6.24	2014年第66号	2014.12.1	2014年第129号	雷山县9个乡镇
73	道真灰豆腐果	2014.7.25	2014年第85号	2015.4.7	2015年第44号	道真仡佬族苗族自治县现辖行政区域
74	道真绿茶（道真硒锶茶）	2014.7.25	2014年第85号	2015.4.7	2015年第44号	道真仡佬族苗族自治县现辖行政区域
75	务川白山羊	2014.7.25	2014年第85号	2015.4.7	2015年第44号	务川仡佬族苗族自治县现辖行政区域
76	水城春茶	2014.7.25	2014年第85号	2015.4.7	2015年第44号	水城县21个乡镇
77	修文猕猴桃	2014.7.25	2014年第85号	2015.4.7	2015年第44号	修文县10个乡镇
78	水城小黄姜	2014.7.25	2014年第85号	2015.4.7	2015年第44号	水城县7个乡镇
79	惠水黑糯米	2014.7.25	2014年第85号	2015.4.7	2015年第44号	惠水县现辖行政区域
80	安顺蜡染	2014.7.25	2014年第85号	2015.4.7	2015年第44号	安顺市现辖行政区域
81	梭筛桃	2015.4.7	2015年第45号	2015.8.10	2015年第96号	普定县现辖行政区域
82	贵定益肝草凉茶	2015.4.7	2015年第45号	2015.8.10	2015年第96号	贵定县20个乡镇
83	赤水晒醋	2014.12.22	2014年第138号	2015.8.10	2015年第96号	赤水市现辖行政区域

附录2 贵州省地理标志保护产品统计（质检渠道）

续表

序号	产品名称	公告时间	受理公告号	批准时间	批准号	保护范围
84	六枝龙胆草	2015.4.7	2015年第45号	2015.8.10	2015年第96号	六枝特区现辖行政区域
85	落别樱桃	2015.4.7	2015年第45号	2015.8.10	2015年第96号	六枝特区现辖行政区域
86	罗甸玉	2015.4.7	215年第45号	2015.8.10	2015年第96号	罗甸县现辖行政区域
87	水城黑山羊	2015.7.24	2015年第90号	2016.2.1	2016年第9号	六盘水市4个县（区）现辖行政区域
88	南盘江黄牛	2015.7.24	2015年第90号	2016.2.1	2016年第9号	黔西南州9个县（市、区）现辖行政区域
89	榕江葛根	2015.7.24	2015年第90号	2016.2.1	2016年第9号	榕江县19个乡镇
90	龙里刺梨干	2015.7.24	2015年第90号	2016.2.1	2016年第9号	龙里县3个乡镇
91	习水红稗	2015.7.24	2015年第90号	2016.2.1	2016年第9号	习水县现辖行政区域
92	白果贡米	2015.7.24	2015年第90号	2016.2.1	2016年第9号	遵义县团溪镇、三岔镇共2个乡镇
93	金沙回沙酒	2015.9.23	2015年第445号	2016.2.1	2016年第9号	金沙县现辖行政区域
94	麻江蓝莓	2015.12.24	2015年第161号	2016.7.4	2016年第63号	黔东南州16个县市现辖行政区域
95	普安四球茶	2015.12.24	2015年第161号	2016.7.4	2016年第63号	普安县12个乡镇街道办
96	普安红茶	2015.12.24	2015年第161号	2016.7.4	2016年第63号	普安县12个乡镇（街道）
97	保基茶叶	2015.12.24	2015年第161号	2016.7.4	2016年第63号	盘县22个乡镇
98	关岭火龙果	2015.12.24	2015年第161号	2016.7.4	2016年第63号	关岭布依族苗族自治县8个乡镇

续表

序号	产品名称	公告时间	受理公告号	批准时间	批准号	保护范围
99	关岭桔梗	2015.12.24	2015年第161号	2016.7.4	2016年第63号	关岭布依族苗族自治县9个乡镇（街道）
100	思州柚	2015.12.24	2015年第161号	2016.7.4	2016年第63号	岑巩县12个乡镇
101	盘州红米	2015.12.24	2015年第161号	2016.7.4	2016年第63号	盘县8个乡镇
102	三都水族马尾绣	2016.3.29	2016年34号	2016.11.08	2016年第112号	三都水族自治县现辖行政区域
103	禹谟醋	2016.3.29	2016年34号	2016.11.08	2016年第112号	金沙县禹谟镇
104	遵义杜仲	2016.3.29	2016年34号	2016.11.08	2016年第112号	遵义市14个县（市、区）
105	威宁荞麦	2016.3.29	2016年34号	2016.11.08	2016年第112号	威宁自治县34个乡镇（街道）
106	大方冬荪	2016.3.29	2016年34号	2016.11.08	2016年第112号	大方县31个乡镇（街道）
107	妥乐白果	2016.3.29	2016年34号	2016.11.08	2016年第112号	盘县7个乡镇（街道）
108	兴义饵块粑	2007.2.14	2007年第32号	2010.2.24	2010年第14号	黔西南布依族苗族自治州所辖行政区域
109	塔石香羊	2016.8.29	2016年第82号	2016.12.30	2016年第128号	榕江县19个乡镇
110	遵义红茶	2016.11.29	2016年第118号	2017.06.01	2017年第39号	遵义市7个县
111	湄潭翠芽	2016.11.29	2016年第118号	2017.06.02	2017年第39号	遵义市6个县
112	桐梓蜂蜜	2016.11.29	2016年第118号	2017.06.02	2017年第39号	桐梓县现辖行政区域

附录2 贵州省地理标志保护产品统计（质检渠道）

续表

序号	产品名称	公告时间	受理公告号	批准时间	批准号	保护范围
113	花秋土鸡	2016.11.29	2016年第118号	2017.06.02	2017年第39号	桐梓县3个乡镇
114	习水红茶	2016.11.29	2016年第118号	2017.06.02	2017年第39号	习水县现辖行政区域
115	习水麻羊	2016.11.29	2016年第118号	2017.06.02	2017年第39号	习水县现辖行政区域
116	核桃箐核桃	2016.11.29	2016年第118号	2017.06.02	2017年第39号	播州区现辖行政区域
117	普定高脚鸡	2016.11.29	2016年第118号	2017.06.02	2017年第39号	普定县现辖行政区域
118	钟山葡萄	2017.2.28	2017年第20号	2017.12.20	2017年第108号	钟山区现辖行政区域
119	岱瓮杨梅	2017.2.28	2017年第20号	2017.12.20	2017年第108号	六枝特区现辖行政区域
120	七舍茶	2017.2.28	2017年第20号	2017.12.20	2017年第108号	兴义市4个乡镇现辖行政区域
121	晴隆绿茶	2017.2.28	2017年第20号	2017.12.20	2017年第108号	晴隆县14个乡镇（街道）
122	威宁芸豆	2017.2.28	2017年第20号	2017.12.20	2017年第108号	威宁自治县21个乡镇（街道）
123	锦屏腌鱼	2017.2.28	2017年第20号	2017.12.20	2017年第108号	锦屏县15个乡镇
124	九层山茶	2017.06.13	2017年第43号	2017.12.20	2017年第108号	六枝特区现辖行政区域
125	清池茶	2017.06.13	2017年第43号	2018.01.02	2017年第117号	金沙县清池镇行政区域
126	安龙白及	2017.09.20	2017年第75号	2018.01.02	2017年第117号	安龙县现辖行政区域
127	安龙石斛	2017.09.20	2017年第75号	2018.01.02	2017年第117号	安龙县9个乡镇（街道）

续表

序号	产品名称	公告时间	受理公告号	批准时间	批准号	保护范围
128	威宁苹果	2017.09.20	2017年第75号	2018.01.02	2017年第117号	威宁自治县现辖行政区域
129	威宁白萝卜	2017.09.20	2017年第75号	2018.03.15	2018年第33号	威宁自治县现辖行政区域
130	荔波蜜柚	2017.09.20	2017年第75号	2018.03.15	2018年第33号	荔波县5个乡镇（街道）
131	郎岱猕猴桃	2017.09.20	2017年第75号	2018.03.15	2018年第33号	六枝特区现辖行政区域
132	六枝魔芋	2017.09.20	2017年第75号	2018.03.15	2018年第33号	六枝特区现辖行政区域
133	锦屏茶油	2017.09.20	2017年第75号	2018.01.02	2017年第117号	锦屏县15个乡镇
134	望谟板栗	2017.09.20	2017年第75号	2018.03.15	2018年第33号	望谟县15个乡镇（街道）
135	大方豆干（大方手撕豆腐）	2017.11.01	2017年第95号	2018.7.30	国知局2018年第277号	大方县现辖行政区域
136	阿藏李子	2017.11.01	2017年第95号	2018.7.30	国知局2018年第277号	兴仁县10个乡镇（街道）
137	回龙藠头	2017.11.01	2017年第95号	2018.7.30	国知局2018年第277号	兴仁县7个乡镇
138	水城黄精	2017.10.11	2017年第85号		评审通过，待公告	水城县25个乡镇（街道）
139	比德大米	2017.11.01	2017年第95号		评审通过，待公告	水城县比德镇大寨村、水库村
140	盘州头花蓼	2017.11.01	2017年第95号		评审通过，待公告	盘州市15个乡镇（街道）
141	老厂竹根水	2017.11.01	2017年第95号	2021.8.20	2021年第444号	盘州市竹海镇现辖行政区域
142	水城红香蒜	2017.11.01	2017年第95号	2020.12.11	2020年第390号	水城区25乡镇

附录 3
贵州省农产品地理标志统计（农业渠道）

姚 鹏* 张 玲**

序号	登记时间/年	产品名称	产品类别	所属地区	证书持有人	登记证书编号	划定保护范围
1	2010	赤水乌骨鸡	肉类产品	遵义市	赤水市天台镇竹乡乌骨鸡养殖业合作社	AGI00204	赤水市17个乡镇（街道）
2	2010	安顺山药	蔬菜	安顺市	安顺市西秀区蔬菜果树技术推广站	AGI00445	西秀区17个乡镇（街道）
3	2010	贵定云雾贡茶	茶叶	黔南州	贵定县茶叶协会	AGI00353	贵定县20个乡镇
4	2011	从江香猪	肉类产品	黔东南州	从江县畜牧兽医协会	AGI00701	江县21个乡镇
5	2012	花溪辣椒	香料	贵阳市	贵阳市花溪区生产力促进中心	AGI00970	花溪区14个乡镇（街道）
6	2012	永乐艳红桃	果品	贵阳市	贵阳生产力促进中心南明分中心	AGI00971	南明区永乐乡7个建制村
7	2012	盘县核桃	果品	六盘水市	盘县康之源核桃种植农民专业合作社	AGI00862	盘县37个乡镇
8	2013	大方皱椒	蔬菜	毕节市	贵州举利现代农业专业合作社	AGI01221	大方县36个乡镇

---

* 姚鹏，硕士，贵州省社会科学院助理研究员，研究方向：地理标志。
** 张玲，黔西南州农业技术推广中心农艺师，研究方向：绿色食品与地理标志品牌建设。

续表

序号	登记时间/年	产品名称	产品类别	所属地区	证书持有人	登记证书编号	划定保护范围
9	2013	水城猕猴桃	果品	六盘水市	水城县绿色产业服务中心	AGI01168	水城县17个乡镇
10	2013	黔北黑猪	肉类产品	遵义市	遵义市黔北黑猪养殖专业合作社	AGI01345	遵义市12个县
11	2013	黔北麻羊	肉类产品	遵义市	遵义市畜禽品种改良站	AGI01346	黔北麻羊地域保护范围为仁怀市、习水县
12	2014	凤冈锌硒茶	茶叶	遵义市	凤冈县茶叶协会	AGI01570	凤冈县12个乡镇
13	2014	湄潭翠芽	茶叶	遵义市	湄潭县茶业协会	AGI01571	湄潭县15个乡镇
14	2014	紫云花猪	肉类产品	安顺市	紫云县畜禽品种改良站	AGI01490	紫云县12个乡镇
15	2014	贵定盘江酥李	果品	黔南州	贵定县酥李协会	AGI01487	贵定县现辖行政区域
16	2014	长顺绿壳鸡蛋	蛋类产品	黔南州	长顺县畜禽品种改良站	AGI01492	长顺县17个乡镇
17	2014	湾子辣椒	蔬菜	毕节市	金沙县果蔬站	AGI01489	金沙县6个乡镇
18	2014	金沙贡茶	茶叶	毕节市	金沙县农业技术推广站	AGI01572	金沙县26个乡镇
19	2014	毕节可乐猪	肉类产品	毕节市	毕节市畜牧技术推广站	AGI01491	毕节市6县（区）
20	2014	牛场辣椒	蔬菜	六盘水市	六枝特区经济作物站	AGI01488	六枝特区18个建制村
21	2015	息烽西山贡米	粮食	贵阳市	息烽县农业技术开发服务中心	AGI01711	息烽县13个建制村
22	2015	遵义烤烟	烟草	遵义市	遵义市烟草协会	AGI01771	遵义市13县（市、区）
23	2015	罗甸脐橙	果品	黔南州	罗甸县果茶产业发展办公室	AGI01713	罗甸县7个乡镇

附录3 贵州省农产品地理标志统计(农业渠道)

续表

序号	登记时间/年	产品名称	产品类别	所属地区	证书持有人	登记证书编号	划定保护范围
24	2015	石阡苔茶	茶叶	铜仁市	石阡县茶业协会	AGI01644	石阡县18个乡镇
25	2015	铜仁珍珠花生	油料	铜仁市	铜仁市农业技术推广站	AGI01712	铜仁市10县(区)169个乡镇
26	2016	关岭火龙果	果品	安顺市	关岭布依族苗族自治县果树蔬菜工作站	AGI01981	关岭布依族苗族自治县6个乡镇
27	2016	安顺金刺梨	果品	安顺市	安顺市农业技术推广站	AGI01980	安顺市8个县、区(管委会)
28	2016	平坝灰鹅	肉类产品	安顺市	安顺市平坝区畜禽品种改良站	AGI01986	平坝区9个乡镇(街道)
29	2016	关岭牛	肉类产品	安顺市	关岭布依族苗族自治县草地畜牧业发展中心	AGI01987	关岭布依族苗族自治县13个乡镇(街道)
30	2016	龙里豌豆尖	蔬菜	黔南州	龙里县蔬果办公室	AGI01984	保护地域:龙里县冠山街道、龙山镇、谷脚镇、洗马镇、醒狮镇、湾滩河镇等五镇一街道现辖行政区域
31	2016	从江香禾糯	粮食	黔东南州	从江县农产品质量安全监督管理检测站	AGI01982	从江县现辖21个乡镇
32	2016	梵净山茶	茶叶	铜仁市	铜仁市茶叶行业协会	AGI01979	铜仁市所辖122个乡镇
33	2016	赫章黑马羊	肉类产品	毕节市	赫章县草地工作站	AGI01985	赫章县27个乡镇
34	2016	六枝月亮河鸭蛋	蛋类产品	六盘水市	六枝特区月亮河种植养殖专业协会	AGI01988	六枝特区10个建制村

303

续表

序号	登记时间/年	产品名称	产品类别	所属地区	证书持有人	登记证书编号	划定保护范围
35	2016	保田生姜	蔬菜	六盘水市	盘县农业局经济作物管理站	AGI01983	保盘县10个乡镇
36	2017	贵州绿茶	茶叶	贵州省	贵州省绿茶品牌发展促进会	AGI02055	贵州省9个市（州）61个县（市、区）
37	2017	赤水金钗石斛	药材	遵义市	赤水市现代高效农业园区管理委员会	AGI02104	赤水市14个乡镇
38	2017	都匀毛尖茶	茶叶	黔南州	黔南州茶叶产业化发展管理办公室	AGI02056	黔南州12个县（市）
39	2017	福泉梨	果品	黔南州	福泉市农业技术推广站	AGI02103	福泉市8个乡镇（街道）
40	2017	凯里水晶葡萄	果品	黔东南州	凯里市大风洞镇农业服务中心	AGI02054	凯里市9个乡镇4个街道
41	2017	毕节椪柑	果品	毕节市	毕节市七星关区果蔬技术推广站	AGI02143	七星关区8个乡镇
42	2017	清镇酥李	果品	贵阳市	清镇市农业局蔬菜工作办公室	AGI02144	清镇市9个乡镇的64个建制村
43	2017	威宁黄梨	果品	毕节市	威宁自治县果蔬产业发展中心	AGI02145	威宁自治县4个街道35个乡镇
44	2017	威宁苹果	果品	毕节市	威宁自治县果蔬产业发展中心	AGI02146	威宁自治县4个街道35个乡镇
45	2017	镇宁蜂糖李	果品	安顺市	镇宁布依族苗族自治县植保植检站	AGI02147	镇宁布依族苗族自治县4个乡镇
46	2017	镇宁樱桃	果品	安顺市	镇宁布依族苗族自治县植保植检站	AGI02148	镇宁布依族苗族自治县4个街道7个乡镇
47	2017	兴义黄草坝石斛	药材	黔西南州	兴义市农产品质量安全监测站	AGI02149	兴义市30个乡镇（街道）

附录3 贵州省农产品地理标志统计（农业渠道）

续表

序号	登记时间/年	产品名称	产品类别	所属地区	证书持有人	登记证书编号	划定保护范围
48	2017	沿河白山羊	肉类产品	铜仁市	沿河土家族自治县畜牧兽医局	AGI02150	沿河土家族自治县22个乡镇（街道）
49	2017	惠水金钱橘	果品	黔南州	惠水县蔬果站	AGI02231	惠水县3个乡镇（街道）
50	2017	绥阳子弹头辣椒	蔬菜	遵义市	绥阳县经济作物站	AGI02232	绥阳县辖区15个乡镇
51	2017	遵义朝天椒	蔬菜	遵义市	遵义市果蔬站	AGI02233	遵义市所辖14个县
52	2017	惠水黑糯米	粮食	黔南州	惠水县蔬果站	AGI02234	惠水县10个乡镇（街道）
53	2017	琊川贡米	粮食	遵义市	凤冈县农牧局农业技术服务站	AGI02235	凤冈县5个乡镇，36个建制村，735个村民小组
54	2017	播州乌江鱼	水产动物	遵义市	播州区乌江镇农业服务中心	AGI02236	遵义市播州区24个乡镇（办事处）
55	2018	修文猕猴桃	果品	贵阳市	修文县猕猴桃产业发展局	AGI02357	修文县10个乡镇
56	2018	赫章樱桃	果品	毕节市	赫章县土肥站	AGI02358	赫章县27个乡镇
57	2018	凯里平良贡米	粮食	黔东南州	凯里市大风洞镇农业服务中心	AGI02359	凯里市8个乡镇（街道）
58	2018	务川白山羊	肉类产品	遵义市	务川县仡佬族苗族自治县草地生态畜牧业发展中心	AGI02360	务川仡佬族苗族自治县15个乡镇
59	2018	茅坪香橘	果品	黔东南州	锦屏县农产品质量安全监管站	AGI02430	锦屏县9个乡镇
60	2018	安龙白及	药材	黔西南州	安龙县植保植检站	AGI02431	安龙县辖区9个乡镇（街道）

续表

序号	登记时间/年	产品名称	产品类别	所属地区	证书持有人	登记证书编号	划定保护范围
61	2018	织金白鹅	肉类产品	毕节市	织金县农产品质量安全监督检验检测站	AGI02432	织金县23个乡镇（街道）
62	2018	丹寨黑猪	肉类产品	黔东南州	丹寨县草地生态畜牧业发展中心	AGI02433	丹寨县6个乡镇
63	2018	六盘水乌蒙凤鸡	肉类产品	六盘水市	六盘水市畜牧技术推广站	AGI02434	六盘水市水城县、钟山区、六枝特区、盘州市11乡镇
64	2019	安龙莲藕	蔬菜	黔西南州	安龙县农业技术推广站	AGI02578	安龙县13个乡镇（街道）
65	2019	龙宫桃子	果品	安顺市	西秀区龙宫镇农业服务中心	AGI02586	黄果树管委3个乡镇
66	2019	黄果树黄果	果品	安顺市	镇宁布依族苗族自治县黄果树镇农业服务中心	AGI02585	黄果树管委会2个乡镇36个建制村。
67	2019	思南黄牛	肉类产品	铜仁市	思南县畜牧技术推广站	AGI02584	思南县3个街道、25个乡镇
68	2019	仁怀糯高粱	粮食	遵义市	仁怀市有机农业发展中心	AGI02583	仁怀市20个乡镇
69	2019	安龙红谷	粮食	黔西南州	安龙县农业技术推广站	AGI02582	安龙县10个乡镇3个街道
70	2019	郭家湾贡米	粮食	铜仁市	玉屏侗族自治县农业技术推广站	AGI02581	玉屏侗族自治县亚鱼乡4个建制村
71	2019	板贵花椒	香料	安顺市	关岭布依族苗族自治县果树蔬菜工作站	AGI02580	关岭布依族苗族自治县4个乡镇57个建制村

附录3　贵州省农产品地理标志统计(农业渠道)

续表

序号	登记时间/年	产品名称	产品类别	所属地区	证书持有人	登记证书编号	划定保护范围
72	2019	学孔黄花	蔬菜	遵义市	仁怀市农业技术综合服务站	AGI02579	省仁怀市学孔镇荔枝7个建制村
73	2019	黔东南小香鸡	肉类产品	黔东南州	黔东南州科技开发中心	AGI02628	黔东南州16个县（市）
74	2019	凯里香葱	蔬菜	黔东南州	凯里市湾水镇农业服务中心	AGI02627	凯里市湾水镇现辖17个建制村
75	2019	安龙黄牛	肉类产品	黔西南州	安龙县草地生态畜牧业发展中心	AGI02763	安龙县13个乡镇（街道）
76	2019	保田薏仁	粮食	六盘水市	盘州市农业技术推广站	AGI02752	盘州市27个乡镇（街道）506个建制村
77	2019	册亨糯米蕉	果品	黔西南州	册亨县经济作物管理站	AGI02743	册亨县10个乡镇（街道）98个建制村
78	2019	坡柳娘娘茶	茶叶	黔西南州	贞丰县农业农村局农业技术推广站	AGI02755	贞丰县3个镇
79	2019	赤水龙眼	果品	遵义市	赤水市果蔬站	AGI02744	赤水市17个乡镇（街道）124个建制村（居、社区）
80	2019	赤水楠竹笋	蔬菜	遵义市	赤水市营林站	AGI02748	赤水市16个乡镇（街道）99个建制村（居）
81	2019	德江复兴猪	肉类产品	铜仁市	德江县畜牧业发展中心	AGI02761	德江县10个乡（镇）116个建制村（社区）
82	2019	六枝毛坡大蒜	蔬菜	六盘水市	六枝特区蔬菜站	AGI02749	六枝特区大用镇8个建制村（社区）

贵州省地理标志产业发展报告 2022

续表

序号	登记时间/年	产品名称	产品类别	所属地区	证书持有人	登记证书编号	划定保护范围
83	2019	盘州小米	粮食	六盘水市	盘州市农业技术推广站	AGI02751	盘州市27个乡镇（街道）506个建制村
84	2019	平坝大米	粮食	安顺市	安顺市平坝区农业技术推广站	AGI02753	平坝区计11个乡镇（街道）200个建制村
85	2019	普安红茶	茶叶	黔西南州	黔西南州茶叶协会	AGI02756	黔西州所计9个县（市、区）122个乡镇（街道）
86	2019	晴隆糯薏仁	粮食	黔西南州	晴隆县糯薏仁协会	AGI02754	晴隆县14个乡镇（街道）
87	2019	晴隆脐橙	果品	黔西南州	晴隆县柑橘场	AGI02741	晴隆县8个乡镇（街道）115个建制村（社区）
88	2019	晴隆羊	肉类产品	黔西南州	晴隆县草地畜牧中心	AGI02764	晴隆县14个乡镇（街道）
89	2019	水城核桃	果品	六盘水市	水城县农业产业化服务中心	AGI02742	水城县25个乡镇（街道）164个建制村（居、社区）
90	2019	天柱茶油	油料	黔东南州	天柱县林业产业发展办公室	AGI02757	天柱县16个乡镇（街道）
91	2019	桐梓黄牛	肉类产品	遵义市	桐梓县畜禽品种改良站	AGI02765	桐梓县25个乡镇（街道）
92	2019	桐梓团芸豆	粮食	遵义市	桐梓县农产品质量安全监督检验检测中心	AGI02746	桐梓县9个（乡）镇42个建制村（社区）
93	2019	务川蜂蜜	蜂类产品	遵义市	务川仡佬族苗族自治县畜禽品种改良站	AGI02758	务川仡佬族苗族自治县16个乡镇（街道）122个建制村

附录3 贵州省农产品地理标志统计（农业渠道）

续表

序号	登记时间/年	产品名称	产品类别	所属地区	证书持有人	登记证书编号	划定保护范围
94	2019	习水岩蜂蜜	蜂类产品	遵义市	习水县农产品质量安全检测中心	AGI02759	习水县26个乡镇（街道）261个建制村（居、社区）
95	2019	兴义矮脚鸡	肉类产品	黔西南州	兴义市畜禽品种改良技术推广站	AGI02762	兴义市27个乡镇（街道）441个建制村（居、社区）
96	2019	兴义芭蕉芋	蔬菜	黔西南州	黔西南州农业技术推广站	AGI02750	黔西南州9个县（市、区）122个乡镇（街道）
97	2019	兴义大红袍	果品	黔西南州	兴义市果树蔬菜技术推广站	AGI02740	黔西南州15个乡镇212个建制村（居、社区）
98	2019	幺铺莲藕	蔬菜	安顺市	安顺经济技术开发区农林牧水局	AGI02747	安顺市经济技术开发区3个乡镇（街道）92个建制村（居、社区）
99	2019	印江绿壳鸡蛋	蛋类产品	铜仁市	印江土家族苗族自治县兽药饲料监察站	AGI02760	印江土家族苗族自治县17个乡镇（街道）365个建制村
100	2019	织金皂角精	药材	毕节市	织金县果蔬协会	AGI02745	织金县32个乡镇（街道）574个建制村
101	2020	兴义甘蔗	糖料	黔西南州	兴义市果树蔬菜技术推广站	AGI03032	兴义市5个镇、3个乡，51个建制村（社区）
102	2020	黄杨小米辣	蔬菜	遵义市	绥阳县经济作物站	AGI03035	绥阳4个乡镇
103	2020	兴义黑山羊	肉类产品	黔西南州	兴义市畜禽品种改良技术推广站	AGI03055	兴义市22个乡镇，165个建制村（社区）

续表

序号	登记时间/年	产品名称	产品类别	所属地区	证书持有人	登记证书编号	划定保护范围
104	2020	兴义山银花	药材	黔西南州	兴义市中药材和茶叶技术推广站	AGI03039	兴义市8个镇、2个乡、1个街道
105	2020	兴义红皮大蒜	蔬菜	黔西南州	兴义市果树蔬菜技术推广站	AGI03036	兴义市6个街道、13个镇和3个乡
106	2020	板当苡仁米	粮食	安顺市	紫云苗族布依族自治县农业技术推广站	AGI03030	紫云苗族布依族自治县2个街道、8个镇和2个乡、162个建制村
107	2020	紫云红芯红薯	蔬菜	安顺市	紫云苗族布依族自治县农业技术推广站	AGI03031	紫云苗族布依族自治县2个街道、7个镇、2个乡、147个建制村
108	2020	兴义生姜	蔬菜	黔西南州	兴义市果树蔬菜技术推广站	AGI03037	兴义市15个镇、4个乡、3个街道
109	2020	凤冈红心柚	果品	遵义市	凤冈县特色产业服务中心	AGI03042	凤冈县辖区王寨镇17个建制村（社区）
110	2020	湄潭红肉蜜柚	果品	遵义市	湄潭县果蔬工作站	AGI03041	湄潭县石莲镇6个建制村
111	2020	剑河白香猪	肉类产品	黔东南州	剑河县畜牧渔业管理办公室	AGI03056	剑河县6个乡镇163个建制村
112	2020	剑河稻花鲤	水产动物	黔东南州	剑河县畜牧渔业管理办公室	AGI03060	剑河县12个乡镇
113	2020	黄平线椒	蔬菜	黔东南州	黄平县农业技术推广中心	AGI03044	黄平县8个镇3个乡、142个建制村、8个社区和1个居委会，2个工业区
114	2020	凯里生姜	蔬菜	黔东南州	凯里市旁海镇农业服务中心	AGI03054	凯里市旁海镇21个建制村

附录3 贵州省农产品地理标志统计（农业渠道）

续表

序号	登记时间/年	产品名称	产品类别	所属地区	证书持有人	登记证书编号	划定保护范围
115	2020	黄平白及	药材	黔东南州	黄平县农业技术推广中心	AGI03045	黄平县共8镇3乡，8个社区和1个居委会，2个工业区
116	2020	黄平黄牛	肉类产品	黔东南州	黄平县动物卫生监督所	AGI03057	黄平县8镇3乡，8个社区和1个居委会，2个工业区
117	2020	镇宁小黄姜	蔬菜	安顺市	镇宁布依族苗族自治县植保植检站	AGI03043	镇宁布依族苗族自治县4个街道、5个镇和1个乡
118	2020	紫云冰脆李	果品	安顺市	紫云苗族布依族自治县农业技术推广站	AGI03046	紫云苗族布依族自治县12个乡镇（街道），162个建制村
119	2020	紫云蓝莓	果品	安顺市	紫云苗族布依族自治县农业技术推广站	AGI03047	紫云苗族布依族自治县12个乡镇（街道），162个建制村
120	2020	天柱骡鸭	肉类产品	黔东南州	天柱县农业农村局畜牧技术推广站	AGI03058	天柱县16个乡镇315个建制村
121	2020	白水贡米	粮食	铜仁市	碧江区滑石乡农业服务中心	AGI03050	碧江区1个乡镇7个建制村
122	2020	独山高寨茶	茶叶	黔南州	独山县农村经济管理站	AGI03049	独山县8个乡镇64个建制村
123	2020	龙里刺梨	果品	黔南州	龙里县蔬果办公室	AGI03051	龙里县6个乡镇（街道）78个建制村
124	2020	独山大米	粮食	黔南州	独山县农村经济管理站	AGI03048	独山县8个乡镇64个建制村
125	2020	海龙贡米	粮食	遵义市	红花岗农业技术推广站	AGI03052	遵义市红花岗区2个乡镇8村

续表

序号	登记时间/年	产品名称	产品类别	所属地区	证书持有人	登记证书编号	划定保护范围
126	2020	凤冈蜂蜜	蜂类产品	遵义市	凤冈县畜禽品种改良站	AGI03059	凤冈县14个乡镇，86个建制村（社区）
127	2020	金竹贡米	粮食	铜仁市	沿河土家族自治县农业技术推广中心	AGI03053	沿河土家族自治县16个建制村
128	2020	习水仙人掌	其他	遵义市	习水县农产品质量安全检测中心	AGI03038	习水县7个乡镇，87个建制村
129	2020	桐梓魔芋	蔬菜	遵义市	桐梓县农产品质量安全监督检验检测中心	AGI03033	桐梓县19个乡镇（街道），71个建制村（社区）
130	2020	兴义白杆青菜	蔬菜	黔西南州	兴义市果树蔬菜技术推广站	AGI03034	兴义市22个乡镇171个建制村（社区）
131	2020	兴仁猕猴桃	果品	黔西南州	兴仁市农业技术推广中心	AGI03040	兴仁市4个街道、11个镇和1个民族乡，286个建制村
132	2020	茅坝米	粮食	遵义市	湄潭县农业技术推广站	AGI03252	湄潭县37个建制村
133	2020	杠村米	粮食	遵义市	道真仡佬族苗族自治县农业技术推广站	AGI03253	道真仡佬族苗族自治县5个乡镇，19个建制村。
134	2020	贞丰四月李	果品	黔西南州	贞丰县李子专业协会	AGI03254	贞丰县4个街道、4个镇和2个乡，99个建制村
135	2020	石阡香柚	果品	铜仁市	石阡县经济作物站	AGI03255	石阡县3个街道、4个镇、7个乡，211个建制村（社区）
136	2020	金沙黑山羊	肉类产品	毕节市	金沙县畜牧技术推广站	AGI03256	金沙县23个乡镇（街道）215个建制村（社区）

附录3 贵州省农产品地理标志统计（农业渠道）

续表

序号	登记时间/年	产品名称	产品类别	所属地区	证书持有人	登记证书编号	划定保护范围
137	2020	荔波瑶山鸡	肉类产品	黔南州	荔波县畜牧水产发展促进中心	AGI03257	荔波县7个乡镇1个街道94个建制村
138	2021	平塘乌骨鸡	肉类产品	黔南州	平塘县养殖业发展中心	AGI03412	平塘县11个乡镇（街道）121个建制村
139	2021	兴仁牛干巴	其他	黔西南州	兴仁市农产品质量安全检验检测站	AGI03413	兴仁市17个乡镇（街道）156个建制村（居、社区）
140	2021	石阡土鸡	肉类产品	铜仁市	石阡县畜牧产业发展中心	AGI03414	石阡县19个乡镇（街道）310个建制村（社区）
141	2021	黄平金黄鸡	肉类产品	黔东南州	黄平县畜牧技术推广服务中心	AGI03415	黄平县13个乡镇（园区）151个建制村（社区、居）
142	2021	八步茶	茶叶	黔西南州	望谟县八步古茶协会	AGI03416	望谟县9个乡镇（街道）136个建制村（社区、居）
143	2021	仁怀功夫红茶	茶叶	遵义市	仁怀市农业技术综合服务站	AGI03417	仁怀市20个乡镇（街道）181个建制村（社区）
144	2021	兴仁薏仁米	粮食	黔西南州	兴仁市农业技术推广中心	AGI03418	兴仁市17个乡镇（街道）156个建制村（社区、居）
145	2021	天柱烤烟	烟草	黔东南州	天柱县农业农村局农业技术推广站	AGI03419	天柱县17个乡镇（街道）315个建制村
146	2021	平塘皱皮线椒	蔬菜	黔南州	平塘县种植业发展中心	AGI03420	平塘县11个乡镇（街道）121个建制村

续表

序号	登记时间/年	产品名称	产品类别	所属地区	证书持有人	登记证书编号	划定保护范围
147	2021	从江田鱼	水产动物	黔东南州	从江县农业农村局水产站	AGI03421	从江县19个乡镇377个建制村
148	2021	贞丰火龙果	果品	黔西南州	贞丰县农业农村局农业技术推广站	AGI03422	贞丰县2个乡镇26个建制村（居）
149	2021	鲁容百香果	果品	黔西南州	贞丰县鲁容乡农业服务中心	AGI03423	贞丰县鲁容乡10个建制村
150	2021	芶江脆红李	果品	遵义市	遵义市播州区种植业发展服务中心	AGI03424	遵义市播州区24个乡镇（街道）176个建制村
151	2021	平塘百香果	果品	黔南州	平塘县种植业发展中心	AGI03425	平塘县11个乡镇（街道）121个建制村
152	2022	望谟芒果	果品	黔西南州	望谟县农业农村局经济经营管理站	AGI03500	望谟县10个乡镇（街道）82个建制村（居、社区）
153	2022	普安盘江乌鸡	肉类产品	黔西南州	普安动物卫生监督所	AGI03502	普安县4个乡镇（街道）90个建制村（居、社区）
154	2022	黄平黑毛猪	肉类产品	黔东南州	黄平县畜牧技术推广服务中心	AGI03501	黄平县13个乡镇（工业区）151个建制村（居、社区）

附录4
贵州省地理标志证明商标统计（商标渠道）

王　娜* 黄晓芳**

序号	产品名称	分类	注册人	注册号	专用期限	保护范围
1	贵阳折耳根	蔬菜	贵阳市蔬菜技术推广站	7786031	2020.11.21—2030.11.20	百宜乡7个村
2	修文猕猴桃	水果	修文县猕猴桃协会	8749776	2021.03.21—2031.03.20	修文县10个乡镇
3	余庆苦丁茶	茶	余庆县茶叶行业商会	11816123	2013.07.28—2023.07.27	余庆县10个乡镇
4	凤冈锌硒茶	茶	凤冈县茶叶协会	8585068	2021.12.07—2031.12.06	凤冈县14个乡镇
5	赤水金钗石斛	中药材	赤水市特色产业发展中心	20532736	2017.12.28—2027.12.27	赤水市17个乡镇（街道）
6	湄潭翠芽	茶	贵州省湄潭县茶业协会	4928703	2017.12.28—2027.12.27	湄潭县9个乡镇
7	遵义朝天椒（腌制、干制蔬菜）	调味品	遵义市种植业发展服务中心	6147200	2019.06.14—2029.06.13	遵义县的31乡镇
8	遵义朝天椒	蔬菜	遵义市种植业发展服务中心	6147201	2019.06.14—2029.06.13	遵义县31个乡镇
9	正安白茶	茶	正安县茶叶协会	7620458	2020.07.21—2030.07.20	正安县19个乡镇

* 王娜，贵州省社会科学院文化所助理研究员，研究方向：自然地理与人文地理。
** 黄晓芳，贵州省地理标志研究中心助理研究员，研究方向：地理标志、公共政策。

续表

序号	产品名称	分类	注册人	注册号	专用期限	保护范围
10	绥阳金银花	中药材	绥阳县特色农业发展协会	8758276	2021.03.21—2031.03.20.	绥阳县15个乡镇
11	绥阳土鸡	畜禽蛋和水产品	绥阳县特色农业发展协会	8758277	2021.06.14—2031.06.13	绥阳县15个乡镇
12	正安娃娃鱼	畜禽蛋和水产品	正安县畜牧渔业发展中心	18020346	2017.11.21—2027.11.20	正安县19个乡镇
13	遵义红	茶	湄潭县茶业协会	7989698	2021.07.28—2031.07.27	湄潭县8个乡镇
14	仁怀酱香酒	酒	仁怀市酒文化研究会	11810895	2013.10.28—2023.10.27	仁怀市21个乡镇
15	赤水晒醋	调味品	赤水市特色产业发展中心	20532737	2017.11.21—2027.11.20	赤水市14个乡镇及市中街道、文华街道、金华街道3个街道
16	道真洛党	中药材	道真仡佬族苗族自治县特色产业发展中心	—	—	—
17	山盆脆李	水果	汇川区山盆镇农业服务中心	53884250	2022.04.14—2032.04.13	汇川区
18	洛龙大蒜	蔬菜	道真仡佬族苗族自治县农村专业技术协会联合会	53175425	2022.04.28—2032.04.27	道真仡佬族苗族自治县1个街道11个镇3个乡
19	平坝灰鹅	畜禽蛋和水产品	安顺市平坝区畜禽品种改良站	7047406	2019.06.21—2029.06.20	平坝县10乡镇193个建制村
20	坡贡小黄姜	蔬菜	关岭布依族苗族自治县坡贡镇生姜种植协会	8841726	2021.03.28—2031.03.27	
21	紫云红芯红薯	蔬菜	紫云苗族布依族自治县农业技术推广站	9021634	2021.07.28—2031.07.27	紫云苗族布依族自治县5个乡镇

附录4　贵州省地理标志证明商标统计（商标渠道）

续表

序号	产品名称	分类	注册人	注册号	专用期限	保护范围
22	紫云花猪	畜禽蛋和水产品	紫云苗族布依族自治县畜禽品种改良站	9021635	2021.07.28—2031.07.27	紫云苗族布依族自治县9个乡镇
23	朵贝茶	茶	普定县茶叶生产管理站	12171588	2015.10.28—2025.10.27	普定县11个乡镇
24	上关六月李	水果	关岭布依族苗族自治县上关镇六月李种植协会	8841725	2012.02.21—2022.02.20	关岭布依族苗族自治县现辖行政区域
25	关岭黄牛	畜禽蛋和水产品	关岭布依族苗族自治县草地畜牧业发展中心	17059491	2016.11.07—2026.11.06	关岭布依族苗族自治县13个乡镇（街道）
26	都匀毛尖	茶	黔南州茶叶产业化发展中心	3214853	2015.02.07—2025.02.06	黔南州12个县（市）
27	都匀毛尖茶	茶	黔南州茶叶产业化发展中心	8872040	2021.09.07—2031.09.06	黔南州12个县（市）
28	牙舟陶	民族民间工艺品	平塘县牙舟陶发展研究中心	11570194	2013.08.28—2023.08.27	平塘县14个建制村
29	贵定云雾贡茶	茶	贵定县茶叶协会	11794609	2013.07.28—2023.07.27	贵定县20个乡镇
30	长顺绿壳鸡蛋	畜禽蛋和水产品	长顺县畜禽品种改良站	14098709	2015.06.21—2025.06.20	长顺县10个乡镇
31	荔波蜜柚	水果	荔波县果树蔬菜管理站	13018783	2014.04.21—2024.04.20	荔波县现辖行政区域
32	龙里豌豆尖	蔬菜	龙里县蔬果办公室	31294439	2021.01.14—2031.01.13	龙里县6个乡镇（街道）
33	惠水大米	粮油	惠水县雅水镇农业服务中心	15982549	2016.11.07—2026.11.06	惠水县现辖行政区域
34	贵定刺梨	水果	贵定县林业科技推广中心	20974656	2018.02.14—2028.02.13	贵定县8个乡镇（街道）

续表

序号	产品名称	分类	注册人	注册号	专用期限	保护范围
35	金谷福梨	水果	福泉市农业技术推广站	20766062	2018.02.14—2028.02.13	福泉市8个乡镇（街道、镇辖区）
36	瓮安黄金芽	茶	瓮安县黄金芽茶业协会	24619154	2018.10.28—2028.10.27	瓮安县13个乡镇（街道）
37	瓮安白茶	茶	瓮安县茶产业发展办公室	16621636	2018.06.07—2028.06.06	瓮安县10个乡镇（街道）
38	荔波瑶山鸡	畜禽蛋和水产品	荔波县畜牧水产发展促进中心	34924304	2020.10.07—2030.10.06	荔波县8个乡镇（街道）
39	荔波瑶山鸡	畜禽蛋和水产品	荔波县畜牧水产发展促进中心	34924303	2020.10.07—2030.10.06	荔波县8个乡镇（街道）
40	从江椪柑	水果	从江县柑橘协会	3338391	2019.12.28—2029.12.27	从江县13个乡镇178个建制村
41	从江香猪	畜禽蛋和水产品	从江县畜牧兽医协会	11377132	2014.05.14—2024.05.13	从江县21个乡镇
42	施秉太子参	中药材	—	—	—	—
43	施秉头花蓼	中药材	施秉县牛大场镇中药材协会	10308703	2013.03.21—2023.03.20	施秉县8个乡镇
44	三穗鸭	畜禽蛋和水产品	三穗县鸭业协会	6495050	2020.02.21—2030.02.20	三穗县15个建制村
45	白洗猪	畜禽蛋和水产品	施秉县白洗猪产业发展协会	14322220	2015.06.14—2025.06.13	施秉县3个乡镇
46	麻江蓝莓	水果	麻江县蓝莓产业发展服务中心	14148871	2015.06.21—2025.06.20	麻江县7个乡镇
47	黎平雀舌	茶	黎平县农业产业协会	22229662	2018.04.14—2028.04.13	黎平县23个乡镇

附录4 贵州省地理标志证明商标统计（商标渠道）

续表

序号	产品名称	分类	注册人	注册号	专用期限	保护范围
48	黎平山茶油	粮油	黎平县农业产业协会	22229661	2018.05.21—2028.05.20	黎平县25个乡镇
49	剑河小香鸡第29类鸡（非活）	畜禽蛋和水产品	剑河县畜牧渔业管理办公室	31970246	2019.12.28—2029.12.27	剑河县13个乡镇（街道）
50	剑河小香鸡第31类鸡（活家禽）	畜禽蛋和水产品	剑河县畜牧渔业管理办公室	31970247	2019.12.28—2029.12.27	剑河县13个乡镇（街道）
51	黔东南小香鸡（第29类鸡肉）	畜禽蛋和水产品	黔东南苗族侗族自治州畜牧技术推广站	35344306	2020.10.07—2030.10.06	黔东南州16个县市
52	黔东南小香鸡（第31类活鸡）	畜禽蛋和水产品	黔东南苗族侗族自治州畜牧技术推广站	35344136	2020.10.07—2030.10.06	黔东南州16个县（市）
53	黄平太子参	中药材	黄平县市场监督管理检验检测中心	39925126	2020.12.14—2030.1213	黄平县11个乡镇
54	黄平魔芋	传统食品	黄平县市场监督管理检验检测中心	39925127	2020.12.14—2030.12.13	黄平县11个乡镇
55	梵净山翠峰茶	茶	铜仁市茶叶行业协会	9571612	2022.07.21—2032.07.20	印江土家族苗族自治县12个乡镇
56	沿河沙子空心李	水果	沿河土家族自治县经济作物工作站	12087191	2014.07.28—2024.07.27	沿河土家族自治县12个乡镇
57	沿河山羊	畜禽蛋和水产品	沿河土家族自治县畜牧产业发展办公室	12087192	2013.11.07—2023.11.06	沿河土家族自治县22个乡镇

续表

序号	产品名称	分类	注册人	注册号	专用期限	保护范围
58	德江天麻	中药材	德江县天麻行业协会	8490578	2021.02.14—2031.02.13	德江县15个乡镇
59	江口萝卜猪（猪）	畜禽蛋和水产品	江口县畜牧技术推广站	11000225	2013.06.07—2023.06.06	江口县5个乡镇
60	江口萝卜猪（猪肉）	畜禽蛋和水产品	江口县畜牧技术推广站	11000224	2013.06.07—2023.06.06	江口县5个乡镇
61	思南黄牛	畜禽蛋和水产品	思南县畜牧技术推广站	8279699	2020.11.21—2030.11.20	铜仁市西南部，东经107°52′—108°28′，北纬27°32′—28°09′
62	石阡苔茶	茶	石阡县茶业协会	7921997	2021.03.21—2031.03.20	石阡县18个乡镇
63	玉屏箫笛	民族民间工艺品	玉屏侗族自治县箫笛行业协会	6296476	2018.10.07—2028.10.06	—
64	松桃苗绣	民族民间工艺品	松桃苗族自治县松桃苗绣协会	13644803	2015.07.21—2025.07.20	松桃苗族自治县，东经108°35′42″—109°23′30″、北纬27°49′40″—28°30′20″
65	印江苕粉	传统食品	印江土家族苗族自治县红薯粉协会	14579913	2015.09.14—2025.09.13	印江土家族苗族自治县17个乡镇
66	石阡矿泉水	其他产品	石阡县地热矿泉水协会	15930617	2017.10.21—2027.10.20	石阡县所辖行政区域
67	玉屏黄桃	水果	玉屏侗族自治县皇桃种植协会	22350273	2018.02.14—2028.02.13	玉屏侗族自治县8个乡镇（街道）
68	思南晏茶	茶	思南县茶桑局	23890216	2018.10.28—2028.10.27	思南县16个乡镇

附录4 贵州省地理标志证明商标统计（商标渠道）

续表

序号	产品名称	分类	注册人	注册号	专用期限	保护范围
69	大方天麻	中药材	大方县特色产业发展中心	16022013	2016.11.07—2026.11.06	大方县31个乡镇（街道）
70	大方漆器	民族民间工艺品	大方县特色产业发展中心	16022012	2017.01.14—2027.01.13	大方县31个乡镇（街道）
71	大方皱椒	蔬菜	大方县特色产业发展中心	16022014	2016.11.07—2026.11.06	大方县31个乡镇（街道）
72	威宁洋芋	蔬菜	威宁彝族回族苗族自治县农业区划中心	6965083	2019.12.14—2029.12.13	威宁彝族回族苗族乡镇
73	威宁荞酥	传统食品	威宁县荞酥协会	9478917	2022.02.21—2032.02.20	—
74	织金竹荪	传统食品	织金县果蔬协会	7866175	2020.11.28—2030.11.27	—
75	金沙贡茶	茶	金沙县农产品质量安全监督检验站	14622235	2018.05.07—2028.05.06	金沙县25个乡（镇、街道）
76	毕节白萝卜	蔬菜	毕节市七星关区果蔬技术推广站	15395907	2016.01.28—2026.01.27	毕节市七星关区8个乡（镇）
77	毕节白蒜	蔬菜	毕节市七星关区果蔬技术推广站	15395908	2016.01.28—2026.01.27	毕节市七星关区8个乡（镇）
78	大方豆干	传统食品	大方县特色产业发展中心	16022015	2016.11.07—2026.11.06	大方县31个乡（镇、办事处）
79	毕节椪柑	水果	毕节市七星关区果蔬技术推广站	27794767	2019.05.28—2029.05.27	毕节市7个乡（镇）
80	威宁苹果	水果	威宁彝族回族苗族自治县农业区划中心	27373155	2019.06.07—2029.06.06	威宁彝族回族苗族自治县39个乡（镇、街道办）

续表

序号	产品名称	分类	注册人	注册号	专用期限	保护范围
81	威宁芸豆	蔬菜	威宁彝族回族苗族自治县农业区划中心	43249820	2021.12.14—2031.12.13	威宁彝族回族苗族自治县39个乡(镇、街道办)
82	威宁白萝卜	蔬菜	威宁彝族回族苗族自治县农业区划中心	27373154	2019.08.07—2029.08.06	威宁彝族回族苗族自治县39个乡(镇、街道)
83	纳雍玛瑙红樱桃	水果	纳雍县农业技术推广站	20730626	2018.02.14—2028.02.13	纳雍县所辖区域
84	纳雍高山茶	茶	纳雍县农业技术推广站	21050008	2018.08.28—2028.08.27	纳雍县所辖区域
85	威宁甜荞	粮油	威宁彝族回族苗族自治县农业区划中心	23327898	2018.09.14—2028.09.13	威宁彝族回族苗族自治县21个乡(镇)
86	威宁苦荞	粮油	威宁彝族回族苗族自治县农业区划中心	23327899	2018.09.14—2028.09.13	威宁彝族回族苗族自治县21个乡(镇)
87	毕节烤烟	其他产品	毕节市烟草协会	24855123	2018.09.21—2028.09.20	毕节市7个县
88	威宁火腿	传统食品	威宁彝族回族苗族自治县农业区划中心	27236566	2019.02.28—2029.02.27	威宁彝族回族苗族自治县现辖行政区域
89	毕节刺梨	水果	毕节市七星关区果蔬技术推广站	27794768	2019.03.28—2029.03.27	毕节市42个乡(镇、街道)
90	纳雍土鸡(活鸡31类)	畜禽蛋和水产品	纳雍县农业技术推广站	21199962	2019.08.28—2029.08.27	纳雍县所辖区域
91	纳雍土鸡(鸡肉29类)	畜禽蛋和水产品	纳雍县农业技术推广站	21854276	2019.08.28—2029.08.27	纳雍县所辖区域

附录4 贵州省地理标志证明商标统计（商标渠道）

续表

序号	产品名称	分类	注册人	注册号	专用期限	保护范围
92	纳雍乌骨鸡（鸡肉29类）	畜禽蛋和水产品	纳雍县农业技术推广站	24418527	2019.08.28—2029.08.27	纳雍县所辖区域
93	纳雍乌骨鸡（活鸡31类）	畜禽蛋和水产品	纳雍县农业技术推广站	24418528	2019.08.28—2029.08.27	纳雍县所辖区域
94	纳雍糯谷猪（猪肉29类）	畜禽蛋和水产品	纳雍县农业技术推广站	21854275	2019.11.14—2029.11.13	纳雍县所辖区域
95	纳雍糯谷猪（活猪31类）	畜禽蛋和水产品	纳雍县农业技术推广站	20730627	2019.11.14—2029.11.13	纳雍县所辖区域
96	威宁黄牛	畜禽蛋和水产品	威宁彝族回族苗族自治县农业区划中心	43249816	2021.03.07—2031.03.06	威宁彝族回族苗族自治县所辖行政区域
97	威宁乌金猪（猪肉29类）	畜禽蛋和水产品	威宁彝族回族苗族自治县农业区划中心	43249818	2021.04.07—2031.04.06	威宁彝族回族苗族自治县所辖行政区域
98	威宁大白菜	蔬菜	威宁彝族回族苗族自治县农业区划中心	43249819	2021.04.07—2031.04.06	威宁彝族回族苗族自治县所辖行政区域
99	顶坛花椒	调味品	贞丰县北盘江镇花椒专业经济协会	7839397	2011.07.28—2021.07.27	—
100	品甸生姜	蔬菜	兴义市清水河镇生姜专业合作经济协会	7827971	2014.03.07—2024.03.06	—
101	晴隆绿茶	茶	晴隆县茶叶产业协会	8685710	2021.03.21—2031.03.20	—
102	兴仁薏仁米	粮油	兴仁市薏仁专业协会	7557573	2021.02.14—2031.02.13	兴仁县13个乡（镇）

续表

序号	产品名称	分类	注册人	注册号	专用期限	保护范围
103	安龙金银花	中药材	安龙县金银花协会	7524308	2012.08.21—2022.08.20	
104	仓更板栗	其他产品	兴义市仓更板栗协会	9644983	2022.03.28—2032.03.27	—
105	册亨茶籽油	粮油	册亨茶籽油行业协会	17360259	2016.12.07—2026.12.06	册亨县14个乡(镇)
106	普安四球茶	茶	普安县茶叶协会	20730560	2017.12.28—2027.12.27	普安县10个乡(镇)
107	普安红茶	茶	普安县茶叶协会	27707931	2018.06.07—2028.06.06	12个乡(镇、街道)
108	普安红茶	茶	普安县茶叶协会	27707931	2018.06.07—2028.06.06	—
109	晴隆糯薏仁	粮油	晴隆县糯薏仁协会	15135106	2016.09.28—2026.09.27	晴隆县所辖地域范围
110	普安薄壳核桃	其他产品	普安县薄壳核桃协会	21731917	2018.01.21—2028.01.20	普安县12个乡(镇、街道)
111	普安白及	中药材	普安县白及协会	21731095	2018.02.14—2028.02.13	普安县12个乡(镇、街道)
112	兴仁无籽刺梨	水果	兴仁县无籽刺梨专业协会	20174710	2018.05.21—2028.05.20	兴仁县9个乡(镇)
113	晴隆脐橙	水果	晴隆县柑橘场	51845311	2021.11.21—2031.11.20	晴隆县8个乡(镇、街道)
114	普安天麻	中药材	普安县林下天麻种植繁育专业技术协会	26204451	2020.02.14—2030.02.13	普安县12个乡(镇、街道)
115	普安蜜柚	水果	普安县水果蔬菜协会	35496903	2020.07.21—2030.07.20	普安县12个乡(镇、街道)
116	八步茶	茶	望谟县八步古茶协会	51161129	2022.03.07—2032.03.06	望谟县12个乡(镇、街道)
117	盘县火腿	传统食品	盘州市畜牧兽医学会	27564186	2020.03.28—2030.03.27	盘州市27个乡(镇、街道)
118	郎岱酱	调味品	六枝特区郎岱酱业协会	10215607	2022.03.28—2032.03.27	—
119	开阳枇杷	水果	开阳县富硒产品协会	60600370	—	—